즐거운 소통으로 손주 육아 가뿐!

그림책에 빠진 할머니

한영진 지음

학지사

들어가는 글

자녀를 출가시키고 늘그막에 좀 쉬려고 별렀더니 어쩔 수 없이 손주를 돌봐 주어야 하는 할머니들이 계십니다. 손주가 태어나는 것은 참으로 고맙고 반갑지만 덜컥 황혼육아의 부담이 주어지면 노년이 또 다른 구속으로 힘겨울 것입니다. 저도 마찬가지였습니다. 아들과 며느리가 합가를 의논할 때 무조건 오케이 했었습니다. 부모가 노년에 외로울까 봐 손주 돌볼 기회를 주는 아들과 며느리를 고맙고 기특하게 생각하면서 말입니다.

그런데 오죽하면 '육아는 버텨 내기다. 육아는 전쟁이다.'라는 말까지 생겼을까요? 인형처럼 가만히 있는 손주들이 아니었습니다. 짧은 신생아기가 지나면 이어서 나타나는 뒤집기, 배밀이, 기어 다니기, 일어서서 걷기, 뛰기 등의 경이로운 발달과정을 보며 온 집안 식구가 축하하고 박수치며 행복해합니다. 반면에 육아 할머니는 더욱 긴장해야 하는 일이 늘어갑니다. 손주가 뛰어다니기 시작하면 손주는 기운이 '펄펄'이고 할머니는 '헉헉' 체력이 딸립니다. 지칠 땐 어디론가 살짝 사라지고 싶을 때도 있고, 육아 훈장인 통증을 완화시키기 위해 물리치료실을 드나들 땐 기분이 울적해지기도 합니다.

그런데 황혼육아가 이렇게 힘들기만 한 건 아님을 깨달았습니다.

어떻게 하면 황혼육아를 더 즐겁고 의미 있게 할 수 있을까 궁리하다가 도서관의 여러 프로그램을 기웃거리게 되었습니다. 무엇보다 인생의 기틀을 단단히 다져야 하는 영유아기의 발달과업 성취를 위해 무엇을 해야 좋을지 궁금해하던 저에게 도서관을 통한 그림책과의 만남은 새로운 세계의 발견이었습니다. 그림책을 읽어주며 손주와 소통하는 과정에서 제가 누리는 기쁨은 아주 컸습니다. 힘들기도 하지만 그보다 기쁨이 더 크니 인생 후반기에 모처럼 수지맞는 일이었습니다. 귀엽고 사랑스러운 손주들의 모습은 힘들고 지친 나를 벌떡 일으켜 세우는 힘도 있었습니다. 이런 긍정에너지는 노년기를 더 활력 있게 해 줄 것이 틀림없습니다.

정말 그림책은 훌륭한 육아도우미였습니다.

그림책을 읽으며 이야기를 나누는 동안에 손주들의 상상력도 커지고 기억력도 좋아지며 감성까지 풍부해지니 정서적으로 이보다 더 좋은 것이 있을까 하고 감탄할 정도였습니다. 거기다 말문이 터지는 시기엔 깜짝깜짝 놀랄 정도로 어휘력이 풍부해지니 손주 육아에는 그림책이 딱이란 확신이 들었습니다. 과학이 발달해서 인공지능(AI)이 동화를 들려준다 해도 기계음과 혼이 깃든 육성은 비교가 안 될 것입니다. 그뿐만이 아닙니다. 고루고루밥(비빔밥), 뽕잎김밥, 손 큰 할머니의 만두 등 그림책에 등장하던 토종음식까지도 잘 먹게 되니 할머니 마음이 이렇게 기쁠 수가 없습니다.

그림책을 읽으며 손주들과 소통했던 소중한 순간들을 흘려보내기가 아까워서 그 경험을 기록하기 시작했습니다. 그러다 보니 둘째 손자 규진이가 만 세 살이 될 때까지의 기록이 주로 담겨 있습니다. 이렇게 책을 읽고 기록하는 과정 속에서 어른들이 읽어도 좋은 책들이 보이기 시작했습니다. 그래서 어른들 모임에도 틈틈이 그림책을 들고 찾아가게 되었습니다. 이 책은 주로 그러한 경험들을 기록한 것입니다. 전반부 1장, 2장, 3장엔 그림책을 읽어 주기 위한 준비과정을, 4장, 5장, 6장엔 실제로 그림책을 읽어 준 과정을 기록했습니다. 손주와 함께 읽었던 책과 함께 불렀던 노래 목록은 p. 323에 기재해 놓았습니다.

책을 마무리하면서 고마운 분들이 생각납니다.

독서치료와 상담영역에서 오래 전부터 귀한 인연이 되어 주신 사임당 김현애 박사님, 그림책 문외한이었던 제가 그림책에 눈을 뜨도록 이끌어 주신 현상선 작가님, 그림책 강의로 제 마음에 진동을 일으켜 주신 한성옥 작가님, 그림책을 더욱 행복하게 읽을 수 있도록 도와주신 다정한 제님 씨에게 고마움을 표하고 싶습니다.

무엇보다 “또 읽어줘, 할머니!” 하며 할머니의 존재감을 확실하게 해 주는 나의 보물인 규홍이, 규진이, 규안이에게 고맙습니다.

또한 아내가 하는 일을 늘 적극적으로 지지해 주는 남편과 든든한 두 아들, 그리고 슬기로운 며느리들도 고맙습니다. 노년에 이 모든 일들을 허락하신 나의 하나님께 감사를 드립니다.

그림책 공부를 하면서 새롭게 사귄 인생 후반기의 친구들에게도 감사합니다. 그분들도 모두 노년기의 행복을 도서관에서 찾는 지혜로운 분들입니다.

끝으로, 거칠고 미숙한 에세이가 한 권의 책으로 세상에 빛을 볼 수 있게 만들어 준 학지사의 김진환 사장님과 편집팀에 감사를 드립니다.

2018년 10월 북한산 기슭에서 저자 한영진

차례

1장

할머니가 되다

이 노년기에 누가 이렇게 풍성한 웃음과 감사를 줄 수 있을까?
나의 사랑하는 손자들! 바로 너희들이란다!

처음 듣는 할머니 호칭, 반가움? 어색함?

"아가야, 할머니 오셨다. 이분이 네 할머니야, 할머니!"

첫 손주를 보았을 때 아기와의 첫 대면에서 듣는 낯선 호칭이다. 결혼한 자녀가 낳은 아기를 만나는 순간 신기함과 감사함으로 가슴이 벅차오른다. 감격의 눈물도 흐른다. 아기를 잉태하고 출산하는 과정이 힘들었을수록 감사의 마음은 크고 깊다.

하지만 갑자기 듣는 호칭이 어색해서 어물쩍 첫 대면을 마치는 경우도 있다. 그렇게 하고 나면 '좀 더 세련된 만남을 계획할걸…….' 하는 후회도 할 것이다. 결혼만 하면 자연스럽게 임신이 쉽게 되던 과거와는 달리 요즘은 임신을 위해 특별한 클리닉 과정을 거쳐야 하는 신혼부부가 늘어나고 있다.

우리 집도 예외는 아니었다. 큰아들 부부가 결혼한 지 5년이 지나서야 첫 손자를 보았으니.

할머니에 대한 이미지는 사람에 따라서 다를 것이다. 어떤 사람들은 지적이거나 교양 있거나 우아하거나 고상한 이미지의 할머니를 떠올린다. 또 다른 사람들은 구수하고 따뜻하고 인정 많고 자애롭고 다정다감한 할머니를 떠올리기도 할 것이다. 드물게는 너무 고집스럽거나 엄하거나 무표정의 차가운 할머니 이미지를 갖고 있는 사람들도 있을 것이다.

아무튼 각자에게 형성된 할머니 이미지가 어떠하냐에 따라 '할머니'라는 호칭을 처음으로 들을 때의 느낌은 각기 다르다. 유명 원로 가수 H씨는 할머니 소리를 처음 들었을 때 울었다고 한다. 감격의 울음이 아니라 '이제 내 인생도 끝나는 것인가?' 하는 생각에서 울었다고 실토했다. 나중에 손녀를 키우면서 맛보는 기쁨을 경험하고 나니 비로소 자신의 처신이 민망하여 미안하다고 사과했다지만 그분처럼 울고 싶은 분들도 더러 있지 않을까? 사람은 다 다르니까.

나는 어렸을 때 유난히 나의 할머니를 졸졸 따라다녔다. 할머니는 귀찮으셨을 텐데도 그런 나를 한 번도 떼 놓으려 하지 않으셨다. 내게 싫은 소리도 한 번 하신 적이 없던 나의 할머니! 그래서 나의 할머니 이미지는 구수하고 푸근하고 인정 많고 자애롭고 다정다감하다.

할머니가 된다는 것은 축복받을 일이다. 잠언에 '손자는 노인의 면류관이요'라는 구절이 있는데 내가 할머니가 되기 전엔 그게 무슨 뜻인지 이해를 못했었다. 그런데 할머니가 되고 보니 비로소 이해가 된다. 손자가 있다는 것이 얼마나 든든하고 뿌듯하고 자랑스러운 일인지 모른다. 오죽하면 면류관이라고까지 표현했을까? 나도 손자에게 나의 할머니 같은 이미지를 심어 주고 싶은데 쉽지는 않은 일 같다.

반갑기도 하고 어색하기도 한 할머니 호칭!

이제부터 그 할머니 이야기를 풀어 보고자 한다.

할머니가 되다

나에게는 할머니로서의 존재감을 갖게 해 준 손자가 둘 있다.

큰손자는 2017년에 초등학교 1학년이 되었다. 큰손자는 다섯 살까지 외할머니와 외할아버지가 주로 돌봐 주셔서 나는 주말에만 볼 수 있었다. 큰손자가 다섯 살 때 아들네와 살림을 합치게 되었고 그 무렵 며느리는 둘째를 임신한 몸으로 만삭이었다. 살림을 합친 지 두 달 후 동생이 태어났다. 그래서 내게 손자 돌봄의 과정과 기쁨을 생생하게 느끼게 해 준 손자는 둘째 손자다.

둘째 손자는 2017년에 28개월이 되었다. 아침마다 어린이집에 데리고 다니는 길이 즐겁다. 가는 길에 볼 수 있는 온갖 동·식물 곤충들이 발걸음을 즐겁게 한다. 나비와 벌과 잠자리가 자유롭게 날아다니고 청설모가 나뭇가지를 타고 오르락내리락하며 울창한 소나무 사이에 구절초, 옥잠화, 쑥부쟁이 등의 어린 식물들이 싱그럽게 자라고 있는 숲길로 등·하원을 한다. 이런 솔밭공원을 매일 아침저녁으로 함께 지나다니는 것이 행복한 일상이 되었다.

물론 아침마다 등원 준비해서 나가는 과정이 순조롭지는 않다. 자동차놀이를 더 하겠다고 조르기도 하고 텔레비전을 계속 보겠다며 시간을 끌기도 한다. 어떤 땐 뜬금없이 업고 가 달라고 조를 때도 있다. 그럴 땐 어린이집 가방을 앞으로 휙 돌려 메고 손자를 업고 가야 한다. 가다가 힘이 들면 내가 엄살을 떨어야 한다.

"아휴, 할머니 너무 힘들다. 조오기까지 가서 내릴까?" 그러면 다행히도 "응, 조오기."라며 받아 준다. 산책하던 사람들도 아기를 보고 활짝 웃으며 한마디 하고 지나간다. "아유, 잘 생겼네!" "외할머니세요?" "걸어가야지? 할머니 힘들겠네. 착하지?" 조손간의 분위기를 파악하고 거들어 주는 말들이 정답다.

어떤 날은 할머니들 대 여섯 분이 솔밭 의자에 앉아 담소를 나눈다. 그분들도 한 마디씩 우리 아이를 보고 정담을 건넨다. 나는 손자 손을 붙잡고 흐뭇하게 미소 지으며 빨리 그 옆을 지나가고 싶은데 손자 걸음에 맞추느라고 천천히 걸을 수밖에 없는 것이 조금 민망하다.

내게 제일 홀가분한 아침은 나 대신 할아버지가 번쩍 안아서 데리고 가 줄때이다. 아이가 점점 자라면서 업어 주는 일이 힘들어진다. "할아버지에게 번쩍 안겨서 갈까? 할머니와 걸어갈까?" 하고 물어보고는 손자가 잠깐 망설이는 모습을 바라보는 것도 재미있다. 나는 일부러 '번쩍'을 강조하면서 손자의 눈빛을 살핀다. 할아버지에게 선뜻 안겨서 가는 아침은 내가 잠시라도 홀가분함을 즐길 수 있어서 좋다.

요즘은 언어폭발시기라고 할 만큼 온갖 말로 자기의사표현을 잘한다. 갑자기 말이 늘었다. 물론 발음은 아직 명확하지 않지만. 어떤 땐 잘 못 알아들어서 손자는 답답해 하고 나는 미안해 한다. 손자의 언어발달을 도와주기 위해 가능하면 텔레비전 시청을 자제하고 장난감을 갖고 많이 놀아 주려고 한다. 손자 옆에서 함께 놀다 보면 다양한 의사표현을 하는 손자의 새로운 말 표현에 깜짝깜짝 놀랄 때가 많다.

"함미(할머니) 조심해."

"그게 아냐."

"함미 조금만."

"빨리 와아."

"이제 다른 거 하자."

"큰일 날 뻔 했네."

"계속 보여 줘."

아직 어눌한 발음이지만 상황에 적절한 표현을 하는 손자가 신기하고 대견하다. 곁에서 오래 놀고 싶은데 저녁식사 준비로 혼자 두어야 할 땐 미안하다.

한번은 블록을 갖고 놀다가 "기따당 기따당"이라고 한다. 무슨 뜻인지 내가 못 알아들으니 답답해 하다가 나중엔 짜증까지 내었다. 말귀를 못 알아듣는 사람이 답답하다더니 손자 앞에 내가 그 꼴이 된 셈이다. 노는 손자의 옆에서 한참 지켜보니 장난감을 길게 이어 놓은 것이 보인다. 퍼뜩 좀 전의 '기따당'이 떠올라 "아아, 기차라구?" 했더니 "으응 기따." 하며 갑자기 일어선다. 그러더니 '짜잔' 하고 손을 쭈욱 뻗는다. 할머니가 자기 말을 비로소 이해해 주어 기분이 좋다는 표시를 표정과 동작으로 마음껏 표현한다.

장난감으로 기차를 만들어 할머니에게 보여 줬는데 못 알아듣고 엉뚱한 말만 하는 할머니가 얼마나 답답했겠는가?

이렇게 예쁜 모습으로 자란 손자를 키우면서 힘든 순간들도 많았다. 나에게 가장 힘든 순간은 가끔 며느리가 야근을 하여 밤늦게 퇴근할 때다. 며느리 직장이 멀어서 오가는 시간도 만만치 않다. 그럴 땐 조용히 쉴 만한 곳으로 한 며칠 혼자 여행이라도 떠나고 싶은 생각이 들기도 한다. 하지만 쑥쑥 성장하는 손자를 보는 기쁨에 빠지다 보면 어느새 힘든 것은 다 사라진다. 대견함과 신통함과 사랑스러움만 남는다. 그래서 할머니들이 손자 돌보기를 자청하는가 보다.

그렇다고 예쁜 짓만 하는 것은 아니다. 가끔은 장난감을 갖고 놀다가 마음먹은 대로 되지 않으면 짜증을 내면서 집어 던지기도 한다. 놀라운 일이 아닌가? 겨우 세 살짜리가 화를 내며 물건을 집어 던지다니. 그런 행동을 보면 걱정스럽다. 분명 바로잡아 주어야 할 행동이다. 그런 행동에 귀엽다고만 반응해 주면 그렇게 행동해도 되는 줄 착각할 수 있다.

분명 그 행동을 고쳐 주긴 해야 하는데 꾸중을 하긴 그렇고 다른 방법으로 가르쳐 주고 싶다. 그래서 "그렇게 짜증 내면서 화를 내면 못난이가 되지. '할머니 도와주세요.'라고 하는 거야."라고 했더니 몇 번 그런 과정을 거친 후에 요즘은 "함미 도와주세요." 한다. "옳지, 그렇게 하는 거야."라고 인정해 주면 스스로 만족감과 성취감을 느끼는 듯 표정이 환해진다. 나도 덩달아 "아주 잘했어요. 사랑해 우리 손자." 하고 안아 준다. 그래도 가끔은 잘못된 행동을 거듭할 때 정색을 하고 엄한 표정으로 반응해 주어야 할 때가 있다.

그런가 하면 때로 치사해질 때도 있다. 어린 아기에게 반 협박을 한다. “자꾸 그런 행동하면 할머니 밥하러 갈 거야.” 이렇게 조건을 걸면 안 된다는데 좋지 않은 말이나 행동을 반복할 때는 가끔 써먹는다. 대신 행동을 고쳤을 때 바로 알아채서 “아유, 우리 손자 참 잘했네. 사랑해.”라며 꼭 안아 주는 것을 잊지 않는다. 그런 분위기가 자기 마음에 들면 “함미 최고!” 하면서 엄지 척을 한다. 손자의 그 말 한마디가 나에겐 보약이다.

형제의 첫 만남,
“와! 감동적이고 귀엽다.”

2015년 4월, 둘째 손자가 태어나던 순간을 기억해 본다.

큰손자가 우리 나이로 여섯 살 유치원생일 때 동생이 태어났다. 형제의 나이 차가 있어서 형이 잘 보살펴 주리라는 기대는 있었지만 그래도 마음의 준비를 단단히 시켜야 되겠다는 생각이 들었다. “규홍이가 형이 될 자격이 있어서 아기씨가 엄마 배 속에 선물로 왔어. 이제 열 달이 지나면 예쁜 동생이 태어날 거야.”라는 말을 가끔 해 주며 기대감을 갖도록 하였다.

실제로 동생이 생기는 것에 대한 준비를 미처 못 시켜 정서불안이나 부적응증상이 심각해진 사례들도 어느 상담사에게 들은 적이 있다. 형 또는 언니가 된 기쁨보다 소외감이나 비교 스트레스가 더 커서 오히려 형제관계에 갈등이 생기고 가족분위기가 힘들어졌다는 것이다. 혼자서만 사랑을 독차지 하다가 동생이 태어난 후 관심이 동생에게만 집중되니 충격도 받지 않겠는가? 동생만 예뻐하는 분위기에서 형이나 언니가 계속 넉넉하고 너그러운 마음을 갖는 것은 쉽지 않다.

그 당시 전해 들었던 이야기 중 기억나는 한 가지를 이곳에 옮겨 본다.

초등학교 3학년인 한 여자 아이가 있었다.

늦둥이를 낳은 기쁨으로 온 집안이 떠들썩했다. 집안 식구들이 모두 아기에게만 관심을 두는 분위기 속에서 언니가 되었다는 기쁨은 그야말로 잠시였다. 그동안 자기에게만 쏟아 주던 부모와 친척들의 관심이 갓 태어난 아기에게만 쏠리는 것을 보면서 언니는 점점 소외감을 느끼게 되었고 아기가 예쁘기는커녕 샘이 났다. 자고 일어나도 "아유, 우리 아기 잘 잤나?" 하는 소리만 들리지 "우리 은실이 잘 잤나?" 하는 소리는 안 들린다. 듣고 싶은 말을 못 듣는 것도 서러운데 조금 무심한 듯해서 투정을 부리면 "너는 이제 언니잖아." "이젠 언니답게 의젓해야지." 하는 말만 돌아와서 점점 서운한 감정이 쌓여 갔다.

그러던 어느 날, 마침 이모네가 놀러 온다고 연락이 왔다. 그동안 자기를 유난히 예뻐했던 이모이기에 '이모 만나면 다 일러야지. 우리 이모는 내 편이니까.' 하곤 잔뜩 벼르고 이모를 기다렸다.

그런데 이모의 방문은 더 충격적이었다.

"아유, 어디 아기 좀 보자. 아기 어디 있어? 누구 닮았어?" "언니,

몸은 괜찮아?" 현관에 들어서는 이모에게 응석이라도 부리려고 엄마 곁에 기대어 서 있던 은실에게 돌아온 말은 "은실아, 너도 축하해. 언니가 되어서 좋지?" 이게 전부였다.

"아유, 우리 은실아. 얼마나 보고 싶었다고." "난 세상에서 우리 은실이가 제일 예쁘더라." 이런 말을 기대했는데……. 기대는 물거품이 되고 가뜩이나 동생 때문에 소외감을 느끼고 있던 터에 든든한 응원군을 바랐다가 그만 더 큰 실망만 하고 말았다.

'좋기는 뭐가 좋아.' '이모마저 내 맘을 몰라 주네.' 기대했던 말을 못 들은 터라 부아도 나고 이모까지 미워졌다. 은실이는 방으로 들어가서 문을 걸어 잠갔다. 한참 후, 식구들 중 누군가 기척이 없는 은실이를 찾았다. 분명 방 안에 있는데 방문을 두드려도, 아무리 문을 열라고 소리쳐도 반응이 없었다. 열쇠를 찾아 방문을 열고 들어가 보니 이불을 푹 뒤집어쓰고 훌쩍거리고 있지 않는가? 그때라도 은실이 마음을 알아채고 위로의 말을 해 주었더라면 혹시 마음이 풀어졌을지 모른다. 하지만 온 식구들이 아기에게 빠져서 그만 말 한 마디를 놓치고 말았다. 큰 실수를 한 것이다.

"아이구, 우리 은실이! 여기 있었구나. 은실아, 미안해. 많이 서운했지? 그래도 우리는 모두 은실이를 사랑해. 오랜만에 갓난아기를 보니 신기해서 아기만 바라보았던 거야. 네가 태어났을 때도 이랬었어. 만일 은실에게 언니가 있었더라면 그 언니도 너처럼 서운했을 거야. 우리가 모두 은실이에게 사과할게. 미안해." 하며 은실이를 꼭 안아 주었더라면 어땠을까?

그런데 그만 식구들 모두 은실에게 꼭 해 주어야 할 말을 놓쳤던 것이다.

"아유, 못난이같이. 일어나 어서. 가서 아기 봐야지." 이게 전부였다.

이후로 은실이는 전처럼 명랑하지도 않고 학교생활도 삐걱댔다. 담임선생님의 세심한 관찰과 자상한 배려로 은실이는 학교 상담실을 찾게 되었다. 은실이는 상담 선생님에게 그동안의 속마음을 털어놓았다. 그나마 참으로 다행스런 일이었다. 상담 선생님으로부터 은실이의 심정을 전해 들은 엄마는 은실이에게 많이 미안해했다. 모든 식구가 아기에게만 관심을 쏟던 상황에서 큰딸의 여린 마음에 상처를 남긴 실수를 회복하기 위해서는 특별한 노력이 필요했다. 그나마 담임선생님의 관찰마저 없었다면 은실이의 마음의 병은 점점 더 깊어질 뻔했다.

다행히 나는 이 이야기를 둘째 손자가 태어나기 전에 들었다. 큰손자에게 마음의 준비를 단단히 시켜야겠구나 생각하고 동네 도서관엘 갔다. 도서관에 가 보니 의외로 동생의 탄생에 대비할 수 있는 내용의 그림책이 많이 있었다.

그중에는 엄마 배 속에 아기가 생긴 후, 다달이 변하는 모습과 열달 후에 엄마가 출산하는 과정까지 자세히 알 수 있게 하는 그림도 있었다. 그 외에도 동생을 잘 데리고 놀 수 있도록 도와주는 내용의 그림책도 많은 것을 보고 놀랐다. '이렇게 좋은 자료들이 많은데…….' '은실이 엄마가 조금만 신경을 썼더라면 큰딸의 마음을 다치게 하는 일은 없었을 텐데…….'라는 생각을 해 보지만 소 잃고 외양간 고치는 꼴이 되었으니 매우 안타까운 일이었다.

이런 일을 알고 난 후 엄마들이 더 이상 이런 실수를 거듭하지 않도록 해야겠다는 생각이 강하게 들었다. 그래서 난 둘째 아기를 임신한 엄마들에게는 기회가 되는 대로 이런 경험담을 들려주고 있다.

아무튼 그렇게 심리적인 준비를 할 수 있도록 신경을 썼던 덕분에 큰손자가 동생을 만나던 첫 만남은 순조로웠다. 제왕절개 수술을 하고 누워 있는 엄마와 세상에 처음 나온 동생을 보러 가는 날 손자는 엄마에게 줄 선물이라며 다음과 같은 그림을 그려 갔다. 그림 안에는 누워 있는 엄마, 하트 표시, 아기, 엄마 이름, 자기 이름 등이 보인다.

병실로 가서 입원실 침대에 누워 있는 엄마에게 그림을 선물한 후, 신생아실로 가서 유리벽을 통해 동생과 첫 대면을 했다. 간호사

가 안고 나온 아기는 포대기에 폭 싸인 채 세상모르고 잠만 자고 있었다. 그런 아기를 보자,

"와~ 감동적이고 귀엽다."

세상에 처음 나온 동생을 만난 형의 첫마디였다. 눈은 감겨 있고 피부도 얼룩얼룩 불그죽죽하고 마치 부어 있는 듯한 얼굴을 한 아기를 사랑스런 눈빛으로 쳐다보며 처음으로 한 말! 그 옆에 서 있던 나는 '아직은 그런 표현을 받을 만큼 귀여운 모습이 아닌데 어떻게 저런 표현을 할 수 있을까.' 하며 감동했다.

집에 데려와서도 아기에게 친절한 관심을 보여 주었다. 아기가 점점 자라면서부터는 어떤 땐 번쩍 안아 주려고 해서 우릴 긴장시키기도 하고 요 위에 누운 아기를 이리저리 움직여 주면서 기분을 좋게 해 주려고 노력하는 모습도 보였다. 아무튼 자기 나름대로는 형 노릇을 잘하려고 애썼다. 빨리 커서 같이 놀았으면 좋겠다고 하면서.

갈등과 형제우애와 할머니 속마음

그랬던 형인데 요즘은 가끔 동생이 다시 엄마 배 속으로 들어갔으면 좋겠다는 말을 할 때가 있다. 다섯 살 차이인데도 장난감을 갖고 놀다가 서로 의견이 다르면 고집을 부리면서 큰 소리가 오락가

락한다. 자기주장이 강해진 동생과 동생의 뜻을 꺾으려는 형이 서로 팽팽해지면 동생이 할 수 있는 일은 울거나 소리를 빽 지르는 것이다. 말로는 설명을 할 수 없으니 쉽게 자기 뜻을 알릴 수 있는 방법이 소리를 지르는 것이다. 그래서 가끔 시끄러워진다.

하지만 기본적으로 형의 동생사랑은 끔찍하다.

여름방학 때 어린이집에 동생을 데리러 같이 간 적이 있었는데 현관으로 나오는 동생을 보더니 번쩍 안고 나왔다. 오는 길엔 가방도 대신 들어 주고 길바닥에 발발 기어가는 개미도 함께 살펴보는 등 동생을 사랑하는 형의 의젓한 모습은 여전하다. 두 손자들이 우애 있게 지내는 그런 모습을 바라보는 것만으로도 흐뭇한 하원 길이었다.

그동안 아기를 돌보던 과정을 돌아보면 순간순간 힘든 일들도 많았지만 그 힘들었던 일은 어느새 다 사라지고 기억이 안 난다. 대신 아기가 나에게 준 기쁨들만 기억난다. 그 기쁨들을 오래 기억하기 위해 보석처럼 여기던 기록을 찾아 정리를 해 두려고 애쓴다.

아기가 나에게 준 가장 큰 선물은 늘 웃을 수 있는 상황을 주는 것이다. 쳐다만 봐도, 바라만 봐도 미소가 지어진다. 내 아들들 키울 땐 귀엽고 사랑스럽기는 했어도 이렇게 조건 없이 예쁘기만 한 건 아니었던 듯싶다. 우리 아들들이 어렸을 땐 이모가, 사춘기 땐 시어머니가 집안일을 도와주셨어도 최종 책임은 내게 있었다. 더욱이 오랜 세월을 주말부부로 지내면서 늘 집안일에 허덕이고 자녀양육에 대한 책임과 의무로 어깨가 무거웠던 기억들이 대부분으로 남아 있다.

자연히 그 무게감이 부담이 되니 자식들에게 미소만 지을 수는 없었다. 특히, 청소년기를 지낼 땐 왜 그렇게 마음이 애타고 속상할 때가 많았는지 부모역할이 가장 힘들었던 것 같다. 지금 되돌아보면 뭐가 그리 힘들었는지 다 잊었는데 나는 그 시절 통과하기가 제일 고비였던 듯싶다.

지금의 며느리도 두 아들을 기르니까 손자들이 사춘기가 되면 내 경험을 많이 들려주면서 또 다른 대화를 나눌 수 있을 것 같다. 너무 먼 앞날까지 지레 앞서가지 않나 하는 생각도 들지만 살아 보니 인생 잠깐이지 않은가?

직장생활에 허덕이는 며느리를 보면 안쓰럽기도 하지만 야근하느라 늦게 귀가하는 날엔 살짝 어디론가 사라지고 싶은 내 마음도 숨길 수 없다. 손자라도 일찍 잠들면 다행인데 잠은 안 자지 눈꺼풀은 무겁지 하면 좋은 마음을 가졌다가도 짜증이 나기도 한다. 하지만 손자가 예쁘니 그런 마음은 금방 사라지고 또다시 손자의 재롱에 마음이 녹는다.

이런 마음이 오락가락하며 손자를 돌보는데 그래도 기쁜 일, 감사한 일이 더 많아서 손자 돌보기는 내게 에너지원이기도 하다.

할머니가 되려면 이런 실제적인 준비를……

아무튼 할머니로서 손자양육을 맡으며 그동안의 양육과정에서 미처 신경을 쓰지 못하여 당황하거나 곤란했던 일, 미리 참고하면 도움이 되었을 일, 금덩어리보다 귀한 손자양육에 도움이 될 만한 일들의 기억을 되살려 풀어놓고자 한다.

탄생을 위한 기대와 마음 쓰였던 일

큰아들 부부가 자녀를 둘 정도는 낳았으면…… 하고 바랐지만 그게 어디 바람대로 될 일인가? 그런데 고맙게도 며느리가 첫아이 출산 후 5년 만에 둘째 손자를 안겨 주었다. 며느리에게 낳기만 바라고 육아부담은 나 몰라라 할 수가 없었다. 육신이 힘들어도 사랑스럽고 예쁜 손자를 돌봐 주는 일이 내 도리라고 생각하니 마음은 더 편했다. 왜냐하면 손주 육아가 단순히 힘들기만 한 것은 아니니까.

이 나이에 무엇이 나를 이토록 순수하게 웃게 만들고 행복감을 줄 수 있을까? 무엇이 이토록 감사를 넘치게 하며 뿌듯한 기쁨을 맛보게 할 수 있으랴? 어떤 실험에서 어린 쥐의 줄기세포를 늙은 쥐에게 주입하니 늙은 쥐의 심장기능이 어린 쥐 못지않게 향상되어 활력 있어졌다는 기사를 읽은 적이 있다(국민일보, 2017. 8. 15.). 이 기사를 읽으며 나는 쥐도 아니고 줄기세포 이식도 안 했지만 손자와 할머니 사이에 교류되는 순수한 생명의 흐름이 나에게도 신선함을 주어 더욱 젊은 기운을 갖게 되지 않았을까 하는 생각을 했다.

실제로 이런 생각이 맞는 것인지 환절기마다 감기 앓이를 행사처럼 치르던 내가 아기 돌보는 초기의 한 2년 동안은 몇 차례의 환절기를 무사히 넘겼다. 참 신기했다. 뿐만 아니라 내 건강의 가장 취약부분은 허리인데 아직까지는 허리도 괜찮다. 그것이 나는 더욱 신기하다. 디스크 수술을 한 경험도 있고 첫 번째 수술한 지 7년 만에 재발되어서 석 달을 꼬박 누워 있기도 했던 내가 아기를 돌보고 있으니……. 아기에게 받은 기운 때문이었는지 아기를 사랑하시는 하나님이 아기를 위해 덤으로 주신 선물이었는지 모르지만 내가 생각해도 신기하고 감사한 나의 경험담이다.

물론 한 3년 지나니 이제 팔꿈치 인대도 손상되어 무거운 것을 들기가 힘들고 병뚜껑을 열거나 하다못해 우유갑 젖히기도 힘들다. 그런데 이건 육아 스트레스라기보다는 생활 스트레스에 더 가깝다고 생각한다. 아무튼 이 나이에 이런 훈장 한두 개쯤 없는 사람이 어디 있겠는가?

둘째 손자는 며느리가 출산과 더불어 1년 휴직을 했기에 첫 1년은 함께 돌보아 수월했다.

기억을 되살려 신생아부터 돌본 육아경험을 되돌아보니 그저 감사한 일뿐이다. 신생아는 24시간 내내 거의 잠만 잔다. 자면서 슬쩍 미소도 짓고 화들짝 놀란 듯이 팔도 내젓는 등 의외의 행동을 하기도 한다. 흔히 배냇짓이라고 말하는데, 사실인지는 잘 모르지만 태내에서 그런 행동들을 했다고 한다. 이런 모습들만 볼 수 있다면 그야말로 행복 그 자체이겠지만 신생아기를 아무런 문제 없이 보내기는 쉽지 않은가 보다. 마음 졸이며 돌보던 기억들을 꺼내 본다.

배꼽 떨어지기

첫 번째로 긴장했던 일이 생각난다.

산모와 태아를 연결해 준 흔적으로 남아 있는 배꼽이 일주일 정도 후엔 잘 말라서 떨어져야 한다. 그런데 우리 손자의 배꼽은 왜 이렇게 크고 튀어나왔는지 이상하다는 생각에 인터넷으로 이것저것 알아보았다. 모양이나 행동이 조금만 이상해도 우리 아기가 혹시 문제가 있는 것은 아닐까하고 신경을 쓰게 되는 것은 비단 나만 그런 것이 아니리라.

어느 소아과에 사진도 찍어 올려 보고 질문도 올렸다. 그 모습을 확인한 전문가로부터 대체로 정상이니 걱정하지 말라는 답을 듣고서야 안심을 하고 느긋하게 기다릴 수 있었다. 나는 튀어나온 배꼽으로 혹시 아기 창자도 함께 밀려 나오면 어떡하나 하는 과잉 걱정을 했었다. 지금 생각하면 우습지만 당시는 심각할 수밖에 없었다.

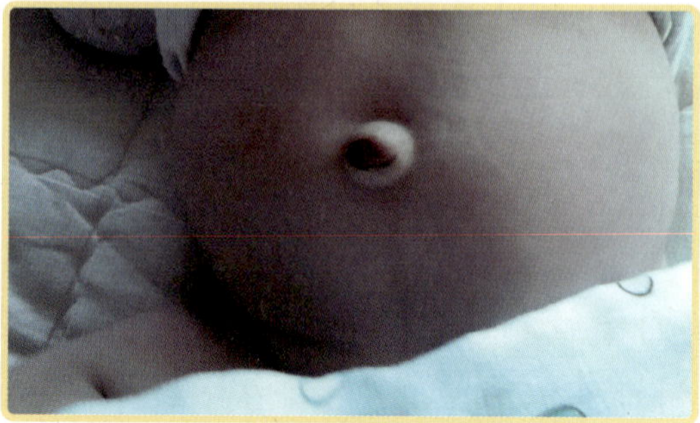

분유 먹이기

분유를 먹이는 일은 아기의 생존을 위해 가장 중요하고도 조심스러운 일이다. 아기를 품에 안고 모유 먹이는 자세를 취한 후, 아기가 공기를 삼키지 않도록 우유병과 아기 입이 직각에 가깝게 물려야 한다. 꼴딱꼴딱 우유 넘기는 소릴 듣다 보면 우유병 안의 양이 꽤 빨리 줄어든다. 이때 공기를 빨아들이지 않도록 우유병을 잘 관찰하면서 각도를 조정해야 한다.

모유만 먹일 수 있다면 별 문제가 아닌데 분유를 먹게 되면 일이 많아진다. 나는 우유꼭지에 구멍 내는 일부터 신경이 쓰였다. 너무 좁게 뚫어 우유가 잘 안 나오면 아이가 짜증스러운 성격이 되고 또 너무 많이 나오면 사레가 들리고 기도로 들어갈까 조심스럽고 이래저래 안심이 안 되었다. 우유꼭지에 구멍을 알맞게 뚫는 일은 나도 아들들을 키울 때 했던 일인데도 생소하고 조심스러웠다. 이런 까다로운 일은 다 며느리가 맡아서 했다.

다 먹은 우유병은 일일이 소독을 위해 끓여야 한다. 우유병은 2분 정도로 삶고 꼭지는 30초 정도로 짧게 끝내라고 한다. 요즘은 소독기(살균기)도 있어서 우유병 청결을 위한 대비도 잘 되어 있다.

제 양껏 다 먹게 한 후, 트림까지 시키고 나면 그야말로 안심이 되어 그때부터는 마음이 푹 놓인다. 쌔근쌔근 잠든 아기를 바라보면 비로소 분유 먹이는 일이 다 마무리된 것이다. 다음 분유수유 시간은 약 2~3시간 후일 것이니 다시 분유 먹일 준비를 해 놓고 나면 비로소 다른 일을 할 수 있다.

잠재우기

아기들은 잠잘 때 큰다고 한다. 먹고 자고 먹고 자고……. 이러는 동안에 아기는 쑥쑥 자란다. 아기가 곤히 자는 모습을 가만히 들여다보고 있으면 평화 그 자체다. 신기하고 사랑스럽고 감사한 마음이 온몸에 가득 차 오른다. 세상에 어떤 평화가 그에 비할 수 있으랴?

유명한 로버트 먼치의 그림책 『언제까지나 너를 사랑해』의 노랫말이 떠오른다.

너를 사랑해 언제까지나
너를 사랑해 어떤 일이 닥쳐도
내가 살아 있는 한
너는 늘 나의 귀여운 아기

이 노래를 부르면 낮 동안의 힘든 일도 다 잊고 더불어 평화 속에 빠진다. 아무리 심한 개구쟁이라도 또는 말썽을 부렸더라도 잠잘 때만은 천사다.

나는 아기를 재울 때 자장가를 많이 불러 줬다. 평소엔 다 잊은 것 같던 자장가인데 아기를 품에 안으면 자장가가 저절로 술술 나오는 것이 신기했다.

학창시절에 자장가를 여러 곡 배워 두길 잘했다는 생각을 하며 아기를 품에 안고 불러 주다 보면 나도 모르게 아기와 함께 슬그머니 잠이 들 때도 있었다. 이외에 〈누가누가 잠자나〉 〈섬집 아기〉 〈사랑은 언제나 오래 참고〉, 한국적인 가락의 〈시편 23편〉 그리고 〈담 밑의 봉숭아〉 노래 등을 많이 불러 주었다.

자장가는 멜로디가 차분하고 고우며 가사의 내용이 아기에게 친근한 것으로 들려주는 것이 좋다. 카세트에서 나오는 기계음악도 좋지만 돌보는 이가 직접 육성으로 들려주는 것이 훨씬 더 좋다고 한다. 하지만 어쩔 수 없는 사정이 있을 때는 아쉬운 대로 기계음이라도 써야 한다.

노래를 불러 주다가 보면 과거에 불렀던 노래들이 덩굴에 고구마 딸려 나오듯 줄줄이 생각이 나는 것이 신기했다. 노래들이 순수했던 소녀시절로 금방 되돌아가게 해 주니 할머니들에게도 정서적으로 이만큼 좋은 일이 또 있을까 하며 노래 불러 주기를 즐겼던 것 같다.

지금은 모두들 이런 노래가 있었나 하고 생소하겠지만 몇 가지는 되살리고 싶은 노래들도 있다.

담 밑의 봉숭아

담 밑의 봉숭아 어여쁜 봉숭아

그 누가 날마다 키우시나
하늘에 계시는 우리 주 예수님
언제나 쉬잖고 키우신다

꽃 찾아 날으는 어여쁜 나비는
그 누가 날마다 키우시나
하늘에 계시는 우리 주 예수님
온 세상 만물을 키우신다.

내가 자랄 때에도 유치원이 있었을까? 아마 있었더라도 근처도 못 가 보았을 나의 어린 시절이다. 이 노래는 어느 날 동네 친구 따라 주일학교에 갔더니 선생님이 가르쳐 주신 〈담 밑의 봉숭아〉다. 어찌나 멜로디가 좋았던지 지금도 기억이 난다. 다음은 우리 아기에게 맞추어 개사를 해 본 것이다.

사랑하는 규진이 우리 규진이
그 누가 날마다 키워 주나
엄마 아빠 우리 형아 할아버지 할머니
날마다 토닥토닥 키워 주네

그래서 그런지 지금 둘째 손자는 음감이 아주 정확하고 노래 부르기를 즐겨서 가끔 동영상으로도 찍어 둔다.

목욕시키기

30여 년 전 나도 두 아들을 기를 때 목욕을 시켰건만 그 감각을 까맣게 잊었는지 갓난아기 목욕시키는 일이 만만치 않았다. 고 빨갛고 작은 아기를 씻기는 것이 조심스러워서 물속에서 행여 놓칠까 봐 긴장해야 했다. 버둥거리며 우는 시간을 줄이려면 재빨리 신속하게 마쳐야 하는데 마치 처음 하는 것처럼 서투르기만 했다.

물의 온도를 약간 따끈하게 준비하고 물에 넣을 때는 다리부터 물을 조금씩 묻혀 가며 물과 친해지는 느낌이 들도록 집어넣어야 한다. 허리 위쪽을 씻길 때는 아기 어깨와 머리를 손으로 받치고 엄마의 엄지와 새끼 손가락으로 아기 귀를 막아야 한다. 엄마의 손바닥을 쫘악 펼치면 엄지와 새끼 손가락으로 귀를 막는 것이 가능하다.

얼굴부터 시작해서 재빨리 머리를 감기고 이어서 팔과 배와 등을, 이어서 엉덩이와 다리를 씻겨 얼른 건져 내야 한다. 그러곤 면수건으로 얼른 감싸 물기를 말려야 한다. 헤어드라이어로 머리를 말리는 사람도 있으나 내 생각엔 자연스럽게 거즈 수건으로 머리의 물기를 흡수시키는 것이 낫다고 생각한다. 자칫 헤어드라이어 소리와 열에 아이가 긴장할 수도 있다.

며느리는 목욕을 짧은 시간에 금방 잘 끝냈다. 물속의 아기도 능숙하게 잘 다루었다. 만지면 으스러질세라 조심조심 씻기고 물기를 닦고 나서 파우더를 바른다. 곧이어 우유를 타 주면 저도 목이 말랐는지 꼴딱꼴딱 우유 넘기는 소리가 활기차다. 그러다 금세 새근새근 잠든 모습을 보면 어김없는 천사다.

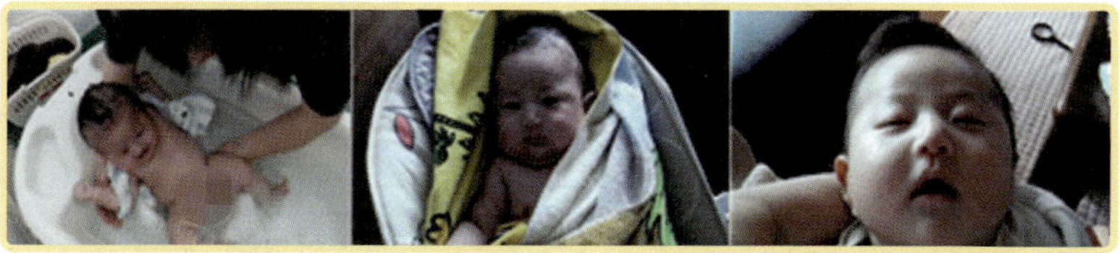

아기 주변 안전사고 예방하기

아무리 아기를 잘 돌봐 줘도 다치거나 상해를 입히면 육아의 수고는 말짱 헛것이다. 아기를 키우는 집은 첫째도 안전이요, 둘째도 안전이다. 아기 주위에 위험한 물건들이 있나 살펴봐서 모두 치워야 한다. 벽에 걸린 액자 등도 만약을 대비해 떼어 두고 천장에 걸린 전등이나 전등갓도 안전하게 매달려 있는지 꼼꼼히 살펴봐야 한다. 아기 잠자리가 아예 전등 아래에 있지 않도록 해야 한다.

누워 있던 아기가 기어 다니기 시작할 때는 주변에 아무것도 없어야 한다. 실제로 다림질하던 도구들을 잠깐 둔 것이, 뜨거운 커피포트를 잠깐 둔 것이, 안전하게 테이블 위로 올려 둔 물컵이 모두 불의의 사고로 이어진 사례를 들은 적이 있다. 뜨거운 줄 모르고 막무가내로 붙잡아 당기는 아기의 손힘에 쓰러지고 쏟아지고 떨어져서 평생 돌이킬 수 없는 상처를 남긴 사례들을 생각하면 끔찍하다.

아무거나 입으로 집어넣을 때, 방향감각 없이 뒷걸음질할 때, 콘센트 구멍에 이물질을 집어넣으려 할 때 등 아기 주위는 온갖 위험한 것들 천지다. 이러니 돌보는 이들이 어찌 한눈팔 수 있겠는가?

문득 큰손자를 주말에 맡았을 때 잠시 부주의해서 놀랐던 일이 생각난다.

큰손자가 18개월 때인 2012년 1월, 아이와 함께 밖에 나갔다가 귀가하는 길이었다. 엘리베이터 문이 열리길 기다리고 있던 순간, 갑자기 아이가 자지러지게 울기 시작했다. 깜짝 놀라 아이를 보니 왼쪽 손가락 일부분이 엘리베이터 문과 외부 벽 사이에 끼어 있었다. 아이가 엘리베이터에 손을 대고 있다가 문이 열릴 때 같이 딸려 들어간 것이었다. 그야말로 눈 깜짝 할 새에 발생한 사고였다.

당황이 되니 무엇부터 어떻게 해야 할지 판단이 안 섰다. 그새에 문이 다시 닫히기 시작함과 동시에 손가락도 빠져나왔다. 거실에 데리고 와서 보니 손가락 끝부분이 빨갛게 되었는데 다행히 손가락에 이상은 없는 듯했다. 하지만 곧바로 들쳐 업고서 정형외과에 갔다. 의사가 기능에 이상 없다고 괜찮을 것 같다고 해서 일단 마음이 놓였지만 그래도 엑스레이를 찍어 봐 달라고 자청했다. 사진에도 아무런 이상이 없음을 확인하고 나서야 안심할 수 있었다. 아기를 돌보는 이들은 잠시라도 한눈을 팔면 안 되겠다는 생각이 절절했던 경험이었다.

그때 들었던 생각이다. 내 아들 같았으면 병원에 데려가지는 않았을 것이다. 하지만 손자라서 또 다른 부담이 있었던 것이다. 아마 손자를 돌보는 이들이 모두 이런 비슷한 기분 한두 번쯤은 느껴 보지 않았을까 생각된다.

아기 손톱 깎아 주기

아기 손톱은 얇은 비닐처럼 힘이 없다. 그런데 자라기는 쑥쑥 잘도 자란다. 때때로 아기는 누워서 향방 없이 손을 흔들다가 자기 얼굴을 할퀴기도 한다. 그래서 수시로 깎아 주어야 하는데 그게 쉽지 않다. 작고 여린 손가락을 잡고 손톱을 깎다가 실수라도 할까 봐 조심하지 않을 수 없다.

나는 아기 손톱 깎는 일은 아예 며느리에게 맡겼다. 아기용 손톱깎기가 따로 있긴 하지만 혹시라도 부주의할까 봐 염려되어 아기였을 땐 한 번도 손톱을 깎아 준 일이 없다. 손을 제멋대로 움직일 때는 손을 싸 주는 아기용 면장갑을 폭 씌워 주도록 한다.

돌보는 이의 용모는 청결하고 단순하게, 장신구는 금물

갓난아기를 돌보는 이는 화장하는 것도 신경 써야 한다고 생각한다. 가능하면 청결한 피부를 위해 세안한 민낯으로 로션 정도만 바르고 아기를 대하는 것이 좋다. 가끔 아기를 돌보아 주러 간다는 할머니가 화장을 곱게 하고 가는 경우를 본다. 아기를 만지기 전에 세수를 하겠지만 아기를 돌보다 보면 예뻐서 볼을 부빌 때도 있고 볼뽀뽀를 할 때도 있는데 좀 염려가 된다.

장신구들도 착용하면 안 된다. 반지나 목걸이 등은 절대 금물이다. 아마도 아기에게 가면 그 모든 것들을 풀어 놓겠지만 어쩌다 급히 아기를 안아 주어야 할 상황이 되면 장신구가 아기에게 흉기가 될 수도 있기 때문이다. 아기를 가슴에 안을 때 브로치 장식이 연한 볼에 닿으면 아기가 자지러지게 울 수도 있다. 잠깐 순간에 귀한 아기 얼굴에 상처를 남기면 어쩔 건가?

신생아기를 지나면 손을 수시로 내젓는다. 그때는 손에 잡히는 것마다 움켜잡고 잡아당기는데 그 힘이 의외로 강해서 어른 손으로도 움켜쥔 아기의 조막만 한 손을 풀기가 힘들 정도다. 어디서 그런 힘이 나오는지 놀랍다. 꽉 잡은 손의 힘이 장난 아니다. 전문 용어로는 이런 현상을 파악반사라고 하는데 거의 본능적이라고 한다.

소중히 아끼던 진주목걸이나 금목걸이가 아기 손에 잡히면 끊어져 버리거나 수선해야 할 일이 생길 수도 있다. 무엇보다 아기가 다칠 수도 있다. 돌보는 이의 용모가 청결할 뿐만 아니라 단순해야 하는 이유가 여기에 있다.

면 앞치마 준비하기

시장에 가서 주머니가 넓게 달린 면 앞치마를 준비하도록 한다. 주머니가 크면 휴대전화, 아기를 위한 거즈수건, 휴지나 작은 물티슈 팩 등을 넣을 수 있어서 좋다.

휴대전화는 요즘 급한 연락을 주고받기 위한 필수품이기 때문에 신호음을 진동으로 해 놓고 앞치마 주머니에 보관하는 것이 좋다. 아기의 성장 모습을 그때그때 찍어야 할 상황을 놓치지 않기 위해서라도 가까이 두어야 하는데 이렇게 하기 위해선 주머니가 가장 적절하다. 단 혹시나 주머니가 미끄러워서 아기 주위에서 휴대전화를 떨어뜨리지 않도록 각별히 신경을 써야 할 것이다.

앞치마 주머니가 두 칸으로 나뉘어 있다면 사용 전 휴지와 사용 후 휴지로 구분해서 활용할 수 있어 좋다. 아기를 돌볼 땐 휴지를 사용할 일이 참 많다.

또한 아기를 돌보다가 갑자기 어디론가 달려가야 할 상황도 벌어지기 때문에 즉시로 필요한 것을 몸에 지닐 수 있도록 하기 위해서라도 주머니가 크게 달린 면 앞치마가 필수품이다.

거즈수건 및 물티슈 준비하기

거즈수건은 아기에게는 매우 중요한 필수품이다. 거즈수건은 한 30여 개 이상으로 넉넉하게 준비되어 있어야 한다. 아기가 모유수유를 하거나 분유를 먹을 때 옆으로 흘리거나 게워 올리기도 한다. 이때 즉각 닦을 수 있도록 아기 옆자리나 앞치마 주머니에 넣어 두어야 한다. 아기는 때로 버둥대며 목청껏 울 때가 있는데 흘러내리는 눈물을 살짝 닦아 줄 때도 물론 필요하다. 이때 아기눈물은 닦는다기보다 부드럽게 눌러서 흡수시키는 것이 좋다. 거즈손수건은 날씨가 쌀쌀해지면 목 보호를 위해 아기 목에 둘러 주기에도 유용하다. 또 침을 많이 흘리는 아기를 위해서도 필요하다.

무언가 방바닥에 흘리거나 떨어뜨렸을 때 집어서 바로 버리거나 닦는 용으로 준비한 물티슈나 휴지는 아기에게 직접 닿지 않도록 사용하는 것이 좋다. 혹시 똥을 싼 기저귀를 갈아 줄 때 항문 주위의 잔여물을 닦아 주느라고 물티슈를 사용하기도 하는데 가능하면 자제하는 것이 낫다. 우리 손자도 항문 주위에 붉은 반점 같은 것이 부풀어 오른 적이 있는데 소아과에 데려갔더니 물로 깨끗이 씻어 주는 것이 가장 좋다는 조언을 들었었다. 전문가의 의견을 듣는 것은 이래서 매우 중요하다. 그러나 외출을 하는 경우엔 어쩔 수 없이 물티슈를 준비할 수밖에 없다.

누워 있는 아기 곁에는 작은 휴지통이나 비닐봉지가 늘 있어서 이런 뒤처리 물건을 바로 버릴 수 있어야 한다. 하지만 좀 자라서 움직이기 시작하면 이것도 즉시 치워야 한다. 손에 잡히는 것은 아무거나 입으로 집어넣는 아기들이니 상상만 해도 아찔하다.

메모용 수첩 준비하기

아기를 돌보다 보면 메모장에 쓸 내용들이 많다.

하루 종일 아기를 떼어 놓고 직장에 갔다가 저녁에 귀가한 아기 엄마는 모든 것이 다 궁금하다. 우유는 제 시간에 정량을 먹었는지, 변은 잘 보았는지, 잠은 잘 잤는지, 특별한 일은 없었는지, 무얼 하고 놀았는지 등에 대해 엄마가 궁금해 할 내용을 충실히 적어 놓아야 한다.

특히, 아기를 인계할 때는 이 메모장 기록내용이 아주 유용하다. 기록된 내용을 보아야 아기 엄마는 자기가 이어서 할 일을 잘 챙길 수 있기 때문이다.

참고로 둘째 손자가 태어난 지 꼭 1년 후, 며느리가 복직을 앞두고 큰손자만 데리고 셋이 가족여행을 갔을 때 나 혼자 손자를 돌보면서 기록했던 내용을 올려 본다. 이 경우는 작은 메모지에 적을 내용이 아니라서 큰 종이에 적은 것이다.

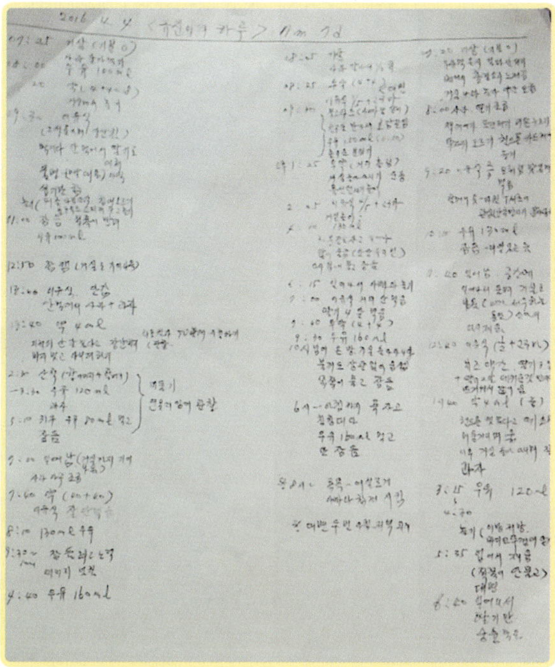

며느리가 여행계획을 말했을 때 "나 혼자서도 잘 볼 수 있으니 마음 놓고 다녀오라."라고 큰 소리는 쳤지만 둘이 돌보다가 혼자서 돌보는 일이 쉽지는 않았다. 무엇보다 안전하고 안정되게 돌보는 것이 가장 중요했다. 며느리가 돌아와서 아기의 생활모습을 살펴볼 수 있도록 꼼꼼하게 기록해 둘 필요를 느꼈다.

기록은 나를 위해서도 꼭 필요하다. 기본적인 수유양이나 수면시간, 배변, 배뇨 등을 참고하면서 양과 시간 조절을 할 수 있기 때문이다. 언제 얼마를 먹였는지 깜빡 잊을 때도 있으니까. 혹시라도 감기나 배탈이 났을 땐 투약시간을 정확하게 지키기 위해서도 필요하다.

나에게는 보물로 여기는 기록종이가 있다.

큰손자의 성장기록을 만 다섯 살까지 중요한 것만 간단히 기록한 것이다. 둘째 손자의 성장모습도 기록하는 중인데 요즘은 언어 폭발시기인 만큼 큰손자의 기록을 보면서 같은 시기에 사용했던 언어들을 비교해 보기가 좋다.

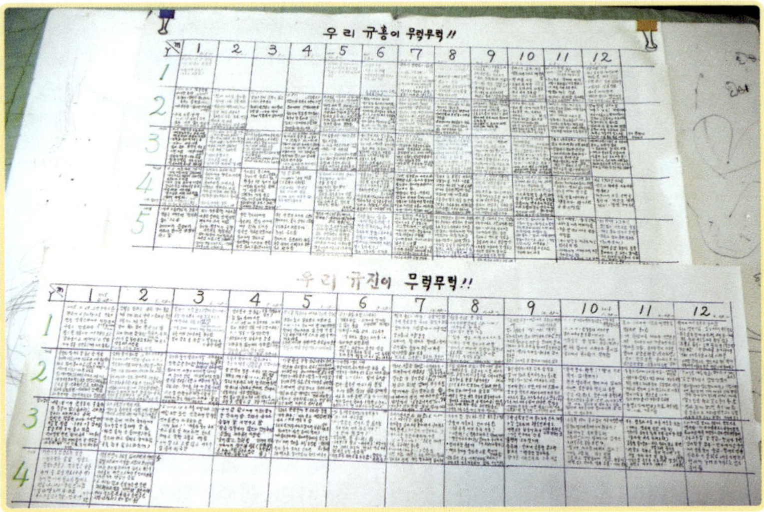

기록지를 보면 둘 사이의 우애를 키우는 데도 도움이 되고 행동 수정에도 도움이 된다. 이제는 의사소통이 거의 다 되는 둘째 손자와 형에 관한 이야기를 나누면 무척 집중해서 잘 듣는다.

"형이 너만 했을 때 말이야……."

이렇게 시작하면 귀를 쫑긋하고 잘 듣는다. 그리고 질문도 한다. 관심이 많다는 표시다.

"형이 그랬어? 그래서 어떻게 했어?"

요즘 감기증상으로 처방약을 먹일 때가 자주 있었는데 그때도 많은 도움을 받았다.

"형은 약병 뚜껑 열고 한 입에 먹었어. 이렇게."

"형이 그랬어?"

"그러엄. 우리 규진이도 이제 컸는데 형처럼 먹어 볼까?"

"와아, 우리 규진이가 이제 많이 커서 형처럼 약도 먹을 줄 아는데에?"

이런 말을 주고받은 이후로 규진이는 작은 약병의 뚜껑을 아예 열고 형처럼 먹게 되었다. 생각도 못했던 일인데 놀라운 발전이다. 이런 것을 보면 육아는 심리전임이 틀림없다.

아기의 성장속도는 정말 빠르다. 둘째 손자는 비록 발음이 분명하진 않지만 의사표현을 제대로 잘 한다. 두 대상이나 물체를 서로 비교하며 자기 생각을 말할 줄도 안다. 누가누가 더 예쁜가 물을 때 엄마는 늘 기준이 된다. 어린이집 선생님을 아무리 좋아해도 선생님과 엄마, 할머니와 엄마, 아빠와 엄마 등 그 누구와 비교해도 엄마가 우선이다. 그래서 "규진이는 이제 애기가 아니네."란 말이 저절로 나올 때도 있다.

형과 함께 장난감을 갖고 놀다가 마음에 들지 않으면 장난감을 집어 던져 형의 얼굴에 가벼운 상처도 몇 번 내었다. 바람직하지 않은 행동에 대해서는 단호하게 꾸중을 해야 하는 시기가 된 것이다. 바로 '해도 되는 것과 해서는 안 되는 것'을 확실히 해 주어야 하는 3세가 된 것이다. 이름하여 '결정적 시기(critical period)'라고 부르는 시기인 것이다.

고집을 부리다가 자기 뜻대로 잘 안 될 때 우는 소리가 점점 자주 들린다. 그래도 단호해져야 한다. 웃으면 안 되는데 고집을 부리는 모습도 예뻐서 뒤돌아서서 몰래 웃을 때도 있지만. 요즘 자주 연습시키는 말은, '주세요.' '고마워요.' '기다릴게요.' '미안해요.' '도와주세요.' 등 사람들과의 관계 속에서 잘 지내기 위해 필요한 말들이다.

"할아버지, 식사하러 오세요."도 연습시키면 곧장 할아버지에게 달려가서 비슷하게 말을 한다. 어린이집에 갈 때는 고개를 꾸벅하고 "다녀오겠습니다." 하고 간다.

상황에 적절한 말을 찾아 문장을 완성하는 모습이 참 대견하고 신기하다. 가끔은 "함미 너." 또는 "아빠, 잘 가."라고 해서 웃기도 하지만 아마도 어린이집에서 친구들이 쓰던 말을 해 본 것이라 생각되어 귀엽게 넘어간다.

이런 내용들을 준비된 수첩에 꼼꼼히 기록해 놓으면 아기의 발달과정을 살펴보는 데도 도움이 되고 형제가 있으면 서로 비교해 보는 데도 도움이 된다.

둘째 손자가 변기에 응가를 하지 못했을 때에도 도움이 되었다. 응가하고 싶으면 얼굴이 심각해지고 집안 구석구석을 찾아 가장 편안한 곳에 가서 힘을 주는데 배출되기 전에 얼른 기저귀를 채워야 했다. 과거엔 배변훈련을 시키느라고 신경을 많이 썼는데 요즘 젊은이들은 편하게 지켜본다. 때가 되면 자연스럽게 가리지 않겠느냐며 가능한 한 편하게 기다리며 키우는 며느리의 생각에 나도 동의한다.

큰손자는 언제 변기에 응가를 했었나 하고 기록지를 살펴보니 33개월 때였다. 그 기록을 확인한 다음부터 마음이 편해졌다. 기저귀를 언제까지 사야 하나 하는 생각도 내려놓게 되고 머지않아 변기에 성공할 것 같고……. 기록지 확인으로 한번에 해결되었다.

두 손자의 기록지는 이래서 내게 보물 같은 존재다.

아기 손은 만지지 않기

아기를 보면 누구나 미소가 지어진다. 좀 더 가까이 다가가서 자세히 보고 싶고 만져 주고 싶다. 볼을 가볍게 건드려 보기도 하고 그러다가 조막만 한 손을 잡고 흔들기도 한다. 하지만 '아서라.'다. 아기가 위험해서 급히 손을 잡아 줘야 안전해지는 경우 외에는 아기 손을 절대 잡으면 안 된다.

면역력이 약한 아기들이다. 만일 아기 손을 만진 사람이 감기라도 앓고 있는 상황이라면 어찌 되겠는가? 아기는 수시로 손을 입에 가져다 빤다. 공교롭게도 아기가 그 손을 곧 입으로 가져다가 빨게 된다면 얼마나 비위생적이고 위험한 일인가?

그런데도 여러 사람들이 모인 곳에 아기를 업거나 안고 갔을 때 귀엽다고 덥석 아기 손을 잡고 흔드는 사람들이 있다. 내가 아기를 업거나 안고 나가 보니 이때가 매우 긴장되는 순간이다. 아기가 예뻐서 가까이서 보겠다고 오는 사람을 피할 수도 없고 잡지 말라고 말할 수도 없는 참 곤란한 상황이다.

그렇다고 아기의 손을 곧바로 씻어 줄 수도 없는 상황이다. 그 자리를 벗어나서야 비로소 아기 손을 물티슈로 닦아 주지만 찝찝한 기분은 남아 있다. 만일 무방비상태의 아기 손을 만진 사람이 심각한 보균자거나 질병을 앓고 있는 사람이라면 생각만 해도 아찔하다. 유난을 떤다고 할지도 모르나 그러기 전에 아기를 먼저 배려하는 마음이 필요하다.

2011년에 지하철 내에서 있었던 황당한 사건을 혹시 기억하는 분들이 있을 것이다.

엄마와 함께 있는 아이를 보고 예쁘게 생겼다며 손으로 만진 할머니가 있었다. 흔히 볼 수 있는 장면 아닌가? 그런데 아이 엄마가 느닷없이 페트병으로 할머니를 때렸다. 설마 이런 일까지 일어나리라고 누가 상상이나 했겠는가? 지하철 내는 갑자기 소란스러워지고 아이 엄마는 소리소리 지르며 경찰을 부른다 하고 주변 사람들은 이 황당한 상황을 보고 놀라고……. 할머니는 얼마나 곤혹스러웠을까?

그 사건 이후로 젊은 엄마들이 아기 만지는 것 싫어하니까 아무리 귀여워도 가까이 가서 아기를 들여다보거나 만지지 말라는 이야기를 할머니들 사이에서 주고받는다고 한다. 이 사건의 발단만 생각해 보더라도 아기를 만지는 일 특히 손을 만지는 일은 이젠 생각해 보아야 할 일이다. 아기를 돌보기 전엔 나도 그 젊은 엄마가 너무했다는 생각을 했지만 내가 아기를 돌보아 보니 그 엄마 심정이 충분히 이해가 되었다. 그렇다고 그 엄마의 행동에까지 동의하는 것은 물론 아니다.

이참에 '아기 손은 함부로 만지지 말기'란 수칙이라도 정하는 것이 낫겠다는 생각이 든다. 손을 만진다는 것은 인간관계에서 가장 자연스러우면서 특별한 의미가 있는 것인데 오늘날 하도 신경 쓸 일이 많으니 이런 일까지 생기는 것이 아니겠는가?

여기서 잠깐!

전통육아에선 아기의 손을 만져 주는 것을 중요하게 생각했다. 손을 만지면서 눈을 맞추고 아기와 이야기를 주고받으며 교류하는 가운데 '아가야, 넌 참으로 귀하고 소중한 존재야.'라는 인식을 심어 주고자 함이리라. 말이 나온 김에 아기의 손이나 허리를 잡고 아기훈련을 시키던 전통육아법을 소개해 본다.

*** 단동십훈(檀童十訓)**

아기를 키우며 도리도리, 짝짜꿍, 곤지곤지, 잼잼 정도를 안 해 본 어른들은 없을 것이다. 이것은 전통육아의 한 방법으로서 원래는 단동치기십계훈(檀童治基十戒訓)을 줄인 단동십훈에서 나온 아기와 엄마의 신체놀이의 일부다. 단동십훈은 단군왕검의 혈통을 이어받은 배달의 아이들이 지켜야 할 열 가지 가르침이란 의미다. 반복적인 운율로 이루어진 노래에 맞춰 부모와 아기가 신체접촉을 하면서 놀다 보면 아기의 소중함을 다시 한 번 확인하게 되고, 각 교훈마다 그렇게 자라기를 바라는 엄마의 기도가 담겨 있어서 현대사회에서도 부모-자녀 관계의 회복을 위한 기본놀이라고 볼 수 있다.

그 하나하나의 교훈에 담긴 의미와 동작을 살펴보고자 한다(브레인미디어 2017. 11. 6.). 『곤지곤지 잼잼』은 CD도 함께 들을 수 있고 뒤쪽에 단동십훈 부록이 곁들여 있다. 나는 손자가 31개월이 되었을 때에야 이 책을 발견하고 CD를 틀어 주었다. 너무 늦었다 싶었는데 처음 들어 본 손자가 며칠 동안 밤만 되면 내 방으로 와서 이걸 틀어 달라고 하였다. 동작을 하기엔 이미 알맞은 시기를 놓쳐서 아쉬웠지만 친근한 동물들의 등장에 관심을 보이며 문장을 이해하니 늦어도 다행이다 싶었다.

1훈 불아불아(弗亞弗亞)

의미 세상을 비추는 밝은 빛이 되라.

행동 아기의 허리를 양손으로 잡고 세워서 좌우로 흔들며 '불아불아'라고 노래한다. 다리 힘을 길러 준다.

2훈 시상시상(달강달강, 恃想恃想)

의미 자신을 소중히 여기고 다른 사람을 존중할 줄 아는 아이로 자라라.

행동 아기를 세우거나 마주 앉아서 앞뒤로 밀었다 당기면서 '달강달강'이라고 노래한다. 아기의 어깨, 목, 팔, 허리 운동을 돕는다.

3훈 도리도리(道理道理)

의미 여기저기 잘 살피고 슬기롭게 살라.

행동 아기 머리를 좌우로 돌리면서 '도리도리'라고 노래한다.

4훈 지암지암(잼잼, 持闇持闇)

의미 좋은 것과 나쁜 것을 잘 헤아리면서 살라.

행동 두 손을 앞으로 내어 손가락을 쥐었다 폈다 하면서 '잼잼 잼잼'이라고 노래한다.

5훈 곤지곤지(坤地坤地)

의미 세상 모든 생명과 조화를 이루면서 살아가라.

행동 왼손을 펴고 오른손 집게손가락으로 왼손 바닥을 콕콕 찍으면서 '곤지곤지'라고 노래한다.

6훈 섬마섬마(西魔西魔)

의미 무엇이든 혼자 할 수 있는 용기와 독립심을 키워라.

행동 손바닥 위나 방바닥에 아기를 똑바로 세우고 '섬마섬마'라고 노래한다. '따로따로'라고도 한다. 다리 힘을 기르고 균형을 잡도록 도와준다.

7훈 업비업비(에비에비, 業非業非)

의미 아이가 좋지 않은 행동을 하거나 위험한 곳에 가지 않도록 하거라.

행동 두 팔을 앞으로 뻗어 손바닥을 좌우로 흔들면서 '에비에비'라고 한다.

8훈 아함아함(亞含亞含)

의미 아이가 얼마나 소중한 존재인지 알려 준다.

행동 입을 동그랗게 벌리고 손바닥으로 입을 막으면서 '아함아함' 소리친다.

9훈 작작궁작작궁(作作弓作作弓)

의미 착한 마음을 갖고 기쁘고 신나게 살아가라.

행동 두 손바닥을 마주 치며 '짝짜꿍' 하고 노래한다.

10훈 질라아비 훨훨의(질라아비 훨훨, 地羅阿備 活活議)

의미 어떤 질병도 오지 말고 건강하고 활기차게 자라라.

행동 두 팔을 활짝 벌리고 양옆으로 흔들면서 '질라아비 훨훨' 노래한다. 팔근육의 발달을 돕고 심폐기능을 좋게 한다.

이처럼 전통육아에선 백일 이전에는 까꿍, 쭉쭉이(아기 다리를 쭉 펴서 허벅지부터 종아리까지 주물러 주는 것), 목을 가누기 시작하는 백일 전후에는 도리도리, 6개월 정도에는 눈과 손의 협응을 돕는 지암지암, 작작궁작작궁, 7개월 정도에는 혼자 서기를 준비하는 신체놀이인 질라아비 훨훨과 시상시상, 9~10개월에는 불아불아와 섬마섬마 등의 놀이를 했다. 전통놀이에서 아이의 몸은 교구이자 관심의 대상이었다. 아이의 발달단계에 맞추어 신체가 균형 있게 자라도록 적절히 자극을 주었던 선조들의 지혜가 놀랍다.

아기용 그림책 보여 주기

신생아가 2~3개월이 되면 시력이 많이 좋아져서 색깔과 물체변별을 어느 정도 할 수 있다고 한다. 누군가에게 들으니 아기들은 물방울무늬에 관심을 잘 보인다고 해서 형이 보던 물방울무늬 책을 펼쳐 주니 정말 집중하며 무늬를 따라서 눈동자를 옮기는 것을 볼 수 있었다. 특히, 가운데서부터 방사형으로 퍼져 나가는 무늬에 가장 반응을 잘 하였다.

사진은 태어난 지 약 3개월 정도가 되었을 때 그림책을 보고 있는 우리 손자의 모습이다. 그림을 정확히 응시하면서 그림의 특성에 따라 표정이 달라지는 모습이 신기했다. 그때 이후로 그림책을 수시로 보여 주며 자극을 주려고 노력했다.

그런데 손자가 한참 자라서야 읽은 『하루 10분 책 육아: 대화력과 정서지능이 뛰어난 미래형 인재로 키우는 기적의 육아법』에서는 태어난 첫날부터 책을 읽어 주는 것이 좋다는 권면을 하고 있다. 손자가 2~3개월이 될 때까지 기다릴 필요가 없었음을 뒤늦게 알고 아쉬워했다. 중요한 것은 엄마의 목소리를 들으면서 아기가 안정감을 가질 수 있도록 해 주는 것이 핵심이었다. 태중에서도 많이 들었던 엄마 목소리니 굳이 책을 읽지 않아도 하루 종일 들으면서 안정감을 가질 수 있지만 책에는 다양한 내용의 이야기들이 많이 있으니 그냥 일상적으로 오고가는 목소리만 듣는 것보다는 백 번 낫지 않겠는가?

책 읽어 주기

이제부터 하는 이야기는 『하루 10분 책 육아: 대화력과 정서지능이 뛰어난 미래형 인재로 키우는 기적의 육아법』 책의 일부 내용이 많이 반영된 것이다.

나는 이 책을 늦게 알게 되었다. 진즉 읽었더라면 얼마나 좋았었을까 하는 아쉬움을 갖고 책을 손에 든 지 이틀 만에 다 읽었다. 뿐만 아니라 주위에 이 책을 적극적으로 소개하였다. 나는 비록 그 시기를 놓쳤지만 아기가 탄생하자마자 꼭 해 주어야 할 목록에 추가해야 할 항목이라 생각한다.

하루 10분은 따로 시간을 내는 데 부담이 없다. 가볍게 독서를 시작할 수 있도록 제목을 아주 잘 지었다는 생각이 들었다. 책이란 것이 스토리가 있기 때문에 읽어 주다 재미있으면 한 시간도 후딱 가고 그 이상도 갈 수 있다. 하지만 아기니까 10분으로 출발한다고 생각하면 매우 부담이 없다.

아기들 책 속의 이야기는 의성어, 의태어가 적절히 뒤섞여 있어서 운율을 살리는 재미가 있다. 반복되는 리듬을 듣는 아기는 상상을 하면서 뇌가 자극을 받는다. 그러는 동안에 아기의 뇌 속에선 이야기와 관련된 신경망이 형성되고 긍정적인 정서가 쌓이게 된다. 공감능력이 생기면서 다른 사람들과 관계 맺는 기술도 좋아지게 될 것이다. 뿐만 아니라, 인지적으로도 좋은 결과를 기대할 수 있다.

"일찌감치 규칙적으로 책 읽어 주는 소리를 들으며 자란 아이는 빠른 속도로 읽기의 기술과 이야기를 들으려는 욕망을 습득한다."

이 책 60쪽에 소개된 문장이다. 어떤 일에 대한 욕망이 생긴다는 것은 삶의 이유도 되고 발전과 성취의 동기가 된다. 이런 것을 생각할 때 하루 10분 책 읽어 주기로 기대할 수 있는 소득은 엄청나다.

아기 때는 그저 귀엽고 사랑스럽지만 그 아기가 자라서 학생이 되면 귀여움은 사라지고 부담과 책임을 자주 묻게 된다. "너 ○○ 했어? 안 했으면 하고 놀아!" 식으로. 그렇게 되면 아이들은 점점 주어지는 과제가 부담이 되기도 하고 회피하고 싶어지기도 할 것이다. 그런데 학생으로서 해야 할 일에 욕망을 갖게 되면 스스로 성취의 기쁨을 맛보기 위해서라도 노력하게 된다는 것이다. 이 얼마나 수지맞는 일인가? 이런 기대를 하루 10분 책 읽어 주기로 할 수 있다는데, 검증도 되었다는데 어찌 할머니로서 안 할 수 있겠는가? 그 어떤 유산이나 물질을 물려주는 것보다 먼저 해야 할 일이 아니겠는가?

이 책의 저자 멤 폭스는 자신이 직접 겪은 외손자 이야기를 소개하고 있다. 저자가 자기 인생의 가장 중요한 스승이라고 말한다. 손자가 스승이라니 아마도 그 손자를 통해 배우고 깨달은 것이 많은 이유리라. 손자는 체중이 겨우 1킬로그램으로 태어났다고 한다. 세상에 단지 1킬로그램이라니! 아기의 작고 가느다란 팔은 저자의 가운데손가락만 했다고 하니 그 손자를 바라보는 가족의 심정이 오죽했겠는가? 아이가 과연 살아남을 수 있을까 하는 걱정은 점점 간절한 기도로 바뀌면서 병원에 있는 아기에게 매일 책을 읽어 주었다고 한다. 인큐베이터에 달린 작고 둥근 창을 열고 몸을 웅크리고 앉아 경쾌하고 신나는 목소리로 책을 읽어 주는 할머니를 상상해 보자.

사랑과 정성스런 노력이 헛되지 않아 아기는 기적처럼 놀라운 변화를 보였다. 그 손자의 담당의사는 다른 환자의 보호자들도 그렇게 책 읽어 주기를 해 주면 좋겠다고 인정했다고 한다. 오로지 아기의 두뇌가 올바른 방식으로 반응하도록 하기 위해 혼신을 다한 노력은 결코 헛되지 않았다고 한다. 그렇게 2년이 지나자 그 손자는 크고 건강하고 무척이나 수다스러운 아기가 되었다고 한다.

책 읽어 주기의 힘! 과연 대단하지 않은가?

하루 10분이라도 아기와 소통하는 육아를 하자는 저자의 의견에 전적으로 동의한다.

나는 손자가 2개월이 지나면서부터 그림책을 보여 주었지만 태어난 첫날부터 책을 읽어 주려면 미리부터 준비해야 할 일이 있을 것이다. 그 많은 그림책 중에 어떤 그림책들이 좋을까, 어떻게 읽어 주어야 할까, 주변의 동의를 어떻게 이끌어 낼까, 읽어 줄 때 태중의 아기는 어떻게 반응할까 등 여러 관심으로 바빠져야 할 것이다.

자연환경에 관심 갖도록 하기

아기는 집안과 바깥 모두 안정된 분위기라야 잘 자란다. 집안이야 아기가 태어나기 전부터 준비하겠지만 마음대로 바꿀 수 없는 주변의 자연환경은 상황과 분위기에 따라 때로 안타까울 때도 있고 다행스러울 때도 있다.

아기가 자라는 데 최적화된 자연환경은 아기의 안정된 성장에 필수요건이다. 햇볕, 바람, 비, 눈, 구름, 공기, 해, 달, 별, 시냇물과 조약돌과 물고기, 주변의 온갖 동물이나 곤충, 다양한 식물, 그리고 그 식물들의 꽃과 열매, 하다못해 동물들의 똥 등 이 모든 것은 아이들이 세상을 탐색해 나가고 이해하는 데 좋은 자연환경의 자료들이다.

사계절의 변화가 뚜렷한 우리나라는 아기가 기다림을 터득하는

데에 안성맞춤인 환경이라고 생각한다. 노오란 개나리가 만개한 울타리를 상상해 보자. 그 밑에 떨어진 꽃잎들은 또 얼마나 예쁘던가? 아장아장 걸음마 배우는 아기가 노란 꽃잎을 밟고 한 걸음 한 걸음 뒤뚱뒤뚱 옮겨 다니는 모습은 살아 있는 작품 아니던가? 피고 지고 또 피고 지고……. 또다시 그렇게 흐드러진 개나리꽃을 보려면 1년을 기다려야 한다.

나이가 한 살 더 먹는다는 의미를 자연환경의 변화에서도 느낄 수 있는 것이다. 그래서 '내년'이라는 말이 더 실감 나게 다가온다. 이렇게 계절의 변화에 민감하게 적응하도록 하면 정서적으로도 고운 마음씨를 심어 줄 수 있다고 본다.

둘째 손자가 4개월쯤 되었을 때 앞 베란다에 안고 나가서 화분의 식물들을 보여 주었다. 마침 활짝 핀 꽃이 있기에 보여 주면서 "아가야, 이게 꽃이야. 꽃. 우리 아가도 꽃이지. 우리 집의 꽃!" 하면서 꽃들을 살펴보게 했다. 한참 그러는 동안에 퍼뜩 어떤 한 생각이 떠올랐다. 모든 아이들은 꽃인데 아이들이 좀 크면 서로를 비난하면서 왕따를 시키는 오늘날의 현상들이 안타깝게 생각되었다. 과거에는 동네에서나 학교에서나 친구들이 모이면 서로를 꽃이라 부르면서 놀이를 하지 않았던가? 놀이에서조차도 서로를 꽃이라 부르며 즐거운 시간을 보냈었는데…….

우리 집에 왜 왔니

우리 집에 왜 왔니 왜 왔니 왜 왔니

꽃 찾으러 왔단다 왔단다 왔단다.

무슨 꽃을 찾으러 왔느냐 왔느냐

○○이 꽃을 찾으러 왔단다 왔단다

가위, 바위, 보

양편으로 죽 늘어서서 손을 잡고 앞으로 나아갔다 뒤로 물러섰다 하며 신나게 노래를 불렀다. 함께 손잡은 친구들이 모두 꽃이 되는 놀이였다. 이미 많은 꽃들을 옆에 두어서 손을 잡고 길게 늘어섰건만 꽃을 더 사고 싶어 했다. 결국 상대편의 모든 꽃을 다 사서 한 쪽 편의 줄이 없어지게 되면 그 놀이는 그만 싱겁게 된다. 하지만 끝날 때까지 끝나는 것이 아니다.

그 싱거움을 다시 생생하게 하는 놀이가 또 이어진다. '동동동대문을 열어라' 하면서 동대문 빠져나가는 놀이로 자연스럽게 반전하는 것이다. 동대문을 빠져나가다가 어느 순간에 잡힐까 봐 긴장되고 그래서 더욱 발걸음을 빨리하고……. 하는 동안에 세상을 살아가는 전략들이 터득이 되는 것 아니겠는가? 꽃 이야기를 하다가 잠깐 엉뚱한 이야기로 빠졌다.

우리 손자는 달에 일찍부터 관심을 보였다.

지금 사는 지역이 다행히 하늘이 넓게 보이는 곳이다. 언젠가 앞 베란다에서 본 보름달의 모습이 매우 인상깊었나 보다. 보름달을 보면 "달, 보름달!" 하며 쳐다본다. 초승달이 뜨면 '반달'이라고 했다. 내가 초승달이라고 정정해 주었지만 이런 건 손자에게 그리 중요한 것이 아니다. 학교에 가서 한 번만 확실히 배우면 금방 교정이 될 것이기 때문이다. 중요한 것은 하늘도 올려다보고 거기에 달도, 구름도 있다는 것을 기억하는 것이다.

2018년 1월 31일 밤이었다.

아마도 그리 머지않은 이전이니 그날을 기억하는 사람들이 있으리라.

개기월식 우주쇼가 저녁 9시가 넘은 시각부터 시작되는 날이었다. 처음에 손자는 보름달을 쳐다보며 "엄마, 보름달!" 하고 제 엄마 손을 끌었다. 맑은 밤하늘에 커다란 보름달이 솔밭 위로 떠 있었다. 차츰차츰 한쪽이 어두워지더니 점점 어두운 그림자가 보름달을 덮어 11시가 넘으니 완전히 캄캄해졌다. 새벽 1시경이 되니 서서히 달의 반대쪽 모습이 조금씩 보이기 시작했다. 달의 모양변화로만 말한다면 하룻밤에 초승달 → 반달 → 보름달 → 반달 → 그믐달 과정을 다 본 셈이다. 흥분할 만한 광경이었다.

큰손자는 제 엄마와 함께 이 과정을 의미 있게 지켜보았다. 물론 자정 넘어 까지 기다리진 못하고 중간에 잠이 들긴 했다. 둘째 손자는 잘 시간이 되어 일찍 쿨쿨 잠에 곯아떨어졌지만 앞부분에 시작되던 달의 변화는 잠깐 본 셈이다. 아직 월식(달 가림)이 뭔지 전혀 이해할 수준은 아니었지만 하늘과 달 등 자연환경에 관심을 갖고 달의 모양이 변한다는 것을 어렴풋이라도 기억했으면 좋겠다.

이런 모습은 그야말로 대 우주쇼이다. 만일 그날 날씨가 흐렸거나 보름달이 아니었다면 육안으로 관찰할 수 없는 모습이었다. 이날과 같은 슈퍼블루 블러드문이 되는 개기월식은 앞으로 삼십 몇 년 후에나 또 관찰될 수 있다니 정말로 흥분할 만한 장면이었다. 몇몇

지인들에게 지금 하늘을 보라고 문자를 보내니 안타깝게도 '여기는 흐려서 달을 볼 수 없네요.'라는 답신을 보내온 분들도 있었다.

대도시 서울일지라도 변두리에 사는 맛을 톡톡히 누린 멋진 밤이었다.

2장

할머니의 고민

어떻게 하면 구수하고 푸근한 할머니가 될 수 있을까?
이 가벼운 고민을 단번에 해결해준 것은 바로 그림책!
도서관은 그림책을 품은 보물창고구나!

할머니가 되었지만……

책이 없던 나의 어린 시절

막상 할머니가 되었지만 어떤 할머니가 되어야 할지가 나의 고민이었다. 옛날이야기에 자신 있는 것도 아니고, 그렇다고 그림책에 대해서도 잘 아는 것도 아니고, 놀이를 잘하는 것도 아니고……. 그러다가 큰손자가 보던 그림책이 집에 많으니 우선 그림책 읽어주기부터 시작하는 할머니가 되어야겠다고 생각했다. 동시에 나의 어린 시절은 어땠었는지를 돌아보게 되었다.

내가 어렸을 땐 그림책이란 게 없었다.

그림책은커녕 집에는 기억될 만한 동화책도 없었다. 동화책다운 동화책을 접한 것은 초등학교 5학년 때 학급문고가 전부였다. 내가 다니던 시골 작은 학교 교실에는 당시 학원사에서 나온 세계명작 한 줄이 책꽂이에 가지런히 꽂혀 있었다. 아마 한 30여 권쯤 되었던 듯싶다. 그중에 몇 권은 집에 빌려 가서 읽었던 기억이 있다. 『소공녀』 『소공자』 『톰 아저씨의 오두막집』 등이었는데 『톰 아저씨의 오두막집』의 어느 한 대목이 지금도 기억에 남는다.

'오하이오 강 위를 떠내려가는 얼음조각에 의지하여 한 발 한 발 아슬아슬하게 건너뛰는 모험을 하면서도 엘리저는 어린 아들을 품에 꼭 끌어안고 있었다.'

주인공 엘리저가 악랄한 노예상인을 피해 목숨을 걸고 도망치던 장면을 읽을 땐 마치 내가 그 깨어진 얼음조각 위를 건너뛰듯 조마조마했던 일이 기억난다.

'빚 청산을 위해 신실한 노예 톰을 팔았지만 다시 찾아오겠다는 약속을 지키기 위해 먼 길을 달려온 주인댁 아들 조지를 마지막으로 보면서 톰은 서서히 눈을 감고 있었다.'

바로 『톰 아저씨의 오두막집』 마지막 장면인데 얼마나 안타까운가? 지극히 인정 많은 주인댁 아들과 신실한 노예 톰이 아슬아슬한 시간 차로 만나지 못하던 장면을 얼마나 애석해 했던지…….

1960년대에 이 동화를 읽었으니 거의 60년 전에 읽은 것이다. 최근에 인상 깊게 읽은 『달리는 기차 위에 중립은 없다: 하워드 진의 자전적 역사 에세이』엔 흑인의 인권쟁취과정이 얼마나 험난했는지를 짐작할 수 있는 내용들이 많이 나와 있다. 그 책을 읽으면서도 난 60년 전에 읽었던 『톰 아저씨의 오두막집』이 자연스럽게 떠올려졌다. 인상 깊게 읽은 책의 내용은 가슴속에 오래도록 깊이 남아 있음을 새삼 느끼게 되었다.

수많은 흑인들이 단지 흑인이라는 이유로 이름 없이 무시와 박해와 학대를 당하다가 세상을 떠난 것을 생각하면 저렇게라도 이야기가 밖으로 알려진 것이 그나마 다행이란 생각이 들었다. 이야기의 힘이 얼마나 강한가를 새삼 생각하면서 말이다.

당시 초등학교 5학년이던 나는 아버지의 직장을 따라 전학을 가게 되었다. 전학을 하면 한동안 새로운 환경과 서먹서먹한 분위기에 적응하는 것이 큰 과제다. 낯선 친구들과 선생님, 학교생활에 적응하느라고 힘들었던 5학년 2학기가 기억이 난다. 그런 내게 학급문고는 멋쩍고 어색한 시간들 뒤로 숨기에 아주 좋은 도피처였다. 친구들의 부담스런 시선을 자연스럽게 외면해도 마음이 편했었다. 책 속에 몰입하다 보면 아이들과의 관계가 그리 부담되지도 않았다.

보물 같던 세계명작을 통해 새로운 미지의 세계를 상상하며 간접 경험했던 일은 참으로 행복한 추억이다. 거의 대부분이 빈한하게 살았던 그 시절에 집으로 빌려 와서 읽는 세계명작의 감동은 그야말로 내 인생을 풍요롭게 해 준 귀하고 새로운 경험이었다.

이런 기억들을 떠올리면서 우리 손자에게도 책을 가까이할 기회를 주어야겠다고 생각하였다.

그런데 지금은?

그렇게 성장한 나였기에 할머니가 되어서 만난 그림책도 처음엔 그리 친숙하지 않았다. 지금 40대 전후인 우리 아들들을 키우던

1970~1980년대에도 그림책은 흔하지가 않았다. 아마 성경이야기 책 정도가 대부분이었을 것이다. 그런데 언제부터인가 그림책이 쏟아져 나오는듯한 느낌이 들 정도로 도서관마다 또 아이를 키우는 집마다 그림책이 풍성해졌다.

우리 집도 마찬가지다.

결혼한 아들네와 살림을 합친 이후로 그림책은 집안 곳곳에 널려 있다.

나는 처음엔 그림책은 아이들만 보는 것이라고 생각했었다. 그런데 손자들에게 읽어 주다 보니 어떤 책들은 아이들보다 어른들이 더 감명받을 것 같은 책이 더러 있었다.

예를 들면, 『나의 엄마』나 윤진현 작가의 『고릴라 할머니』 같은 책은 어른들에게 더 친근한 책이다. 『나의 엄마』는 친정 엄마를 잃은 성인 딸인 경우 울컥하다 못해 흐르는 눈물을 주체하지 못하는 분들도 보았다. 개인의 특별한 경험들에서 공감하는 내용들이 많아서 그럴 것이다.

『고릴라 할머니』는 농촌에서 한평생을 보낸 할머니들에게 많은 위로를 주는 책이다. 물론 그분들의 손주들도 할머니의 주름진 얼굴이 있게 된 평생의 수고를 더 잘 이해할 순 있겠지만 경험해 보지 못한 삶을 어찌 속속들이 이해하랴?

이처럼 아이도 어른도 함께 빠져들 수 있는 것이 그림책이다. 그리고 그림책은 이제 지천이다. 그 하나하나에 담겨진 아름다운 내용과 특별한 구성은 아이들의 감성을 자극하고 상상력을 키우는 데는 그만이다. 더욱이 그림책의 형태도 다양해져서 어떻게 그렇게 입체적으로 잘 만들었는지 놀랄 만한 것도 많다.

그림책의 세계를 어렴풋이 맛보고 나니 이야기도 잘하고 그림책도 잘 읽어주는 할머니가 되어야겠다는 생각을 하게 되었다. 어떤 할머니가 되어야 할까에 대한 답을 찾은 것 같아 마음이 가벼워졌다.

고민 해결사 도서관!

도서관에서 답을 찾다

이야기와 그림책에 관심을 갖고 동네 도서관을 찾은 날, 난 횡재를 했다.

글쎄 현관에 떡하니 세워진 '이야기 할머니 스토리텔링 12주 과정' 모집 안내 배너가 눈에 띄는데 딱 내가 찾는 것과 일치했다. 그동안 내가 이야기를 해 주려고 했을 때마다 이야기 소재의 빈곤함을 느끼며 답답했었는데 얼마나 반가운 기회였는지!

2014년 9월에 만난 기회, 그게 시작이었다. 첫 시간부터 강사의 재미있는 이야기에 푹 빠져 언제 12주가 지났는지 모를 정도로 아쉽게 끝났다. 가끔 곁들이는 손 유희와 이야기를 돋보이게 해 줄 소품들을 만들면서 함께 지낸 12주는 나뿐만 아니라, 다른 할머니들도 이야기에 많이 목말랐었구나 하는 생각을 하게 했다.

그 과정 속엔 자기 자신의 이야기를 써 보는 시간도 있었다. 이름하여 '세상에 단 하나밖에 없는 이야기'인 것이다. 나는 어린 시절 외가댁에서의 추억이 떠올라 그 이야기를 썼다. 밤에 잠자다가 오줌이 마려워서 엄마를 깨워 툇마루에 있는 오강에 볼일을 보려고 방문을 여는데 키가 장다리같이 큰 검은 옷의 신사가 나를 내려다보고 있던 사건이었다.

시커먼 무엇을 본 순간 난 화들짝 놀라서 뒤로 나자빠졌다. 엄마는 아무것도 안 보였다고 괜찮다고 했지만 난 그때 얼마나 놀랐던지 그 무서움이 한참을 갔다. 나중에 어른들이 그건 귀신도 아니고 신사도 아니고 도깨비였다고 말했다. 나를 놀래주려고 도깨비가 나왔나 보다고 말하며 달랬지만 그 경험은 매우 특별한 사건으로 내 무의식 속에 깊게 자리하고 있었다. 깊이 묻혀져 있던 경험을 꺼내어 이야기로 만들고 보니 내 안에 꼭꼭 숨어 있는 다른 이야기들이 또 없을까 하고 찾게 되었다.

그런저런 이야기를 쓰다 보니 잊혔던 추억들이 고구마 캐듯이 주렁주렁 딸려 나왔다. 어린 시절의 경험들을 별 의미 없이 흘려보냈었는데 이런 과정을 거치니 모든 경험들이 소중하고 가치 있는 보물처럼 느껴졌다. 그리고 그 무서운 경험을 털어놓으니 내 마음도 가벼워지는 것 같았다.

이야기가 이렇게 의미가 있고 재미있는데 그동안 내가 소홀히 여겼구나 하는 깨달음에 이어 할머니가 될 준비로는 이야기가 최고라는 나만의 결론을 내렸다. 아이들에게 들려줄 동화와 더불어 손유희에 필요한 소도구도 만들어 보고 동료들 앞에서 시연도 하고 혼자 연습도 하면서 행복한 12주를 끝냈다. 이 짧은 과정을 마친 것만으로도 나는 손자들에게 할머니 체면은 세우게 된 듯하여 마음이 든든했다.

그때부터 나는 그림책이나 이야기와 관련된 교육이라면 열 일 제치고 찾아다녔다. 할머니가 된 덕분에 복이 터진 것이다. 그리고 이 복은 모두 도서관을 통해 얻은 것이어서 나는 기회가 있을 때마다 도서관을 보물창고라고 홍보하며 다닌다. 도서관으로부터 아무런 부탁(?)도 받지 않았지만 경험을 통한 자원 홍보대사가 된 셈이다. 도서관은 그 존재만으로 든든하고 반갑고 다정하고 친근하고 위로가 된다.

이 정도로 나의 그림책과 이야기에 대한 관심은 출발역사가 짧다. 이야기로 시작한 할머니 준비는 자연히 그림책으로 이어졌고 그림책을 배우다 보니 나의 무지함과 어리석음이 드러나 지금도 부끄러움을 느낄 때가 많다. 내가 할 수 있는 일은 그림책을 배우는 기회만 있으면 지금도 부지런히 좇아다니는 것이다.

그만큼 그림책은 내게 에너지이자 매력덩어리다. 손자들과 어딘가 갈 곳이 있으면 배낭에 그림책 몇 권은 꼭 넣어 간다. 그림책을 매개로 손자와 소통하는 할머니가 되도록 도와준 도서관이 가까이 있는 것이 또 하나의 행복이다.

큰손자가 세 살 무렵이었던 것으로 기억한다.

"옛날에 두 남매를 둔 어머니가 떡을 팔러 시장에 나갔는데

……." 하며 폼 잡고 옛날이야기를 꺼냈는데 금방 밑천이 딸려서 당황했던 내가 이제는 그림책이 있어서 든든하다. 옛날이야기를 해 주려면 전래동화 그림책을 읽어 주면 되고, 공룡 이야기를 해 주려면 공룡시리즈를 읽어 주면 된다. 비빔밥을 안 먹으면 『개똥할멈과 고루고루 밥』을 읽어 주면 되고, 김밥을 안 먹으면 『달팽이 학교』를 읽어 주면 된다.

내게 그림책은 손주 육아의 비밀병기다.

북스타트에 참여하기

둘째 손자가 5개월이 되었을 때 지역도서관의 북스타트(Book start) 모임에 며느리가 아기를 데리고 참석하고 왔다. 마침 며느리가 휴직 중이었기에 낮 시간에 데려갈 수 있었던 것이다. 그날의 주제는 까꿍놀이였다. 집에 돌아온 손자에게 이유식을 먹이기 위해 식탁에 앉혔는데 그 옆에 있던 보자기를 들더니 까꿍 동작을 흉내 내는 것이 아닌가? 어찌나 귀엽던지! 경험이 중요하다는 말이 실감 나는 순간이었다. 이런 모습을 보니 가능하면 아기가 새로운 경험들을 많이 하도록 해줘야겠다는 생각이 들었다.

이참에 아기를 돌보는 분들에게 기회가 되면 지역도서관의 북스타트 모임에 아기와 함께 참여할 것을 권한다. 북스타트는 '책과 함께 인생을 시작하자'라는 취지로 1992년 영국에서 처음 시작한 세계적인 영유아 책읽기 프로그램이다. 우리나라는 2003년에 도입을 해서 지방자치단체와 북스타트 코리아가 함께 펼치는 지역사회문화운동으로 자리 잡고 있다. 즉, 민(시민)과 관(정부)이 힘을 합쳐 자라는 세대에게 책을 즐겁게 읽도록 돕는 활동이다.

혹시 도움이 될까 하여 북스타트 코리아 홈페이지(www.bookstart.org)에 소개된 북스타트 활동에 대해 좀 더 자세히 소개해 본다.

01. 북스타트는 사회적 육아지원 운동입니다.

모든 사회는 아기들을 잘 키울 책임이 있습니다. 아기를 잘 키우는 일은 부모의 책임임과 동시에 사회의 책임이기도 합니다. 북스타트는 한국에 태어나는 모든 아기들이 부모의 소득수준의 격차 때문에 뒤처지는 일 없이 평등한 문화적 기회를 누릴 수 있도록 지역사회가 아기 양육의 책임과 비용을 분담하게 하려 합니다.

02. 북스타트는 아기와 부모의 친교를 돕는 소통수단입니다.

북스타트의 궁극적인 목표는 아이들을 단순히 책을 좋아하게 키우자는 협소한 이해관계에만 묶여 있지 않습니다. 북스타트가 아기에게 주는 그림책은 아기만을 위한 것이 아니라 아기와 부모, 아기와 양육자들 사이의 친교와 소통을 터 주는 아주 값싸고 유용한 도구입니다.

03. 북스타트는 아기들이 책과 친해지게 합니다.

어려서부터 책과 친해진 아기들은 책을 좋아하는 아이로, 청소년으로, 어른으로 성장한다고 합니다.

뿐만 아니라 어려서부터 그림책과 이야기책을 가까이하고, 이야기 들려주는 부모 밑에서 자란 아이들은 집중력이 높고 언어습득도 빠릅니다.

04. 북스타트는 아기 양육의 좋은 방법입니다.

세상에 나 말고 남이 있다는 것을 아는 아이, 타인을 이해하고 동정하며 연민할 줄 아는 가슴을 가진 아이, 어휘력이 풍부하고 뛰어난 표현력과 소통 능력을 가진 아이, 창조적 상상력이 넘치고 다른 아이들과 잘 협력할 줄 아는 아이, 이런 아이로 키우려면 아기 때부터 책과 친해지게 하는 일이 큰 도움이 됩니다.

05. 북스타트는 지역사회 문화복지를 키웁니다.

북스타트는 지역사회가 최소의 비용으로 큰 효과를 거둘 수 있는 대민 서비스입니다. 북스타트는 장기적으로 아동 보육복지 증대, 지역민생 후원, 청소년비행 예방, 일자리창출 계기 마련 등 다양한 측면에서 긍정적 효과가 있습니다.

06. 북스타트는 평생교육의 출발점입니다.

북스타트는 지방자치단체의 평생교육팀이 담당하는 경우가 많습니다.

각 지역의 평생교육정보관에서도 시행하기 좋은 프로그램입니다.

이야기할머니 스토리텔링 과정을 마치고 나니 도서관 어린이실에서 북스타트 활동가로 자원봉사 할 기회를 제안했다. 생각해 보니 한 달에 한 번, 한두 시간 정도라면 시간을 낼 수 있겠기에 흔쾌히 지원을 했다. 영유아들에게 그림책을 읽어 주고 책과 관련하여 간단한 책놀이를 진행하면 된다. 아기를 데리고 참석하는 엄마나 아빠들과 책에 대한 이야기를 나누다 보면 늘 시간이 모자란다는 생각이 든다. 아직까지 할머니가 데려온 경우는 본 적이 없어 아쉽지만 앞으로 북스타트가 더욱 널리 알려지면 할머니와 손자도 볼 수 있을 것을 기대하고 있다.

현재 나는 강북문화정보도서관에서 북스타트 자원활동가로서 봉사하고 있다. 내가 봉사중인 서울 강북구 도봉도서관의 북스타트 모임은 1단계(3~18개월), 2단계(19~35개월), 3단계(36개월~취학전)로 구분되어 한 달에 한 번 진행되고 있다.

도서관측에서는 북스타트에 참여하는 부모에게 책꾸러미를 나눠 준다. 아기의 발달단계에 알맞은 책을 선정하여 예쁜 천가방에 두 세 권의 책과 간단한 학용품을 넣어 무료로 준다. 나도 손자를 데리고 해당단계에 학부모로서 직접 참여하기도 한다.

책을 통해 젊은 엄마들이 자녀와 소통하는 모습을 보는 것은 참 기분이 좋다. 큰손자도 학교에 들어가기 전에 북스타트 모임엘 데리고 다녔었다. 초등학생인 큰손자는 아침을 먹을 때마다 비록 짧은 시간이지만 책을 읽어 달라고 한다. 이 얼마나 다행인지!

어린 시절부터 책을 보며 자란 아이들은 어른이 되어서도 책과 가까이 지낼 것이라는 가설로부터 시작된 영국의 책읽기 운동이 이제 우리나라에도 자리를 잡았다. 내가 참여해 보니 북스타트 활동은 나 같이 손주 육아를 하는 사람들에게도 꼭 권할 만하다. 젊은 엄마들도 만나서 정보도 들을 수 있고 비슷한 또래 아기들을 만나면 발달정도에 대한 이야기를 나눌 수도 있기 때문이다. 간단한 손 유희도 배워 오면 집에서 아기와 즐거운 시간을 보내는 데에도 도움이 된다.

잠깐 그 활동이 어떻게 이루어지는지 구체적으로 소개해 본다. 이 활동은 강북문화정보도서관에서 봉사했던 풍경이다.

6명의 자원활동가들은 미리 모여 그날 읽을 책도 읽어 보고, 만남의 처음 시작 때 부를 노래와 손 유희도 같이 익히고 책놀이 할 때 필요한 작품도 미리 만들어 본다. 30분에서 한 시간 정도 진행되는 시간을 알차게 보내기 위해선 성의 있는 준비가 필요하다.

시작 시간이 가까워지면 엄마들이 아기를 데리고 들어온다. 젊은 엄마들이 아기를 데리고 외출하려면 보통 수속이 복잡한 것이 아니다. 그 수고를 생각해서 북스타트에 참여한 엄마와 아기들이 보람을 안고 가도록 자원활동가들이 미리 모여 준비를 하는 것이다.

이윽고 아기를 안은 엄마가 들어오기 시작한다. 한 명 한 명이 매우 소중하여 대환영을 한다. 가슴에 이름표를 크게 써서 붙여 주고 다 모이면 만남 인사노래를 손 유희와 곁들여 한다.

그러곤 아기자랑을 늘어놓는 시간을 갖는다. 엄마들에겐 이 대목이 기다려지는 시간이다. 눈빛이 반짝반짝한다.

"우리 유나는 처음으로 배밀이를 했어요."

"우리 수지는 어제 잠을 푹 잘 잤어요."

"우리 문석이는 한 걸음씩 떼기 시작했어요."

"우리 자은이는 어제 똥을 많이 누었어요."

"우리 달래는 분유 먹은 후 트림을 잘 했어요."

"우리 진석이는 옹알이를 잘해요."

"우리 아기는 우유를 잘 먹어요."

잘 자라고 있는 아기들 모습을 보며 모두에게 서로서로 축하를 해준다. 엄마들은 아기가 이렇게 건강하게 자라는 것만으로도 감사함과 육아보람을 느낀다. 이렇게 자랑하다 보면 참여한 엄마들의 마음이나 활동가들의 마음이나 하나가 된다. 이름을 말하지 않고 아기라고 한 엄마에겐 꼭 아기 이름을 크게 불러 주라고 부탁한다. 이름은 자존감 형성에 도움이 되니까.

『응가하자, 끙끙』이 주제 책이었을 때다. 책을 다 읽어 준 후 책놀이 시간엔 직접 아기변기도 등장한다. 변기를 놓고 곰돌이 인형을 앉힌다. 끙끙 소리도 대신 내 주면서 미리 만들어 놓은 똥(밀가루에 색소를 섞은 반죽)을 변기에 떼어 놓는다. 아기들이 직접 주물러 보도록 조금씩 떼어 주기도 한다. 아기들이 자연스럽게 변기와 친해지도록 선정한 책인데 발달단계에 꼭 필요한 책이다. 응가놀이를 재미있게 보여 주면서 아기들이 때가 되면 맘 편하게 변기에 앉아 응가하기를 기대한다.

내가 속한 그룹에는 50대부터 70~80대 할머니들이 자원활동가로 봉사하신다. 그분들은 아이들 만나는 것이 기쁘고 행복하다고 늘 말한다. 봉사를 하면 오히려 생기가 나니 봉사할 기회를 준 도서관이 고맙다고 말한다. 동요로, 손 유희로 ,책읽기로, 책놀이로 어린아이들의 눈높이에 맞추어 활동하는 그분들을 보면 절로 존경심이 든다.

발달단계를 고려한 책을 주로 할머니들로 이루어진 자원활동가들이 읽어 주고 이어서 책놀이까지도 즐길 수 있게 해 주니 그 서비스가 보통이 아니다. 엄마들은 아기를 데리고 참여만 하면 오전 시간이 후딱 지나간다. 한 달에 한 번만 열려서 아쉽지만 북스타트 모임에서 배운 방식대로 집에서 아이들에게 읽어 주라고 모범을 보여 주는 것으로 만족해야 한다.

한편, 도봉도서관은 살고 있는 집과 가까이 있어서 수시로 드나든다. 이 도서관은 평소 내가 많은 책을 빌려 보는 곳이기 때문에 보물이라고 여기는 곳이다. 책만 빌려 보는 곳이 아니다. 각종 다양한 프로그램이 운영되는 곳이라 관심이 가고 육아시간과 겹치지만 않으면 얼마든지 프로그램에 참여할 수 있다.

앞서 내가 손자에게 뭔가 도움을 주기 위해 수강했다고 언급한 이야기할머니 스토리텔링 과정도 이곳에서 운영된 것이었다. 그뿐이 아니다. 실버를 위한 연극지도사 과정을 마친 후 첫해는 심청연극을 무대에 올렸고 그다음 해는 그림자극을 만들어 초등학교 교실에 가서 연극놀이 수업도 해 보았다. 혼자서는 절대 못할 일을 전문가팀이 도와주고 도서관에서 기회를 주니 할 수 있게 된 것이었다. 65세 이상이라고 어떤 프로그램은 수강료도 면제해 준다.

참, 그림책을 공부하는 동아리에서는 현상선 강사의 성실한 지도로 그림책에 대한 안목도 넓히고 세상에 하나밖에 없는 나만의 그림책도 만들게 되었다. 물론 그림도 글도 미숙하기 짝이 없지만 삶 속에 묻혀 있는 소재들을 끄집어 내어 다듬어 놓으니 모두 다 소중하고 아름다운 삶의 흔적이 되었다.

북스타트 자원활동 이야기를 하다가 잠깐 곁길로 새었다.

내가 활동하는 3단계는 매월 첫째 토요일 오전에 진행이 된다. 3단계는 36개월부터 취학 전까지의 유아들이라서 대화도 통하고 소통도 잘 된다. 가끔 아빠와 함께 오는 아이들도 있다. 활동가가 시작 단계에서 읽어 준 책을 마무리 단계에서 엄마나 아빠가 읽어 주도록 권하기도 하는데 아빠가 읽어 주는 모습을 보는 그 아이는 어깨를 으쓱하며 자랑스러워한다.

언젠가는 시작할 시간이 되어도 아이들이 오지 않아 맥이 빠지려 할 때 한 아이가 엄마와 함께 들어온다. 어찌나 반갑던지! 활동가 다섯에 아이는 한 명인 셈이 되었다. 우리는 생각을 바꾸었다. 그러곤 '오늘 우리는 한 아이에게 온 정성을 쏟는다.'고 눈빛으로 마음을 주고받았다. 한 명의 아이 앞에서 할머니들이 재롱을 부리는 셈이 되었지만 준비한 정성에 비해 참여한 아이가 적다고 실망한 것이 아니라 최고의 서비스를 해 주었다고 흐뭇해 했다.

그날 그 한 아이를 위해 우리는 파라슈트를 펼쳤다. 그 파라슈트는 도봉구청에서 특별히 마련해 준 놀이기구였다. 혼자 온 그 아이는 그날 수지맞았다. 파라슈트 안에 들어가서 얼마나 즐겁게 놀던지 우리는 지쳐 힘이 빠졌지만 아이의 행복을 보는 것이 우리의 기쁨이었다. 아마도 그 아이나 엄마는 평생 그 일을 잊을 수 없을 것이다.

북스타트는 이제 전국으로 확산되어 지역도서관 중심으로 활동이 전개되고 있다. '북스타트 코리아'와 '책 읽는 사회문화재단'(서울의 경우 혜화동에 있음)이 주최가 되어 매년 활동가들을 모아 직무 연수도 시켜 주는데 교육의 질도 상당히 높아서 참석하기만 해도 상당히 도움이 된다.

이렇게 좋은 기회가 있는데 미처 몰라서 참석을 못하는 일이 없도록 손주를 돌보는 할머니와 할아버지, 또는 젊은 엄마와 아빠에게 널리 알리고 싶어서 수다를 떨어 봤다.

그림책은 할머니나 엄마가 읽어 주기부터

우리 할머니 세대는 자랄 때 그림책을 보지 못하고 살아왔다. 책이란 모름지기 글자를 깨친 다음 본인이 직접 읽어야 되는 것으로 생각하며 살아온 것이다. 그래서 요즘처럼 학생에게도 그림책 읽어 주기를 권장하는 분위기가 선뜻 마음에 다가오지 않는 것이 사실이다.

마치 스스로 읽을 수 있는 기회를 빼앗는 역할, 또는 직접 자기가 해도 되는 일을 엄마나 할머니에게 미루는 옳지 못한 태도를 형성하게 하는 역할을 하는 것은 아닐까 하는 우려를 한 것도 사실이다.

글자를 익히면 스스로 직접 책을 읽게 될 것이라는 막연한 기대는 위험하다.

요즘 아기들은 책의 즐거움을 알기 전에 텔레비전 또는 엄마나 할머니 휴대전화에 저장된 게임에 빠지기 쉽다. 그림책에 관심을 갖고 보니 이것이 얼마나 위험한 일인지를 깨닫게 되었다. 눈으로 그림을 보면서 귀로는 엄마, 아빠, 할머니, 할아버지의 책 읽어 주는 소리를 들으며 크면 정서도 안정이 되고 상상력도 쑥쑥 자란다고 한다. 이런 어린 시절이 아이에게 좋다고 생각한다.

역사적으로 수많은 유명인사들이 어린 시절 부모로부터 책을 읽어 주는 소릴 들으면서 자랐다고 한다. 꼭 유명인사가 아니더라도 실제로 열악한 가정환경 속에서 책을 돌파구 삼아 간난을 극복하고 행복을 창조한 작가들도 여럿 있고, 평생 행복한 삶을 살 수 있는 기틀이 어린 시절부터 접했던 동화책 덕분이라는 고백을 하는 분들도 많다.

나도 둘째 손자가 태어난 후부터 그림책에 관심을 가졌으니 별로 오래된 세월이 아니다. 그래도 그동안 힘들다는 손주 육아를 가뿐하게 감당할 수 있었던 데에는 그림책의 힘이 컸다.

이쯤 해서 세 살이란 나이를 한번 생각해 봐야겠다. 세 살은 아무리 생각해도 신비로운 나이임을 손주 육아를 하면서 확인하게 된 것이다.

세 살이란 나이!

세 살은 아기 발달에서 매우 중요한 나이라는 말을 자주 보고 들었다. 점점 커 가는 손자를 보면서 세 살이란 나이를 깊이 생각하게 되었다. 나는 손자가 세 살이 지나기 전에 나중에 후회할 일이 없으려면 할머니로서 어떻게 돌보아야 할까에 관심을 갖게 되었다.

세 살과 관련한 기존 정보와 더불어 둘째 손자가 세 살 즈음에 보인 여러 반응을 메모했던 내용들을 옮겨 본다.

놀라운 세 살 아이의 뇌

세 살이란 나이는 한 아이의 진로를 생각하게 되는 강점지능의 시작시기라고까지 말하는 이야기를 들었다. 세상에! 뭔 어린 세 살 아기를 데리고 강점은 무엇이며 지능은 또 어떻고 거기다 진로까지? 해도 해도 너무하는 것 아냐? 처음 들을 땐 황당하기도 했는데 점점 밝혀지는 뇌 과학의 비밀은 과연 귀를 기울여 들어 볼만했다.

세 살을 말하려면 아기가 태내에 있을 때 뇌가 생성되는 과정부터 생각해 보아야 한다.

수정된 아기씨가 신비로운 세포분열 과정을 거치며 자궁에 자리를 잡으면 임산부는 입덧이 시작한다. 엄마가 처음 겪는 고통에 먹지도 마시지도 못하고 토하기를 반복하며 괴로워하는 동안에도 아기는 포근한 자궁 안에서 무럭무럭 잘 자란다.

태내에서 120일, 즉 4개월 정도 지나면 태아에게는 1천억 개의 뉴런(신경계를 이루는 기본단위)이 생성된다고 한다. 천억 개라니? 일억도 아니고 백억도 아니고 천억이란다. 생명체로서의 인간구실을 하기 위한 모든 생체환경이 완전하게 형성되기 위해 충분하게 필요한 숫자인가 보다.

이렇게 생성된 아기의 뇌에서 탄생 후 3년, 즉 만 세 살이면 뇌 속에 1만 5,000개의 축색돌기가 생긴다고 한다. 이 때문에 세 살짜리 뇌 속에서는 매우 활발한 정보교환이 이루어지면서 생각하고, 기억하고, 말하며, 비교하는 감정을 잘 표현할 수 있게 되어 가족들과 의사소통이 자유로워진다.

손자가 커 나가는 과정을 보면 다 맞는 말이다. 비록 발음은 분명하지 않지만 자기 생각이 뚜렷하고 할 말을 다 한다. 그래서 어떤 때는 '이 아이가 세 살이 맞나?' 하고 생각될 때도 있다.

세 살이 되면 인생을 살아가는 데 필요한 기초적이고 기본적인 준비는 거의 된 셈이다. 이제 다양한 경험을 쌓으며 교육을 통해 지식을 접하게 되면서부터 시냅스는 강화되기도 하고 약화되기도 한다. 이런 과정은 사춘기 시절인 16세 정도까지 진행된다. 성장하는 동안 자주 사용한 시냅스는 강화되어서 그 아이의 강점으로, 사용하지 않는 시냅스는 더 이상 필요하지 않아서 끊어 낸다.

앞에서도 말했듯이 인간의 뇌에는 약 1천억 개의 뉴런이 존재하는데 뉴런 한 개당 수천 개의 시냅스를 형성한다고 한다. 따라서 뇌에 있는 총 시냅스의 수는 10^{14}~10^{15}개나 된다고 하니, 이는 조 단위를 넘는 어마어마한 숫자다. 과연 인간을 만물의 영장이라고 하는 말이 실감이 난다.

뇌에는 이렇게 수많은 시냅스로 이루어진 다양한 신경회로망(신경망)이 복잡한 그물처럼 형성되어 있다는 것이다. 이런 신경망의 패턴들은 뇌의 특수한 기능을 맡게 된다. 무언가 학습을 하면 신경망을 구성하는 시냅스에 일정한 물질적 · 구조적 변화가 일어난다고 하니(위키백과, 신경가소성 이론 참고) 아이의 성장과정에서 적절한 자극을 즐겁게 경험하도록 하는 것은 매우 권장할 일이 아니겠는가?

뇌 과학에서 세 살을 중요하게 다루는 것을 보면 이제 왜 그런지 충분히 이해가 간다. 왜 발달심리학에서도 3년이란 나이를 중요하게 다루는지, 공무원들의 육아휴직이 왜 3년까지 허용되는지. 처음에 가졌던 황당했던 마음은 사그라들고 그 이유가 이해되면서 오히려 무거운 책임감이 남았다.

그러면 나는 손자를 어떻게 돌봐야 할까?

내가 돌보는 동안 재미있게, 새롭게, 행복하게 해서 뇌를 충분히 자극해 주고 싶었다. 자기 존재감도 확실히 느끼게 해 주고 싶었다. 이를 위해 내가 선택한 것은 그림책 읽어 주기였다. 물론 장난감 갖고 놀아 주기, 자연의 변화에 관심 갖도록 하기 등도 있었지만 가장 집중한 것은 그림책이었다. 그림책을 통해 상상력을 키우고 공감과 호기심을 키워 주면서 자유롭고 행복하게 자라게 하고 싶었다.

이런 과정을 통해 손자의 뇌 속에서 보이지 않는 시냅스끼리 강력한 연결작업이 반복되면 그것이 손자의 강점으로 형성될 것이 아니겠는가? 그것이 특기와 취미로 나타나고, 좋아하는 것과 잘하는 것이 두드러지게 되면 먼 훗날 손자의 진로에도 영향을 미치지 않겠는가?

학교에서 이루어지는 진로교육도 바로 이런 사실에 근거하고 있음을 알게 되니 아이의 성장과 발달에 더욱 무게감이 느껴진다. 진로선택을 하는 나이가 고등학생 때인 것만 봐도 뇌의 발달과정과 학교교육과정의 진행이 맞물리는 것이 이렇게 과학적인 근거가 분명한 것이구나 하고 새삼 놀랐다.

시중에 나와 있는 책 중에도 세 살의 중요성을 알려 주는 발달 관련 책이 많다. 인생의 초기 3년에 성격의 대부분이 결정된다는 이론도 있는 것을 보면 아기를 돌보는 할머니로서 더욱 책임이 무거워진다.

세 살의 감성

첫째 손자는 내가 직접 키우지 않아서 이런 경험이 없었다. 그런데 둘째 손자는 감성이 무척 풍부하다. 특히 엄마를 기다리는 내용의 노래를 불러 줄 땐 눈물이 서서히 그득해진다. 노래를 불러 준 내가 미안해질 정도다.

분위기에 따라 감성이 벌써 이렇게 풍성하게 표현되는 것이 놀랍다. 하긴 20개월이 되었을 때도 6/8박자 노래를 불러 주면 눈물이 그렁해지던 모습이 내 육아기록에 적혀 있다. 낮잠을 재울 때나 흔들거려 줄 때 자장가 외에 가끔 불러 주던 노래들이 있었다. 바로 〈섬집 아기〉와 더불어 〈꽃밭에서〉였다. 그 노래들을 불러 주면 표정이 진지하게 변하고 눈물이 그렁해지기에 그 반응이 하도 신기해서 기록해 두었던 것이다.

2018년 1월초 어느 날 밤이니까 32개월이 되었을 때였다. 제 엄마가 늦게 온다기에 재우려고 토닥이면서 계절과는 어울리지 않는 〈가을 밤〉 노래를 우연히 흥얼거리게 되었다. 그런데 갑자기 훌쩍거리는 소리가 들리는 것이 아닌가?

가을 밤

가을 밤 외로운 밤 벌레 우는 밤
초가집 뒷 산길 어두워질 때
엄마 품이 그리워 눈물 나오면
마루 끝에 나와 앉아 별만 셉니다.

가을 밤 고요한 밤 잠 안 오는 밤
기러기 울음소리 높고 낮을 때
엄마 품이 그리워 눈물 나오면
마루 끝에 나와 앉아 별만 셉니다.

엄마 품이 그리워 눈물 나온다는 구절이 엄마를 기다리던 자신의 심정을 건드렸나 보다.

아이쿠 노래선택을 잘못했네 하고 느낀 순간 얼른 명랑한 분위기 노래로 바꾸었다. '곰 세 마리가 한 집에 있어 아빠 곰 엄마 곰 애기 곰~' 아차 여기도 엄마가 나오네. 분위기를 바꾸기엔 이미 늦었다.

어깨를 들썩이며 우는 손자가 하도 안쓰러워 팔베개한 채로 끌어 당겨 꼭 안아 주며 '엄마 목소리라도 먼저 들어 볼까?' 하곤 전화를 걸어 주었다. 마침 집 가까이 왔다며 금방 들어갈게 하는 제 엄마 목소리가 내게도 들렸다. 그런데 엄마와 통화한 지 10여 분도 지나지 않아 그대로 잠들어 버리는 것이다. 엄마와 함께 떠들썩하게 들어오는 형 목소리도 들렸건만 많이 졸렸나 보다.

다른 때 같으면 형과 엄마가 현관문을 열고 들어오는 소리가 들리면 자려다가도 얼른 다시 일어나 한참 놀다가 자는데 마치 삐친 것이 아닌가 생각할 정도로 모른 척 잠자는 것이다. 아직 이렇게 쇼를 할 정도로 크진 않았는데? 하고 살펴보아도 정말로 깊이 잠들어 버린 것이다.

내가 너무 울렸나 하고 미안한 마음을 갖고 있었는데 금방 폭 잠들어 버린 모습을 보니 차라리 늦은 저녁을 먹고 집안일을 해야 할 제 엄마에겐 다행이구나 싶었다.

세 살의 고집

흔히 세 살 아기를 보고 고집이 늘어 간다고들 말한다. 어떤 발달학자는 '끔찍한 세 살(terrible age)'이란 표현을 쓰기도 했다. 손자를 돌보면서 나도 이 말을 때때로 생각하게 된다. 그런데 고집이란 게 뭘까? 국어사전을 찾아보니 '자기 의견을 바꾸거나 고치지 않고 굳게 지켜서 우김'으로 되어 있다. 손자의 상황을 보면 '자기 의견을 지키려고 하는' 건 고집과 약간 비슷한데 '굳게 지켜서 우김'은 아닌 것 같다.

책을 통해 이해했던 내용을 손자를 키우면서 그런가 아닌가 검증해 보는 것이 재미있다. 아무튼 이론이 아닌 실증적인 이해를 할 수 있어서 내겐 육아경험이 참 좋은 기회가 되었다.

요즘 서서히 고집이 늘어난 손자와의 실랑이가 잦다. 아침에 어린이집 가기 위한 준비를 할 때부터 시작이다. 손자가 자기 생각을 분명히 말하면서부터 옷 입고 세수하고 텔레비전을 끄는 일 등에 대해서 이젠 무조건 고분고분하지 않다. 하기 싫거나 아니면 더 하고 싶은 것이 늘어 가는 것이다.

그 의견이 내 생각과 일치하면 다행이지만 그렇지 않을 땐 마치 고집부리는 것 같다. 세수를 하고 이를 닦아야 하는데 장난감놀이 하느라고 세면대로 가지 않을 때, 옷을 입히거나 신발을 신겨야 하는데 자기 하고 싶은 대로 하겠다며 내가 원하는 행동을 하지 않을 때 내 마음은 조급해진다. 어떤 날은 말을 잘 듣다가도 어떤 날은 아무리 설득을 해도, 타일러도, 나중엔 협박을 해도 안 되는 날이 있다.

"왜 이렇게 말을 안 듣니?" 하고 말하면서도 그게 아닌 것 같다. 나는 아기가 고분고분 따랐으면 좋겠고 아이는 자기 생각대로 꼭 해 보려고 하고……. 이렇게 팽팽해질 때 보통 아이가 고집스럽다고 말하게 된다. 그런데 고집스럽다는 말 자체가 별로 좋은 의미를 담고 있는 것이 아니라서 나는 손자에게 고집스럽다는 표현은 쓰지 않으려 한다. 대신 자기 생각이 확실하다 또는 주관이 뚜렷하다로 말하는 것이 훨씬 내 마음이 편안하다.

오늘도 옷을 입혀야 하는데 엄마가 준비해 놓은 옷을 안 입겠다고 한다. 그러니 다른 옷 고르느라고 시간을 보내고 날이 추워 장갑을 끼우느라고 또 시간을 보낸다. 벙어리장갑을 끼우면 또 손가락장갑을 끼워 달란다. 손가락 다섯 개를 딱 맞게 끼우기가 어디 쉽던가? 한참을 씨름하다 겨우 마치면 털장화 신기는 것이 또 쉽지 않다. 이렇게 실랑이하다 보면 거의 10시나 되어야 어린이집에 들어설 수 있다.

오후 하원시간에 데리러 가면 데리러 온 사람에 따라 반응을 또 달리한다. 아침에 아빠가 데려간 날은 "아빠느은?" 하며 실망하고, 엄마와 갔던 날은 엄마가 안 왔다고 울먹이기도 한다. 그 모습을 보면 안쓰럽지만 어서 데려와야 저녁식사 준비를 할 수 있으니 달래고 구슬러서 데려온다.

진을 다 빼고 데려오는데 뜬금없이 "함머니, 반달!" 하고 외치며 의젓한 척 한다. 소나무 사이로 내비친 반달을 발견하곤 하늘을 가리키며 날더러 보라는 것이다. 하늘을 올려다볼 기분은 아니었지만 모처럼 나도 손자 덕분에 하늘을 올려다본다. 손자와 밀당 하느라 신경이 쓰였던 아침의 등원준비와 환영받지 못했던 하원길의 스트레스는 다 잊었다.

저녁 하원길에서 손자와 함께 올려다보는 넉넉한 하늘이 반달과 더불어 미소 짓고 있는 듯하다. 할머니에게 이런 즐거움을 맛보게 하는 천연덕스런 손자가 오늘따라 더 기특하다. 이래서 누군가 손주 육아는 보약이라고 했나 보다.

세 살의 언어표현

아기들의 성장과 발달에서 왜 세 살에 주목할까 하고 곰곰 생각해 본다.

세 살이 갑자기 온 것은 분명 아니다. 태어나서 가만히 누워 있는 시기가 짧게 지나고 나면 뒤집다가, 기다가, 앉다가, 서다가, 걷다가, 뛰다가……. 우리는 아기의 이러한 신체발달에만 주로 관심이 있었다. 하지만 아기의 머릿속에선 뇌세포들이 매우 분주한 활동을 하고 있었다. 그뿐인가? 아기의 표정은 또 얼마나 기발하게 변하는가? 눈을 맞추고 웃고 찡그리고 하품하고 졸려 하고 칭얼대고 옹알이도 하고 재채기와 기침도 하고……. 한 동작 한 동작, 한 단계, 한 단계 발전할 때마다 가족들과 주변 사람들은 또 얼마나 감탄하며 손뼉을 치면서 놀라운 반응을 해 주었는지! 기억을 되살려 보면 정말 아기의 성장은 신비롭고 경이로운 세계 그 자체임이 틀림없다.

세 살 즈음이 되면 발음기관의 근육이 성장함에 따라 그동안 머릿속에 저장되었던 언어들이 튀어나오기 시작하는 것이다(발달은 개인차가 있어서 두 살이 넘으면서부터 말을 하는 아이도 있다).

『쉿』의 책 뒤 면지에 저자 문명예 작가는 다음과 같은 말을 썼는데 나도 손주 육아를 하면서 충분히 느끼는 내용이다.

'응애 응애' 아기가 웁니다.

엄마가 되고 나서 '응애응애'는 울음소리가 아니라

아기의 말이라는 것을 알았습니다.

정말 표현의 형태가 달랐을 뿐이지 그 응애응애는 배고파요, 졸려요, 불편해요, 아파요 등을 다른 어조로 말한 것이다. 어른들은 세 살이 된 아이를 보고 언제 이 아이가 이렇게 말을 잘하게 되었는지 깜짝깜짝 놀란다. 하지만 갑자기 말을 잘하는 것은 아니다. 머릿속에 다 저장이 되어 있었던 것이다.

아멜리 노통브 작가의 자전적 소설 『이토록 아름다운 세 살』에서 세 살짜리 주인공이 처음으로 말을 했던 장면이 떠오른다.

"엄마."

"아빠."

그 말을 들은 엄마와 아빠가 황홀경에 빠져 자기를 끌어안고 뽀뽀해 주는 것을 경험하면서 이렇게 생각한다.

'내가 머릿속으로는 오래전부터 말을 하고 있었다는 사실을 부모님은 모르고 있었다.'라고. 이 아이가 자기 머릿속에 저장되었던 언어를 자기 의지로 하나하나 꺼내 사람들을 놀래주는 것을 재미있어 하는 장면을 읽으면서 나도 공감되는 부분이 있었다.

세 살 아이가 말을 잘한다고 느끼는 것은 사실, 태어나면서부터 들었던 말을 저장해 두었다가 필요할 때 꺼내어 쓰는 능력이 발달된 것이라고. 아무튼 세 살 즈음의 아이들이 세상과 의사소통을 하는 것을 보면 경이롭기까지 하다. 물론 손자를 포함해서 말이다.

다음에 손자가 생각지도 않던 말을 갑자기 하는 바람에 깜짝 놀랐던 에피소드들을 몇 가지 소개해 본다.

에피소드 1. 그만해!

말이 늘어 가면서 가끔 나를 깜짝깜짝 놀라게 한다.

어린이집에 다녀온 손자가 거실에서 공룡놀이에 빠졌다. 마침 함께 그림책 봉사활동 다니는 김 크리스티나님으로부터 전화가 와서 그동안 못 나눈 이야기들을 나누느라고 전화를 좀 길게 하고 있었다. 그런데 갑자기 "그만해"라고 외치는 소리가 들린다. 깜짝 놀라 아이를 보니 뒤돌아 앉은 채 공룡놀이는 그대로 하고 있었다.

그 목소리가 상대편 할머니에게도 들렸는지 "아유, 이제 끊을게요. 손자에게 미안하다고 말해 주세요." 하며 서둘러 마무리를 했다.

난 손자가 아직 그렇게 말할 정도의 언어수준은 아니라고 생각했기에 내심 놀랐다. "아유, 드디어 손자한테 잔소리를 들었네요. 당돌한 우리 손자예요."하고 끊긴 했지만 상대편엔 민망했고 꼬맹이 어린 손자가 상황에 딱 필요한 말을 했다는 것에 적잖이 놀랐다. 제 혼자 중얼거리면서 공룡을 늘어놓고 잘 놀고 있기에 나도 모처럼 편안한 마음으로 느긋하게 전화를 받은 것인데……. 손자에게 한 방 먹고 나니 어이가 없기도 하고 놀랍기도 했다.

언제 이렇게 상황에 맞는 말을 할 정도로 컸는지 대견하다.

세살이란 나이는 정말 신기한 나이다.

에피소드 2. 키워 주셔서 감사합니다!

추수감사 시즌이 되어 여기저기서 감사함을 나누는 분위기다.

감사주일을 앞둔 토요일 저녁, 우리 가족 여섯 식구도 한자리에 모여 특별한 시간을 갖기로 했다. 먼저 돌아가며 감사한 것들을 한 가지씩 말하자고 할아버지가 제안했다.

첫 번째로 말문을 여신 할아버지는 비록 전세이지만 아름다운 북한산과 솔밭을 보며 널찍한 곳에서 손자들과 함께 생활하게 된 것이 감사하다고 말을 여셨다. 올 5월에 이사한 것에 대한 이야기였다. 이어서 할머니인 나는 큰손자가 1학년에 입학해서 학교생활에 잘 적응하는 것과 담임선생님을 좋아하고 학교 가기를 즐겨 하는 것이 감사하고, 또 한 달 전에 둘째 손자가 폐렴으로 입원하고 여러 검사도 했었는데 잘 견뎌 내었을 뿐만 아니라 건강해진 것이 감사하다고 했다.

다음은 큰손자 차례였다. 큰손자는 말하기가 쑥스럽다며 식탁 아래에 숨어서 말하겠다고 했다. 그래도 좋다고 했더니 밑으로 들어가선 부모님이 잘 돌보아 주신 것이 감사하다고 했다.

그런데 갑자기 제 엄마 품에 안겨 있던 세 살짜리 손자가 "키워 주셔서 감사합니다." 하는 게 아닌가? 우리 식구들 모두는 이 돌발 발언에 깜짝 놀랐다. 돌아가며 말하자고 했을 때 그 손자는 그냥 엄마 무릎에 응석쟁이로 앉아 있었을 뿐이었다. 아직 아기라고 생각해서 감사한 일을 말하리라곤 아무도 기대하지 않았고 우리 중 누구도 차례를 줄 생각은 안 했는데 말이다. 아마도 분위기를 파악하건대 형이 이야기한 다음엔 자기가 해야 할 것으로 생각하고 있던 것이 아니었을까?

그날의 감사예배는 세 살 아기의 그 말 한마디로 감동 그 자체였다. 비록 발음이 또박또박하지는 않았지만 자기 생각을 분명히 말하였고 우리도 그 의미를 정확하게 이해했다. 우린 두고두고 이 이야기를 만나는 사람들과 나누었다. 세 살 아기도 이렇게 감사표현을 할 수 있다고!

에피소드 3. 끊임없이 왜? 왜? 왜?

요즘은 '왜?'라고 자주 물어서 나를 곤란하게 한다.

밥을 잘 안 먹으려 하기에 제 엄마, 아빠 품에 안겨 있는 백 일 무렵의 아주 작은 아기 사진을 보여 주면서,

"네가 처음엔 요렇게 작았었어."

"왜?"

"아기니까 작았지."

"왜?"

"아기는 원래 이렇게 작아."

"왜?"

"엄마 배 속에 있으려면 작아야지 크면 어떻게 엄마 배 속에 있겠어?"

"왜?"

"작게 세상에 나와서 맘마를 잘 먹어야 아빠처럼 클 수 있어."

"왜?"

더 이상 해 줄 말이 없다.

'그러니까 밥을 잘 먹어야 돼!' 요점은 이것인데 설명을 통해 이해시키는 것이 여간 어려운 일이 아니다. 이 '왜?'란 질문을 정말 이유가 알고 싶어서 하는 질문인지 그냥 해 보는 것인지 모르겠다. 아무튼 최선을 다해 아기 수준에서 궁금한 것을 해결하도록 대답해 주려 노력하지만 계속해서 '왜?'냐고 물으면 나중엔 내가 군색해짐을 느낀다.

에피소드 4. 함머니, 지금 뭐 생각하는 거야?

겨울 방학인데도 1학년 큰손자가 학교에 가서 한 시간 특활학습을 받고 온다. 학교에서 귀가하는 큰손자를 늘 맞아 주시던 외할머니가 급한 일이 생겨서 내가 11시에 대신 맞이할 수 없냐는 문자를 출근한 며느리로부터 받았다. 갑자기 마음이 분주해진다. 오늘 계획했던 문병계획을 취소해야 한다. 좀 멀리 떨어진 병원이라 왕복 4시간은 걸리는 곳이다.

거기다 둘째 손자까지 뒹굴뒹굴 어린이집 갈 생각을 안 한다. 둘째 손자를 어린이집에 보낸 후에 잘 안 낫는 내 팔꿈치 치료병원을 바꿔 보려고 오전계획을 세웠는데 『터널은 너무 무서워』 책을 들고 와선 읽어 달라며 무릎에 올라 앉는다. 세 번을 읽었는데도 또 읽어 달란다. 9시 반이 넘었다. 이제 옷을 입어야만 하는데도 전혀 마음을 안 바꾼다.

"그럼, 할머니 혼자 밖에 나갔다 올게. 넌 혼자 집에 있을 거야?"

의외로 순순히 고개를 끄덕인다. 얼마 전까지만 해도 그렇게 말하면 "안 돼, 안 돼." 하며 따라나서려 했던 아이다. 할 수 없이 비상

전략을 쓴다.

슬쩍 밖을 내다보며,

"혹시 경찰차가 안 왔나? 지금 나가야 경찰차도 보고 레미콘도 보고 할 텐데……. 늦게 나가면 다 지나가서 못 볼 텐데……. 오늘 규진이는 경찰차도 못 보겠네? 우리 빨리 옷 입고 나가자."

이 말에 조금 움직인다. 겨우 옷을 입히고 영하 13도 강추위라는 말에 차를 태워 출발했다. 아이들은 경찰차를 이렇게 좋아한다.

그런데 이게 웬일인가? 대박이란 말이 딱 어울리는 상황이다. 큰 길에서 경찰차를 두 대나 만났는데 거기다 또 레미콘과 큰 트럭까지 지나갔다. 내 체면이 제대로 서는 오늘 아침 거리 풍경이다. 짧은 거리를 신나게 구경하면서 간 덕분에 어린이집에도 순순히 들어갔다. 그러곤 그 길로 내 팔꿈치 치료를 하러 새로운 병원에 갔다.

치료를 마치고 큰손자를 맞이하려면 시간이 빠듯하다. 검사와 치료를 다행히 시간 안에 마친 후, 큰손자를 11시에 맞이해 혜화동에 있는 국립어린이과학관으로 갔다. 방학 숙제 중에 박물관 가 보기를 여태 못했고 제 엄마는 데리고 갈 시간이 안 되니 이런 날 나라도 데리고 가야 할 것 같아 급하게 생각해 낸 것이다. 가 보니 분위기도 아늑하고 아이들이 놀이처럼 즐길 수 있는 과학원리 시설들이 많았다. 특히 2층에 움직이는 공룡전시를 보니 날씨가 따뜻해지면 공룡을 좋아하는 둘째 손자를 꼭 데리고 와야겠다는 생각이 들었다. 아쉬웠지만 동영상만 찍어 두었다.

과학관을 나와 부지런히 운전하고 오니 3시 40분에 외할머니께 큰손자를 인계할 수 있었다. 마트에 들러 저녁 찬거리 몇 가지를 준비했다. 이제 집으로 가면 된다. 가서 한숨 돌리고 나서 둘째 손자를 데리러 가면 되겠다고 생각하며 집으로 가는 중인데 어린이집에서 전화가 왔다.

일상적이지 않은 전화라 좀 긴장하며 받았는데 아니나 다를까? 규진이가 낮잠 자고 일어났는데 체온이 38.4도라는 것이다. '아침에 미적대던 것이 이유가 있었구나. 컨디션이 좋지 않았구나.' 생각하고 곧바로 어린이집으로 차를 돌렸다.

이 추운 날 차를 태워 간대도 병원까지 걷는 거리가 만만치 않은데 어디로 가야 찬바람 쐬지 않도록 가장 조금 걷게 될지 머리를 굴린다. 며느리와 통화를 한 후, 소아과가 아닌 이비인후과로 가기로 했다. 제 엄마와 통화하는 소리를 듣더니 "함머니, 작은 병원 가자." 한다. 아마도 지난번 한일병원에 입원했던 때가 생각나나 보다. 이비인후과에 들러 감기증상 진단을 받고 처방전대로 약을 지어 집에 들어왔다. 그러는 동안 규진이는 마침 과학관에서 공룡 동영상 찍어 온 휴대전화를 보느라고 그런대로 기분이 좋았었다.

집에 와서도 계속 그 동영상만 보면서 시간을 보냈다.

하루 종일 동동거렸던 일을 생각하며 비로소 한숨을 돌렸다. '오늘은 일이 내 계획대로 안 되었구나. 이럴 때 내 우선순위는 무엇인가? 그래 우리 손자들이다. 그렇지만 좀 그렇구나. 혹시 내가 아무 때나 필요한 대로 출동 준비가 되어 있는 돌보미 용도로 쓰이는 것은 아닐까?' 이 생각 저 생각 하며 멍하니 앉아 있는데, 갑자기

"함머니, 지금 뭐 생각하는 거야?"

정신이 번쩍 들었다. 마치 내 복잡한 마음을 들킨 듯 손자의 그

말 한마디가 정신 차리게 해 준다. 한편, 그 말이 위로도 되는 건 왜 일까? 아무튼 그것은 하루 종일 있었던 일 중에 내 기분을 가장 좋게 해 주는 손자의 말 한마디였다. 과연 세 살이란 나이는 다른 사람의 기분도 알아차릴 수 있는 나이인가?

좋은 마음을 갖고 손자들을 돌보다가도 가끔은 살가운 말이 듣고 싶을 때도 있다. 오늘같이 춥고 힘들었던 날은 더 그렇다. '어머니 덕분에 오늘 규홍이나 규진이가 잘 지낼 수 있어서 다행이에요. 참 고마웠어요. 이 추운 날 고생하셨어요.' 그렇지는 않겠지만 아들 며느리가 마치 당연한 권리처럼 나를 활용하는 것 같아 어떤 땐 섭섭한 마음이 들 때도 있다. 아마도 내가 약해지고 있나 보다.

여기저기서 젊은 사람들이 살기 힘들다고 하는 세상이다. 이럴 때 내가 할 수 있는 일이 아기라도 잘 봐 주면 크게 돕는 것이겠지라고 생각해서 나로서는 모든 일의 우선순위를 아기 돌보는 일에 두려고 애쓰고 있는데…….

'배려가 계속되면 권리로 착각한다.'는 말도 생각이 난다.

문득 잠언 말씀을 떠올린다.

"경우에 합당한 말은 아로새긴 은쟁반에 금사과니라."

하루종일 정신없이 지내고 보니 마음을 따스하게 해 주는 그 말 한마디가 아쉬운 저녁이었다.

하지만 손자의 말 한마디로 나는 모든 것을 보상받았다. 바쁘게 지내는 아들과 며느리 대신 톡톡한 효도를 한 사랑스런 손자!

어른보다 나은 위로 말에 이 할머니는 또 힘이 난다. 역시 세 살은 이토록 의젓하다.

에피소드 5. 엄마가 잘디장이래.

둘째 손자가 아침에 제 엄마 출근하는 것 보려고 일찍 일어났다. 8시 전에 출근을 하니 손자가 꽤 일찍 일어난 셈이다. 나는 어릴수록 잠은 푹 자야 된다는 생각으로 가능하면 깨우지 않는데 웬일로 이렇게 일찍 일어났는지 신기했다.

형도 이미 등교하였으니 혼자 놀다 어린이집에 가야 한다. 한참 자동차놀이에 집중하더니 뜬금없이 "엄마가 잘디장이래." 한다. 처음 들어 보는 말인데 무슨 뜻인지 전혀 모르겠다.

"엄마가 뭐라고?"

"엄마가 잘디장이래."

여러 번 들어 봐도 잘디장이 도대체 무슨 말인지 모르겠어서 답답했다. 할 수 없이,

"한 번 더 말해 봐. 엄마가 뭐라구?" 하곤 녹음을 해서 이게 무슨 말이냐고 며느리에게 파일을 보내서 물어봤다.

"엄마가 잘디장이래."

그런데 제 엄마도 무슨 뜻인지 전혀 모르겠단다. 참 난감했다. 엄마가 했다는 말인데 엄마도 모르니 난 더더구나 이해가 안 되었다. 이리저리 비슷한 말을 짜 맞춰 봐도 상황과 언어의 연결이 안 되었다. 어쩔 수 없이 그 일은 숙제로 넘어갔고 우리 가족 모두는 이제 그 일은 잊었었다.

그런데 두 달 후쯤 숙제가 풀렸다. 거실에 앉아서 노는데 손자가 "잘 시간이야?" 하고 물어본다. 순간 '잘디장이래'가 빛의 속도로 이해가 되었다. 바로 '엄마가 잘 시간이래?' 이 뜻이었다. 술술 풀리는

그날의 상황이었다. 일찍 일어나서 졸리운 나머지 잠잘 때 엄마가 하던 말 '이제 잘 시간이야!'를 떠올린 것이다.

세 살짜리 행동 바꾸기

세 살은 좋은 행동의 반복으로 습관을 들이는 결정적 나이라는 말이 있다. 어른들이 생각하는 좋은 행동을 길들이려면 어른도 생각에 생각을 거듭해야 한다. 말 한마디로 명령하듯이 해서 되는 일이라면 아이 키우는 일처럼 쉬운 일이 어디 있겠는가? 아이의 기질마다 성격마다 다루는 방법이 달라야 하기 때문에 어떻게 말하면 아이의 마음을 움직일 수 있을까가 늘 고민이다.

몇 년 전 출간된 『스위치 대화의 힘: 상처받은 아이의 닫힌 마음을 열고 자존감을 높이는』에서 소개했던 내용을 나는 세 살짜리 손자에게도 적용해 보았다.

지금 둘째 손자의 행동 중에 가장 걱정되는 것은 소리 지르기이다. 혼자 있을 땐 문제가 아니다. 그런데 형과 함께 놀이를 할 때는 소리 지르기가 툭툭 튀어나온다. 이러다 습관으로 굳어지면 어쩌나 걱정이 되었다.

그럴 때 쓰는 방법이 스위치하기다. 비록 어리지만 손자의 욕구와 당위성을 스위치해서 말하도록 시도해 보았다.

"규진이가 많이 속상하구나. 형이 장난감을 혼자 갖고 놀아서 화가 많이 났어? 그래서 형한테 소리 지르고 싶었어?"

이렇게 말해 주면 "으응" 하며 품에 안긴다. 응원군을 만난 것이다.

"그런데 그렇게 소리 지르지 않고 이렇게 말해 볼까? '형아야, 나도 그 장난감 갖고 놀고 싶어.'라고. 이렇게 말하면 형이 들어줄 거야."

그 어린 세 살짜리 동생도 자존심이 있는지 곧바로는 안 한다. 하지만 꾸준히 말해 주고 기다려 주면 그 말을 한다.

바로 그거다.

'올바른 것을 알려 주고 기다리기' 이게 내가 손자를 키우면서 터득한 것이다.

약을 먹일 때도 가끔 애를 먹인다. 제시간에 먹어야 하는데 안 먹겠다고 땡깡이다.

"나는 네가 지금 먹었으면 좋겠는데 넌 안 먹는다니 어쩌겠니? 할머니가 기다릴 테니 네 마음이 바뀌면 할머니한테 와."

그래 놓고 딴 일을 하다 보면 슬그머니 내 곁에 와서 치맛자락을 잡는다.

"생각을 바꿨어? 지금 먹을 거야?"

고개를 끄덕인다.

번쩍 안아 주면서 꼭 덧붙여야 한다.

"그러면 그렇지. 난 우리 손자가 마음 바꿀 줄 알았어. 할머니 마음을 알아 줘서 고마워."

어린 손자도 마음 바꾸기가 얼마나 어려웠겠는가? 할머니도 손자도 신난다. 손자는 칭찬을 받아서, 할머니는 약을 먹여서.

텔레비전 자제하기(휴대전화, 태블릿 PC 포함)

손자가 정식으로 어린이집에 등록하고 다니기 시작한 것은 24개월이 지나서였다. 그 어린이집 가는 길엔 큰 마트가 있었다. 손자가 하원할 땐 거길 꼭 들어가겠다고 내 손을 끌었다. 못 이기고 들어가면 관심 있는 것들을 바구니에 집어넣으며 두리번두리번 살피기를 즐기는 것이었다.

안 나오려 하는 손자를 빨리 데려오기 위해 자주 했던 꼬임말은 "빨리 가서 타요 봐야지?"였다. 텔레비전을 켜서 타요를 보는 동안에는 난 편하게 저녁준비를 할 수 있었다. 한동안 그렇게 하다 보니 좀 걱정이 되었다. 그대로 두면 텔레비전을 마냥 볼 것 같았다.

뿐만 아니라 그 무렵 내가 보았던 육아 책 『엄마가 또 모르는 세 살의 심리: 18~36개월 우리 아이 속마음 읽기』의 122쪽에는 다음과 같은 내용이 단호하게 적혀 있었다.

> 'TV는 일방적 상호작용매체다. 저연령에서 매일 장시간 티비를 혼자 보게 할 경우 심각하게는 유사자폐증상이 나타날 수도 있다. 이 시기는 양방적 상호작용을 하며 직접 몸으로 부딪혀 많은 것을 배워야 하는 시기이다. 너무 이른 시기부터 TV를 접하지 않도록 양육자들이 신경을 써야 한다.'

이 구절을 읽으니 정신이 번쩍 났다. 가만히 보니 내 일을 하느라 고 텔레비전 앞에 앉혀 두면 마냥 빠져들 것 같았다. 그래서 요즘은 가능하면 텔레비전을 안 틀려고 한다. 그러려면 아이의 관심을 다른 곳으로 돌리기 위해 신경 쓸 일이 많다.

오늘도 어린이집에서 돌아온 손자가 옷과 가방을 벗고 조금 있더니 내게 와서 아주 작은 소리로 "함미, 티비 조금만 켜조." 하며 눈까지 찡긋한다. 순간 나는 아침의 일이 떠올랐다. 아침에도 역시 텔레비전 조금만 본다기에 어린이집 갈 때까지만 보는 거야 하고 약속했건만 텔레비전을 끄고 어린이집 보내는 것이 쉽지 않았다. "네가 약속했잖아. 그러니까 꺼야지."를 몇 번 강조해도 먹혀들지 않았다. 결국 손자는 울면서 억지로 어린이집을 갔다.

난 아침의 일을 떠올리며,

"아침에 네가 약속을 안 지켰잖아. 그래서 텔레비전을 켜 줄 수 없네. 어쩌지?" 하고 눈치를 살폈다. 분명히 또 조를 줄 알았는데 이상했다. 아주 순순히 아침의 일을 인정하는 듯했고 더 이상 조르지 않는 것이 의아할 정도였다. 뒤돌아 가는 모습이 좀 측은하기도 했지만 마음을 강하게 먹기로 했다.

곧바로 거실로 가서 자리를 잡기에 나도 슬쩍 그 옆에 가서 앉았다. 공룡과 폴리카, 불자동차, 굴삭기 등을 갖고 놀더니 "엄마가 섬 그늘에 책 어딨어?" 한다. 그러면서 내 손을 잡아끈다. 책 찾으러 같이 가잔다. 나는 초등학생 때 그냥 음악책에 실린 노래 중 하나로서 별 생각 없이 불렀을 뿐인데 아기인 손자는 노래의 분위기를 감정이입해 가면서 곧잘 부른다. 아마도 손자는 텔레비전을 못 보게 한 할머니에게 서운해서 갑자기 엄마 생각이 났을지도 모른다.

어떻든 텔레비전 안 켜기는 성공한 셈이다. 켜 달라는 대로 마냥 켜 주면 두세 시간은 후딱이다. 그동안에 집안일은 하겠지만 아이에겐 자제하는 훈련을 시킬 필요가 있다. '세 살 버릇 여든까지 간다.'라는 오래된 속담은 조상들의 지혜가 담긴 매우 과학적인 속담이란 생각이 든다.

요즘은 공룡을 갖고 놀거나 자동차를 갖고 노는 시간이 많아지면서 텔레비전 켜 달라고 조르는 시간이 줄어들어 다행이다. 다음은 훈련이 필요한 텔레비전 끄기와 관련해서 내가 예전에 써 놓은 일기이다.

2017년 11월의 어느날

세 살이란 나이는 참 신비로운 나이라는 것을 자주 실감한다.

오늘 아침에도 형이 학교 간 다음 늦게 일어난 둘째 손자가 "할머니 티비 켜조." 해서 못 들은 척했더니 갑자기 내 곁으로 온다. 그러더니 내 귀에다 대고 속삭이듯이 "아니 참, 티비 쪼금만 켜조." 한다. '쪼끔만'이란 말을 할 때 엄지와 검지를 모으고 눈을 찡끗하는 것이다. 요런 건 어디서 배웠는지 기가 막히다. 그렇게까지 말하는데 모른 척할 수는 없었다.

"그럼 할머니가 식탁에 앉자고 하면 바로 텔레비전 끄고 올 거야?"

그런단다.

"약속하자. 약속은 소중한 거야. 우리 손자는 약속 잘 지킬 거지?"

끄덕이는 손자를 보며 베이비프로를 틀어 주었다. 제 할머니가 텔레비전을 잘 안틀어주는 걸 벌써 알고 귓속말로 간절하게 말하다니……. 세 살이란 나이를 또다시 생각한 아침이었다.

텔레비전을 켜기는 쉽지만 끄는 일은 쉽지 않다.

일단 제 요구를 관철시키고 나면 "이제 그만 식탁에 앉자, 약속했지?" 해도 꿈쩍도 않는다. "이러면 다음에 안 틀어 준다." 등 온갖 말을 해도 못 들은 척 떼를 쓴다. 하긴 세 살 아기에게 약속을 강조하는 것이 무리일 수도 있으나 습관이 형성되는 중요한 나이라니까 하는 데까지 해 보려 한다.

그런데 어쩌다 가끔은 리모컨을 들고 제 스스로 끄기도 한다. 그럴 땐 아주 확실하게 칭찬한다.

"우와, 역시 우리 손자야! 저렇게 약속을 잘 지키다니! 약속을 지켜 줘서 기특하구나. 손자야." 서로가 기분 좋은 해결이다.

하지만 항상 이런 것은 아니다.

약속을 잘 지키는 손자라고 한껏 치켜세웠는데도 어떤 날은 막무가내다.

특히, 어린이집을 가야 하는데 텔레비전 앞에서 꼼짝 안 할 때는 아주 난감하다.

"지금 텔레비전 끄면 할머니(아빠)와 같이 어린이집 갈 수 있는데……. 어떻게 할 거야?" 못 들은 척한다.

"너 지금 약속 안 지키면 다음에 텔레비전 쪼끔만 켜 줘라고 부탁해도 이젠 안 들어줄 거야!" 이것도 못 들은 척한다.

"그럼, 너는 네 맘대로 텔레비전만 보고 있어라. 좋지? 할머니는 약속 있어서 나간다."

"안 돼 안 돼." 하며 울면서 매달린다. 그러면서도 눈은 텔레비전에 가 있다. 얼마나 재미있으면 이럴까 이해가 되지만 저하고 싶은 대로 둘 수는 없다고 매정한 결론을 내린다. 그 말은 거의 독백에 해당하는 말이긴 하지만.

결국 우는 아이를 어렵게 구슬려 가며 텔레비전을 제 손으로 끄게 하고 어린이집 갈 준비를 한다. 벌써부터 하고 싶은 것과 해야만 하는 것 사이에서 갈등을 겪어야 하는 현실이 안쓰럽다. 방법은 어린이집엘 안 보내고 집에서 자기 하고 싶은 것을 하도록 하면 되는데 세 살이면 그것도 안 된단다. 규칙과 질서를 지키는 훈련을 해야 하는 나이란다.

세 살은 분명 두 살 때와는 다르다. 세 살이 되니 자기 의견과 생각이 분명해지는 것을 느낀다. 그리고 이것이 수용 또는 허용이 안 되면 떼를 쓰면서 앙앙 울어 시끄러워진다.

사회성이 싹트네(친구들에게 자랑하고 싶어 하네)

32개월이 시작되던 어느 날, 어린이집에 가져가고 싶다며 그림책을 끌어안고 안 내려놓는다. 바로 『파내기 대장 푹푹!』이다. 손자는 자동차에 관심이 많다. 그중에서도 특히, 굴착기를 좋아한다. 경찰차, 소방차, 구급차, 레미콘도 매우 좋아한다. 어린이집 가는 길에 가끔 경찰차가 서 있다. 몇 번 눈인사를 했더니 그 경찰관도 손자가 지나가면 내려서 손 인사를 해 준다. 그런 아침엔 손자 기분은 끝내준다. 걸음걸이도 마치 날아가는 듯하다.

이 책엔 온갖 일하는 차들이 등장한다. 꼬마 굴착기 푹푹이가 주인공이다. 푹푹이가 동료차들의 도움을 받아 땅속에 파묻힌 바위를 성공적으로 꺼내는 내용이다. 일을 마친 다음엔 우린 멋지게 해냈다고 자축하며 밝은 표정으로 서로를 쳐다본다. 그러면서 힘들었지만 보람차고 뿌듯했다며 푹푹이를 치켜세운다. 으쓱하는 푹푹이 뒤로 보름달이 커다랗게 떠오르는 마지막 장면이 인상적이다. 하루 종일 일하고 나니 서서히 밤이 시작되는 분위기다.

자세히 읽어 보니 책의 내용이 참 좋다. 친구들과 힘을 합쳐 어려운 일을 해결하고 나서 기쁨을 함께 나누는 내용이 매우 교육적이다.

손자가 요즘 어린이집 친구들에게 관심이 가나 보다. 오늘도 이 책뿐만 아니라 작은 포클레인, 다른 장난감 하나까지 모두 세 가지를 챙겨서 유모차에 오르려 한다. 어린이집에 이런 것 가져가면 안 된다고 해도 끝내 고집을 부려 할 수 없이 유모차에 실었다.

결국 어린이집 현관에 마중 나온 담임선생님의 설득으로 푹푹이 책은 도로 가져왔지만 속마음은 친구들에게 보여 주고 싶었으리라. 어린이집에 입학할 때만해도 친구들에겐 관심도 없었는데 그새 사회성이 많이 자란 것이다.

어떤 때는 형이 정성 들여 만들어 놓은 레고 작품까지 끌어안고 가려 한다. 그것은 형도 매우 심혈을 기울여 완성한 작품이라서 동생이 만질까 봐 신경을 많이 쓰는 것이었다. 학교에 갈 때도 동생 손이 잘 안 닿는 곳에 감추어 둔 것인데…….

형 없을 때 살짝 갖고 놀고 싶은 손자의 심정을 알기에, "그건 형 거잖아. 안 돼!"라고 단호하게 말하지 못했다. 대신, "그럼 살짝만 만져 보고 제자리에 올려 두자." 하곤 내려 주었다. 손자는 흐뭇하게 조심조심 갖고 놀았지만 아무래도 다루는 솜씨가 서투르다 보니 부속 한 귀퉁이가 금방 떨어져 나왔다. 순간 손자도 긴장하고 나도 걱정이 되었다.

이럴 때 정직을 가르쳐야 하나? 아님 덮어 주어야 하나? 답은 정직인데 이 할머니는 왜 덮어 주고 싶어지지? 이미 나와 손자는 공범(?)이 되어서 학교에서 돌아올 큰손자가 물으면 뭐라고 해야 동생이 덜 혼날까를 생각해야만 했다. 그 바람에 어린이집에 갖고 가겠다는 말은 쑥 들어갔다. 그나마 다행이었다.

더 알아보기

『언제까지나 너를 사랑해』에서 그려 낸 두 살짜리의 이야기를 여기에 옮겨 본다.

이제 아기는 두 살이 되었습니다.
두 살배기 아기는 집안을 돌아다니기 시작합니다.
책장의 책을 전부 꺼내 마구 흐트러뜨리기도 하고,
냉장고 안을 뒤져 음식을 다 쏟아 버리기도 합니다.
그뿐이 아니지요.
어머니 시계를 변기에 넣고 물을 내려 버리기도 합니다.
때때로 어머니는 한숨지으며 이렇게 말합니다.
'이 아이 때문에 내가 미쳐 버릴 것만 같아.'
하지만 밤이 되어 두 살배기 아기가 잠들고 나면
어머니는 살며시 아기 방으로 들어가 침대 머리맡으로 다가갑니다.
아기가 깊이 잠들어 있는 걸 확인하고 나서
아기를 품에 안습니다.
자장 자장 자장 자장 그리고 어머니는 노래를 부릅니다.

너를 사랑해 언제까지나
너를 사랑해 어떤 일이 닥쳐도
내가 살아 있는 한
너는 늘 나의 귀여운 아기

여기서 말썽을 부리는 두 살짜리는 우리네 나이로 세 살일 것이다.

말하기 이전부터 관심과 생각은 있었는데 비로소 말을 통해 자기 생각을 전달하게 된 것이다. 이게 아이 스스로에겐 얼마나 대견하고 놀라운 일인가? 빨리 말을 익혀서 자기 생각을 다 말하고 싶었을 것이다. 마치 꼭 닫혀 있던 말주머니가 열려서 술술 쏟아져 나오는 것 같다.

3장

그림책이 답이다

그림책 읽으며 손자들과 소통하니 기쁨이 퐁퐁! 행복이 펑펑!
어머나! 신나게 읽다 보니 이 할머니가 그림책에 빠졌네!

그림책 보여 주기 언제부터?

큰손자가 보던 그림책들이 많아서 둘째 손자는 자연스럽게 그림책을 접할 기회가 많았다. 그런데 그 많은 그림책 중에서 어떤 것들을 보여 주어야 할지 살짝 고민이 되었다.

처음엔 형이 보던 책을 자연스럽게 보여 줄 수 있었다. 0~2개월을 대상으로 한 『아기 초점책』이 있기에 누워 있는 아기에게 펼쳐서 보여 주며 반응을 살폈다. 그때가 아마 50일쯤 되었을 때라고 기억한다. 내게 그림책에 대한 사전 지식이 없었고 아기의 시력에 혹시나 도움이 되지 않으면 어쩌나 하는 우려를 해서 두 달이 거의 끝날 때쯤 흑백책부터 보여 준 것이다.

그런데 이 책의 설명을 읽어 보니 한 달이 지나도 보여 줄 수 있음을 나중에야 알았다. 흑백패턴으로만 구성된 이 책의 뒷면에 소개된 내용을 잠깐 옮겨 본다.

> 생후 0~2개월의 아기를 위한 흑백 초점책이다.
>
> 갓 태어난 아기의 시각은 그저 빛에 대해 반응하는 수준이다. 그러다 10일가량 지나면 움직이는 물체를 눈으로 좇게 된다. 사물을 주시하는 능력이 생기는 것은 생후 1개월이 지나면서부터이다. 아기들은

사물의 형태를 밝고 어두운 명암으로만 구분한다.

그래서 윤곽이 뚜렷한 단순한 흑백패턴에 쉽게 반응한다. 흑백 초점책은 아직 불완전한 아기의 눈에 알맞은 자극을 주어 시각발달을 재촉하고 초점을 또렷하게 해 주기 위한 책이다. 20㎝ 정도 떨어진 거리에서 한 장씩 펼치며 보여 주거나 누워 있는 아기 주변에 병풍처럼 세워 준다.

시각발달을 재촉하고 초점을 또렷하게 하기 위한 책이라는 것, 아기는 처음에 단순한 흑백패턴에 관심을 보인다는 것, 아직 불완전한 아기의 눈에 알맞은 자극을 주기 위한 것이라는 내용이 나의 관심을 끌었다. 정말 이 그림책을 누워 있는 아기의 얼굴 위에서 펼쳐 들고 있으니 아기 눈이 신기하게 이리저리 움직였다. 얼마 동안 그러다 보니 아기는 물방울(도트)무늬에 더 관심을 가지는 것을 알게 되었다. 뿐만 아니라 물방울무늬가 방사형으로 퍼지는 그림에 더 집중하는 것도 알게 되었다.

제법 모양을 좇아 눈동자가 잘 움직이기에 2개월이 지나면서부터는 역시 앞서 소개한 책 중 색깔·모양 그림책을 보여 주었다. 그 책의 뒷면에도 다음과 같은 안내 글이 있었다.

아기가 색에 대한 반응을 보이는 것은 생후 2~3개월부터이다. 시각과 색감을 본격적으로 개발할 시기가 된 것이다. 시각은 아직 불완전하지만 이때가 되면 아기는 세상이 각기 다른 모양과 색으로 구성되어 있다는 것을 깨닫기 시작한다. 정확한 모양보다는 윤곽에 의존하고 부드럽고 옅은 색보다는 강하고 밝은 색에 더 많이 반응한다. 또한 빛을 받아 반짝이는 것에 커다란 관심을 보인다. 이런 아기의 발달에 맞춰 주목성이 높은 색과 홀로그램을 사용한 패턴 및 기본도형을 이용한 모양이 도입되었다. 반짝이는 홀로그램으로 강조된 강한 색 패턴과 단순한 모양들은 아기의 시각발달을 촉진시키고 호기심을 자극한다.

안내 글에 있듯이 이 그림책에는 여러 모양들이 선명한 컬러로 되어 있어서 먼저 보여 주었던 흑백 분위기와는 사뭇 달랐다. 나무, 집, 배, 나비, 자동차, 물고기, 여우 얼굴 등이 아주 단순한 모양과 화려한 홀로그램으로 또렷하게 그려져 있다.

난 백 일도 안 된 아기에게도 보여 줄 수 있는 책이 있다는 것이 놀라웠다. 뿐만 아니라, 그때까지 내가 갖고 있던 책에 관한 선입견을 많이 수정해야만 했다.

노래를 부르며 보여 주면 좋다

나는 그림책을 보여 줄 때 노래도 함께 불러 줄 때가 많았다. 학창시절 음악시간에 배웠던 노래를 총동원해서 그림에 어울리는 노래를 불러 주려고 노력했는데 그래서 그런지는 몰라도 지금 손자는 음감이 비교적 정확하다. 거기다 잘 모르는 노래도 각운(ryhme)을 따라 잘 부른다. 예를 들어, '나비야 나비야, 이리 날아 오너라' 하고 부르면 이 노래를 잘 몰랐을 때에도 내가 하는 노래를 잘 듣고 있다가 끝 구절의 '~오너라' 할 때는 자기도 리듬을 맞추며 '~라'라고 정확하게 따라 하는 것이다. 많은 노래의 끝부분을 이렇게 따라 하니까 신기하기도 하였는데 음까지도 정확했다.

물고기 그림를 보여 줄 때는 '고기를 잡으러 강으로 갈까요.', 새는 '방울새야, 방울새야, 쪼로롱 방울새야…….', 집 그림은 '눈을 감아도 찾아갈 수 있는 우리 집', 나무는 '나무도 나무도 나이를 먹는다.', 토끼는 '토끼야, 토끼야, 산속의 토끼야', 거북은 '거북아 경주하자 저 산 위까지 토끼가 거북을 놀렸습니다.', 자전거 그림을 볼 때는 '따르릉 따르릉 비켜나세요.' 이런 식으로 노래를 부르며 그림을 보여 주다 보면 시간이 금방 간다. 아기는 노래 부르는 내 입과 눈을 빤히 쳐다보며 방긋방긋 웃는다.

6개월 이전까지는 단순한 도형이나 사물의 모양이 중심이 된 그림책을 보여 준다. 가능하면 그냥 그림만 보여 주지 말고 다정하고 포근한 느낌의 목소리로 분위기에 알맞은 말을 해 주며 보여 주는 것이 낫다. 아기는 주 양육자의 목소리를 자주 들을 때 안정감을 느끼며 기분이 좋아진다고 하니까.

손자는 이 즈음부터는 그림책을 보여 주면 특히 코끼리를 좋아했다. 코끼리를 보여 줄 때마다,

'코끼리 아저씨는 코가 손이래, 과자를 주면은 코로 받지요.'

'코끼리 아저씨는 소방수래요. 불나면 빨리 와 모셔 가세요.'

이렇게 노래를 곁들여 그림책을 보여 주니 그림책에 더 관심을 보이는 듯했다. 한 손으론 내 코를 잡고 한 손으론 코끼리 코를 흉내 내 가면서 보여 주었다. 아마도 지금 소방차를 유난히 좋아하는 것도 이 노래 영향이 아니었을까 생각해 본다.

노래를 불러 주다 보니 과거 학창시절에 불렀던 노래들이 줄줄이 생각이 났다. 내가 생각해도 신기했는데 그 노래를 함께 불렀던 친구들, 교실의 분위기, 그때의 느낌과 불확실한 미래에 대해 막연한 기대를 했던 일 등이 함께 생각나서 의외로 수지맞는 기분이었다.

그림책을 어떻게 읽어 주어야 하지?

갑자기 오래전 『배고픈 애벌레』 책을 처음 읽었을 때의 생각이 떠올라 쿡 웃음이 난다. 그땐 그림책이 지금처럼 많지도 않았을 뿐 아니라 그림책에 관심도 없었다. 두 아들은 이미 성인이 되어 결혼을 했고 내 주변엔 어린아이들이 없었을 뿐 아니라 그림책은 단지 아이들이 보는 책이라고만 막연히 생각하고 있었다. 그러니 당연히 어떻게 읽어야 할지도 잘 모를 수밖에.

우리 세대는 글자 책이 주를 이루었을 때라서 그림을 자세히 볼 줄도 몰랐던 것이다. 즉, 책을 읽을 때에는 그림보다는 글자 중심으로 읽으면서 페이지를 쉽게 넘겼던 것이었다. 내가 그림책에 대한 이해가 잘 되지 않았다는 말을 듣고 어느 날 큰아들이 했던 말이 기억난다.

“어머니가 만화책을 좀 보았더라면 그림책 이해가 아마 더 빨랐을걸요?”

큰아들의 이야기를 들으면서 사춘기 때 무지와 몰이해로 자녀의 마음을 아프게 했던 과거의 한 사건이 생각나 뒤늦게 미안한 마음이 들었다. 왜냐하면 둘째 아들이 중학생일 때 당시 한참 청소년들의 애독서였던 『슬램덩크』 시리즈를 남편이 모두 쓸어서 버린 기억이 나서다. 아들이 재미있게 보는 책을 그렇게 일방적으로 버리다니……. 난 남편 몰래 아파트 밑으로 내려가 다시 주워 오려 했지만 비가 오던 날이라 이미 쓰레기통에서 젖어 있던 책들을 들고 올 수는 없었다. 만화에 대한 이미지가 안 좋았던 남편은 결국 그 사건으로 사춘기인 아들들과 소통의 어려움을 겪었다.

만화는 보러 간다고 하지 만화를 읽으러 간다고는 하지 않는다. 나는 자라면서 왠지 만화방엘 한 번도 가 보지 못했었다. 우리가 자랄 땐 만화에 대한 이미지가 별로 안 좋은 분위기였다는 게 변명이 될까? 만화도 그림책의 한 종류임을 나중에서야 알게 되었다. 나는 이 정도로 그림책의 이해가 더뎠다. 아마도 내가 만화를 좋아했더라면 아들의 말대로 그림책에 대한 이해가 좀 더 빨랐을 것 아닌가 하는 생각을 살짝 해 본다.

내 수준이 이런 정도이니 『배고픈 애벌레』를 읽을 때 이해 안 되는 부분이 왜 없었으랴?

월요일 사과 한 개 먹고, 화요일 배 두 개 먹고……. 이런 식으로 전개된 책이 있다. 어떻게 고 작은 애벌레가 사과와 배와 딸기 등등 그 많은 것들을 먹을 수 있을까? 과장이 너무 심한데? 하고 생각했던 것이다. 그런데 지금은 그때보다는 한참 성숙한 것을 내 스스로 느끼고 있다. 그림에 뽕뽕 구멍이 뚫린 것을 보면 애벌레는 아주 작은 양만 먹었다는 것을 암시하는 것이라고 이해되었다. 비로소 내가 아이들의 수준으로 내려가서 아이들의 눈으로 그림책을 보게 된 것이다.

그동안 그림책을 읽어 주면서 어떻게 하면 좀 더 효과적으로 그림책을 읽어 줄 수 있을지 나름대로 터득한 방법을 소개해 본다.

아이를 참여시키기

이렇게 그림책에 문외한이었던 내가 그림책을 통해 손자와 소통하게 되면서 그림책 읽는 기술(?)이 늘었다. 가장 중요한 것은 재미있게 읽어 주면 되는 것이다. 손자는 특히 재미있는 부분이 나오면 자기도 참여하면서 반복해서 읽어 주기를 요구한다. 예를 들어, 『파내기 대장 푹푹!』에서는 '푹푹' 부분을 자기가 읽기 원한다. 그래서 내가 "파내기 대장" 하고선 뜸을 들이면서 손자 얼굴을 쳐다본다. 그러면 눈치를 채고 손자가 "푹푹" 하는 것이다. 손으로 시늉까지 하면서.

동물들이 등장할 때는 아주 쉽다. 내가 "오리는?" 하면 손자가

"꽥꽥", "고양이는?" 하면 "야옹", "안킬로사우르스가 방귀를" 하면 손자가 "뿡" 하는 식이다. 재미가 들면 순서를 바꿔서 해 봐도 좋다.

『두드려 보아요』는 스웨덴 작가 안나 클라라 티돌름의 '보아요' 시리즈 중의 한 권이다. 파랑, 빨강, 초록, 노랑, 하얀색으로 된 문을 '똑똑' 하고 두드리면서 아이들은 한껏 기대를 한다. 그리고 살짝 열어 보면(한 장을 넘기면) 방 안에 온갖 재미있고 친근한 물건, 가족, 동물이 나온다. 방 안을 들여다보면 아이들이 앉아서 좋아하는 일을 하거나 아이들에게 필요한 행동들을 하고 있다.

이렇게 펼쳐진 장면들에 이야깃거리가 많이 나온다. 첫 돌 지나 두 돌 될 때까지 자주 보았던 책이 『걸어 보아요』나 『물어 보아요』 등 '보아요' 시리즈였다. '똑똑' 하고 문을 두드리는 부분은 직접 책을 두드리며 손자가 노크하듯이 시늉한다. 호기심과 즐거움을 바탕으로 이 책을 여러 번 반복해서 읽는 동안에 아이는 다른 방에 들어갈 때 똑똑 노크하는 행동도 하게 되었다. 문을 열고는 뭐가 있을까 하고 조심스럽게 들여다보기도 한다.

역할마다 음색을 달리해서 읽기

인물이 여러 명 등장할 때 음색을 달리하며 읽어 주면 아주 재미있어 한다. 처음 읽어 줄 때는 나도 능청을 떨기가 어색했지만 아이가 좋아하는 모습을 보면 저절로 실감 나게 읽어 주려고 애쓰게 된다. 처음에는 두 사람 정도 등장하는 것부터 시작해서, 재미를 느끼게 되면 등장인물 수를 늘려 가며 읽어 주도록 한다.

아이들이 좋아하는 『아가는 방귀쟁이야: 냄새를 맡아 보아요』에는 아기의 방귀냄새를 맡고 도망가는 호랑이, 얼룩말, 곰, 하마가 등장한다. 하지만 마지막 장면엔 아기의 모든 냄새를 사랑스러워하는 엄마가 아기를 꼬옥 끌어안고 있다. 페이지마다 뿡 뿌우웅 뿌붕하는 소리가 등장하는데 이 부분을 읽을 때 손자는 굉장히 즐거워한다. 그 즐거워하는 모습을 보며 방귀소리 부분을 다양하게 읽어 주면 책에 금방 빠져든다.

이렇게 방귀소리 부분만 실감 나게 읽어 주어도 손자는 깔깔깔 웃으며 즐거워한다. 또 읽어 달라고 행복한 앙코르를 한다. 손자는 할머니를 금방 인기 강사로 만들어 버린다. 실제로 우리 손자도 아기였을 때 어찌나 방귀를 잘 뀌던지 지금도 가끔 흉내를 낸다. "넌 뿌다닥 뿌다닥 이렇게 방귀를 뀌었지."라고 하면 그렇게 재미있어 한다. 어른들은 엉덩이에 살이 붙느라고 아기들이 방귀를 잘 뀐다고도 말하지만 아무튼 방귀는 늘 즐거운 소재가 된다. 방귀를 소재로 한 그림책은 도서관에 가면 아주 많이 있다.

좀 쉽게 역할 나눠 읽기를 시작할 수 있는 또 다른 책은 『해와 달이 된 오누이』다. 워낙 유명한 전래동화라서 이미 우리 귀에 친숙한 그림책이고 시중엔 여러 출판사에서 다양하게 출간되어 있다. 도서관에도 다양한 출판사 것이 여러 권 비치되어 있다.

이 책을 읽을 때는 호랑이 역할, 어머니 역할, 오누이 역할에 따라 음색을 달리하면 좋다. 먼저, 호랑이가 엉큼하게 말하는 부분인 '떡 하나 주면 안 잡아먹지' 부분에서 거칠고 투박하면서도 공포스러운 분위기로 읽어 주면 아이들의 분위기 상상은 끝내준다. 거기다 호랑이에게 사정하는 듯 말하는 어머니 목소리도 자녀들을 애틋하게 생각하는 어머니 목소리로 흉내 내면 된다. 주로 엄마나 할머니가 읽어 줄 테니까 자식을 생각하는 엄마 심정을 오죽 잘 전달하랴?

맞벌이 가정이라면 엄마가 얼른 직장에서 돌아오기를 기다리는 아기가 이야기를 들으면서 온갖 상상도 할 것이다. 엄마가 빨리 안전하게 집에 오기를 기다리는 아기의 심정과 날이 어두워도 안 돌아오는 떡 팔러 간 어머니를 기다리는 오누이의 마음이 서로 공감되어 감정이입을 하기에 충분하다.

오누이는 아이들 음색으로 남녀만 구분하면서 상황에 어울리는 음색으로 하면 된다. 다만 높고 낮게, 짧고 길게 변화를 주는 것은 잊지 말고서. "엄마도 빨리 네가 보고 싶어서 지하철이 더 빨리 달리기를 간절히 바라고 있을 거야."라며 엄마의 심정이 잘 전달되게 읽어 주면 엄마를 기다리는 아기는 엄마가 빨리 오기를 기다리면서 즐겁게 들을 것이다.

우리 손자들은 특히 내가 할머니 목소리를 흉내 낼 때 즐거워한다. 손자들이 즐거워하니까 나도 신이나서 덩달아 과장하게 된다. 사실 요즘 그런 스타일로 말하는 할머니들은 거의 없다. 그렇지만 손자들이 즐거워하는 모습을 보는 것이 좋아서 때로 더 과장한다.

반복해서 읽어 주기

아이들은 같은 책을 여러 번 읽어 달란다. 우리 손자도 피곤할 정도로 여러 번 읽었는데도 "또 읽어 줘." 하고 조를 때가 많다. 어떻게 그것을 외면할 수 있겠는가? 그렇게 여러 번을 읽다 보니 이젠 순서까지 외우는 것도 있다. 세 살짜리를 더 이상 애기라고 보면 안 되겠다는 생각까지 들 때가 있다.

이억배 작가의 『잘잘잘 123』은 그 순서까지도 술술 외운다.

내가 "하나 하면 할머니가" 그러면 손자는 "호박을 이고서 잘잘잘"을 시작으로 해서 "열 하면 여럿이서" 하고 찡긋하면 "여행을 한다고 잘잘잘" 하며 즐거운 마무리를 한다. 거기다 '잘잘잘'은 재미까지 더하면서 '자알자알저~얼' 하고 변화도 준다. 능청스러울 정도다. 나도 언제까지 할 수 있을지는 모르지만 가능한 한 읽어 달라고 부탁하거나 조르는 것은 얼마든지 들어주려고 한다. 나중엔 읽어 주겠다고 사정을 해도 아마 들은 척도 안 하는 때가 올 것이니 이렇게 읽어 달라고 부탁할 때 튕기지 말아야하지 않겠는가?

"함머니, 또 읽어 줘."

나를 행복하게 하는 손자의 말이다.

"손자야, 아직 이 할머니가 쓸모가 있구나. 많이 많이 자주자주 활용하렴!"

미리 읽어 보기

유명한 『어린이와 그림책』의 저자 마쓰이 다다시는 그림책을 읽을 때 처음에는 순수한 독자로 한 번, 그다음에는 어린이와 함께 또 한 번 읽을 것을 권하고 있다. 읽는 이에게 재미와 감동을 느끼게 해 준 책은 아이에게 읽어 줄 때 더욱 실감 나게 읽어 줄 수 있다. 그러면 아이도 그 책과 내용에 쉽게 친근해질 수 있다. 내가 먼저 감동받은 책을 읽어 주고 나면 정말 아이도 또 읽어 달라고 내게 들고 오는 것을 자주 경험한다.

우리 손자가 10개월 무렵일 때부터 가장 여러 번 읽은 책은 『사과가 쿵』일 것이다. 요즘은 공룡책일 테지만. 손자가 그 책을 재미있게 보기 전에 내가 먼저 보았다. 그 발상이 너무나 재미있어서 감탄을 했었다. 그러니 손자보다 내가 먼저 좋아했던 책이다. 역시 손자도 그 책을 어찌나 좋아하던지 읽고 나면 "또, 또"를 자주 반복했던 책이다. 13개월 되어서 읽어 줄 때는 하도 깔깔 웃어서 동영상으로도 찍어 두었다.

자주 가는 소아과의 한 코너에도 그 책이 꽂혀 있다. 기다리는 시간에는 손자가 스스로 그 책을 빼들고 온다. 그 책을 읽어 줄 때 과장할 부분은 바로 쿵! 일 것이다. 아이들은 의성어, 의태어에 친숙하다. 유난히 의성어와 의태어가 많이 나오는 책이다. 냠냠냠, 아삭아삭아삭, 우적우적우적, 날름날름, 와사삭와사삭, 쪽쪽 등. 미리 읽어 보고 이런 부분을 강조하면 훨씬 더 신나고 즐거운 시간을 가질 수 있다.

그림을 자세히 보기

아이들의 상상력은 무한하다. 이 무한한 상상력을 키워 주기 위해서도 그림책을 자주 보여 줘야 한다. 상상력을 키워 주려면 읽어 주는 어른이 먼저 그림책을 자세히 볼 줄 알아야 한다. 그림을 자세히 보면 이야깃거리가 많이 나온다.

그림책 작가들은 하고 싶은 많은 이야기들을 함축해서 그리는 재주가 뛰어나다. 함축된 그림에서 숨겨진 이야기들을 최대한 많이 이끌어 내야 한다. 이야기를 들으면서 아이들은 상상의 세계로 빠져든다. 이게 그림책의 매력이다. 읽어 주는 이들도 미처 발견하지 못한 그림이나 내용들도 아이들은 곧잘 찾아낸다.

삐죽이 내민 꼬리의 일부분만 보고도 그것이 펭귄인지 공룡인지 생쥐의 꼬리인지 금방 알아맞힌다. 할머니는 미처 발견하지 못한 것을 제가 먼저 찾아냈다는 것에 으쓱해 한다. 이런 일이 자주 있게 되면 아이는 우쭐하고 신난다. 이럴 땐 아이가 더 신나도록 어른은 슬쩍 뒤로 빠져 줄 필요도 있다.

내가 처음으로 『사과가 쿵』을 읽었을 때 난 첫 장에 나오는 두더지를 발견하지 못했었다. 자세히 보니 두더지는 마지막 장까지 사과 속에서 들어앉아서 냠냠 즐기고 있었는데도 말이다. 그만큼 건성으로 보았으니 그림책의 맛을 반도 못 본 채 설렁설렁 넘어갔더랬다. 지금은 그림책을 보고 수다를 떨 만큼은 보인다.

둘째 손자는 소변은 어렵지 않은데 대변 볼 때는 긴장을 해야 했다. 대변이 마려우면 놀다가 갑자기 일어서서 조용한 곳을 찾아 힘을 준다. 혼자서 심각한 분위기가 되는 것이다. 얼굴에 힘을 주는 모습을 보면 모두 모른 척해야 한다. 관심을 가져 주면 부담스러워하기에 편하게 대변을 보도록 해야 한다.

손자가 세 살에서 네 살 넘어갈 때 스스로 대변을 보는 일이 해결해야 할 큰 과제였다. 언젠가는 사흘 동안 변을 못 봐 힘들어하기도 했다. 급히 인터넷을 찾아 소아변비에 대해 알아보니 고구마, 당근, 시금치, 키위 등 먹어야 할 채소나 과일 종류가 안내되어 있었다. 급히 고구마 맛탕을 만들어 주니 오죽 고통스러웠으면 평소엔 먹지 않던 고구마를 먹는 것이 아닌가? 그러곤 신기하게 성공을 한 것이다. 딱딱하게 굳은 변을 보느라 기저귀에 피가 묻어나기도 했지만.

이튿날, 도서관에 가서 대변 보기를 어려워하는 아이들에게 도움이 될 책을 빌려 왔는데 그중에 한 권이 『안녕? 쉬야, 똥아!』였다. 쉬야와 응가를 두려워하는 주인공 준이의 마음을 아빠 엄마가 편하게 해 주며 성공하게 하는 내용이었다. 책을 보며 우리 손자는 변기 속의 물에 섞여 흘러내리는 똥아들에게 이름을 붙인다. 큰 덩어리는 아빠 똥, 그다음부터 엄마 똥, 형아 똥 그리고 제일 작은 것은 자기 똥이라고. 똥아들이 물속에서 줄줄이 미끄럼틀도 타고 풍덩풍덩 첨벙첨벙 헤엄놀이 하는 것을 실컷 보다 보면 손자도 변기에 응가를 하게 되지 않을까? 라는 기대를 했었다.

그림책을 자세히 보면 이렇게 이야깃거리가 풍성해진다.

직접 상상하게 해 보기

가끔은 그림책의 뒷이야기를 상상하게 해보는 것도 좋다. 이것은 앞에서 말한 '아이를 참여시키기'와 유사한 활동이 될 수 있다. 내 경우에는 세 살짜리 손자에겐 뒷이야기를 상상하게 해 보는 것은 아직 무리라서 책장을 넘기기 전에 "그런데에?" 하고 뜸을 들이기를 자주 했다.

32개월 때 『숲 속으로』를 읽어 줄 때다.

첫 장면부터 워낙 심각하고 분위기가 무겁다. 엄마의 표정과 식탁이 수상하다. 소년의 부모가 심하게 부부싸움을 한 후 냉랭함이 흐르는 분위기를 아직 우리 손자는 감지할 수가 없는 나이다. 집안 곳곳에 "아빠 빨리 돌아와요."쪽지를 붙여 놓은 소년. 그 쪽지를 만들던 방의 가족사진 액자를 자세히 들여다보면 아빠 사진 쪽이 잘려진 것이 보인다. 간밤의 폭풍우가 보통 요란했던 것이 아니다. 여러 가지 상징적인 그림들이 곳곳에 숨어 있다.

소년이 숲속으로 가는 도중에 만났던 낯선 아이들은 꽤 비중이 큰 다른 이야기들의 주인공이다. 바로 『잭과 콩나무』 『금발머리와 곰 세마리』 『헨젤과 그레텔』 등 부모와 문제가 있던 아이들이 주인공인 이야기들이지만 아직 손자는 그런 것을 함께 나누기엔 너무 어리므로 단순하게 살펴보기로 했다.

편찮으신 할머니께 갖다 드릴 케이크를 들고 심부름 가는 남자 아이가 주인공이다. 낯선 숲길을 혼자 걸으면서 느끼는 아이의 두려움이 곳곳에 서려 있다. 아마 이 소년은 무서운 숲길을 걸으면서 자신이 읽었던 동화 속의 이야기를 떠올렸을 수도 있다. 드디어 할머니네 집 현관문을 조심스럽게 두드리는 장면이 나온다. 이때가 단순히 초보적인 상상력을 발휘하게 할 기회다.

"그런데 할머니 침대에 있는 건 바로……." 하고 뜸을 들이며 손자를 쳐다본다.

"함머니!" 손자가 웃으면서 소리친다.

다음 장에 또 있다.

"그때 뒤에서 무슨 소리가 났어요. 뒤를 돌아보았더니 바로……."

"아빠!" 손자의 이 한마디에 우린 서로 쳐다보며 웃는다.

사실 첫 번째 상상에서 '할머니'란 말은 바로 나오기 힘들다. 그 앞부분의 분위기가 왠지 할머니 침대에 다른 사람이 누워 있을 것만 같이 묘사되어 있기 때문이다. 하지만 이미 한 번 읽어 보았기에 손자는 기억하고 말하는 것이다.

아직은 이렇게 간단한 부분만 상상하게 한다. 이제 차차 낱말이 아닌 간단한 이야기도 상상하게 하려고 한다.

상상하기와 관련지어서 『3세 아이에게 꼭 해 줘야 할 49가지』에 소개된 유명한 괴테 어머니의 독창적인 독서법 이야기를 소개해 본다.

문호 괴테의 어머니는 어린 괴테에게 밤마다 책을 읽어 주었는데 클라이맥스까지 읽어 주고는 다음 이야기를 들으려고 눈을 동그랗게 뜨고 있는 괴테에게 이렇게 말했다고 한다.

"아가야, 그다음은 네가 완성해 보거라."

괴테는 어머니가 읽어 주신 이야기의 스토리를 완성하느라 늘 생각에 잠겨 있었다고 한다. 한번은 괴테가 어머니에게 이렇게 말했다고 한다.

"어머니, 어제 해 주신 이야기는 두 가지 결론이 있어요. 하나는 해적이 공주를 구해 오랫동안 행복하게 사는 것이고, 또 하나는 공주를 자기 나라로 보내 주는 것이에요. 어머니는 어느 쪽이 더 맘에 드세요?"

그 말을 들은 어머니는 이렇게 대답했다고 한다.

"아가야, 네가 마음이 가는 대로 정하렴. 작가란 하나님처럼 세상을 창조하는 사람이란다."

훗날 괴테는 어머니의 독창적인 독서법이 자신을 작가로 만들었다고 회고했다고 한다. 이후 괴테를 연구하는 학자들 역시 괴테의 지능이 190 정도로 추정되는데 이것은 어머니의 독특한 독서법 덕분이었다고 한다.

이야기를 듣다가 클라이맥스에서 갑자기 뚝 끊는다면 얼마나 감질이 나겠는가? 바로 그때가 마음껏 상상력이 발휘되는 순간이다. 그런 괴테 어머니의 독특했던 독서법은 오늘날 육아를 맡은 어른들도 얼마든지 흉내 내어도 좋다고 생각한다.

이제부터 그림책을 읽어 주다가 한참 재미있는 부분에서 뚝 끊어 보자. 그리고 마음껏 상상하도록 기회를 주어 보자. 어떤 상상이든지 멋있다고, 훌륭하다고, 너만이 생각할 수 있는 상상이라고, 나는 생각도 못한 상상이라고, 또 다른 상상을 해 보자고……. 그리고 아이가 무엇을 말하든지 평가하지 말고 다만 인정만 해 주자. 어렸을 때, 아이가 충분히 예쁠 때 마음껏 추어올려 주면서 인정과 격려를 듬뿍 주자. 그래서 감성이 풍부하고 정서가 안정되고 실수하더라도 까짓것 한번 도전해 보자며 용기를 내는 마음이 강한 아이로 키워 보자.

번갈아 가며 읽기

앞에서 말한 아이를 참여시키기와 비슷한 방법이기도 하다. 그런데 여기서 번갈아 읽기는 아이를 참여시킬 뿐만 아니라 함께 하는 가족 모두가 교대로 읽는 것을 말한다. 아이는 장면마다 다른 가족이 각기 다른 음색으로 실감 나게 읽는 것을 보면서 아주 즐거워한다.

예를 들면, 『곤지곤지 잼잼』을 읽어 줄 때 아빠가 한쪽, 엄마가 한쪽, 형이나 언니도 한쪽, 할머니, 할아버지도 계시다면 역시 한쪽, 이렇게 읽어 주는 것이다. 번갈아 읽기를 통해 온 가족이 그림책을 중심으로 자연스럽게 가족모임을 가지면서 이야깃거리도 풍성해지는 셈이다.

공통 경험이 많을수록 대화거리도 풍부해지고 가족친밀감도 높아진다. 친밀감이 쌓이면 가족의 힘이 강해지고 가족 중 누군가 어려움을 겪을 때 위로의 힘도 크다. 아이에게 이 이상 좋은 추억이 어디 있겠는가?

같은 책도 점점 발전하며 읽기

그림책은 많은 이야기를 함축하고 있다.

그림책 작가는 그림을 그릴 때 이야기를 충분히 담아내기 위해 고심을 한다. 아무 의미 없이 그림을 거기에 그런 모양으로 그리진 않는다. 그래서 읽는 이는 그림 하나하나에 함축된 이야기를 잘 끌어내야 한다. 그림책을 읽어 줄 때 그림을 자세히 살펴보면 점점 보이는 것들이 많아진다.

나는 아직도 그림책을 읽어 주면서 놓치는 것들이 자주 있다. 그런데 손자들은 내가 놓친 것들을 잘도 찾아낸다. 그리곤 저희들끼리 깔깔깔 웃는다. 그렇게 웃을 정도로 재미있는 것인데 내가 놓쳤으니 참 허술한 할머니다.

『사과가 쿵!』을 읽을 때다. 난 처음에 두더지의 존재에 별 관심이 없었다. 읽는 횟수가 늘어날수록 그림을 점점 자세히 보게 되었는데 그러다 보니 두더지는 처음부터 끝까지 사과 속에 있었으며 사각사각사각, 야금야금야금, 쪽쪽쪽 할 때까지 맛있게 먹고 있었음을 나중에야 알았다.

마지막 부분에 비가 내리자 냉큼 사과 속에서 나와 기린의 목 위에 사뿐 내려앉았다. 친절한 기린은 두더지를 위해 목을 숙여 주고 있다. 나는 기린이 목 숙인 이 어색한 모습을 이 장면에서 처음 보았다. 기린이 목을 숙여 주지 않았다면 아마 두더지는 바닥으로 미끄러져 떨어져 버리고 말았을 것 아닌가?

사과가 쿵! 하고 땅에 떨어진 사실을 맨 처음 알아챈 것은 두더지였다. 사과가 아니었다면 평생 어두컴컴하고 축축한 땅속에서 지낼 수밖에 없던 두더지! 그 두더지에게 사과는 새로운 세상이었다. 처음 맛보는 이 싱싱하고 달콤한 맛에 취해서 두더지는 사과 속에서 안 나가려 한다. 여러 동물이 점점 달려들어 사과를 파먹자 중간에 위기의식도 느낀다.

결국 악어가 우적우적 파먹는 모습을 조심스레 내려다보는 두더지는 위태위태하다. 두 팔을 겨우 걸치고 아슬아슬 떨어질 듯하다. 휴! 다행히 위쪽으로 피신했다. 그런데 아이쿠! 코끼리가 들어오니 또다시 위태위태해진다.

그런데 이건 뭐지? 아! 비라는 거구나. 많은 동물들 중에 두더지 혼자 하늘을 올려다보고 있다. 대단한 반전이다. 평생 축축하고 캄캄한 어둠 속에만 있었는데 하늘에서 물이 떨어지는 걸 다 보다니! 비를 처음 경험한 것이다. 그러던 두더지가 냉큼 기린 목으로 뛰어내린다.

사과가 이 모든 동물들을 품어 안는 것이 가능하도록 만드는 것이 작가의 상상력이다.

개미도, 나비도, 애벌레도, 벌도 쪽쪽쪽, 냠냠냠 먹고는 다 사라졌는데 두더지는 끝까지 남아서 모든 상황을 다 즐겼다. 땅 밖 세상으로 나와서 신기한 체험을 하고 처음으로 다른 동물들과 함께 하는 기쁨을 누리고 있다.

만일, 누군가가 두더지에게 인터뷰를 해 본다면 뭐라고 할까? 두더지의 소감이 듣고 싶어진다.

사과우산 속에 쏙 들어가서 비를 피하는 동물들은 비가 와도 여전히 즐겁고 유쾌하다.

이 작은 책이 이렇게 재미를 줄 수 있을까? 읽을 때마다 감탄을 한다.

그림책을 즐긴다는 것은 이처럼 함축된 의미들을 발견하는 것이다. 그리고 함께 읽는 이들과 그 즐거움을 공유하는 것이다. 이 그림책을 처음 읽어 주었을 때 손자는 10개월 무렵이었다. 그때 깔깔깔 웃으며 직접 책장을 넘겨 보던 손자는 아직까지도 이 책을 읽으며 즐거워한다. 왜냐하면 읽을수록 이야기를 점점 발전시키면서 더 많은 이야기를 끌어내기 때문이다.

이야기를 읽어 주다 보면 읽어 주는 나보다 듣는 손자들이 훨씬 더 많은 상상을 한다. 오히려 내가 배울 때가 많다. 그래서 책 읽어 주기가 권장되는지도 모른다.

잠깐!

그림책을 읽을 때 주의할 일!

그림책을 읽어줄 때 할머니와 아이의 자세도 중요하다.

아기가 누워 있는 단계에선 책을 펼쳐서 아기의 얼굴 위로 들어 보여 주면 된다. 아기 책이 거의 하드보드(두꺼운 책표지)로 되어 있어서 자칫 얼굴 위로 떨어뜨리기라도 하면 큰일이니 각별히 주의해야 한다. 그래서 할머니의 컨디션이 좋을 때 잠깐씩만 보여 주는 것이 좋다.

 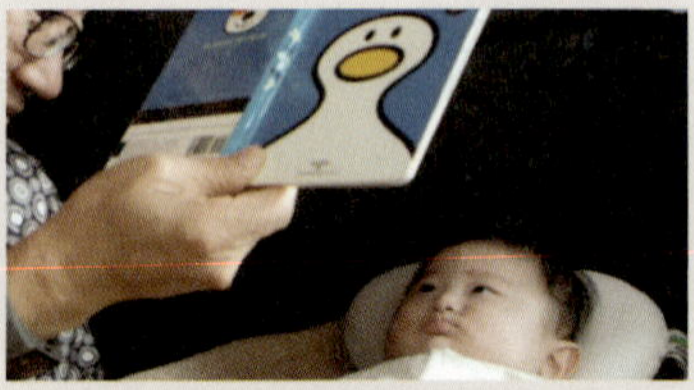

아기를 품에 안을 수 있게 되면서부터는 책을 보여 주기가 좀 더 쉽다.

아이가 그림을 정면에서 바라볼 수 있도록 책을 좌악 펼치고 읽어 주는 것이 좋다.

아기의 몸무게가 점점 늘어나 무릎에 앉힐 수 없을 정도가 되면 옆에 나란히 앉아서 보여 주는 것이 좋다. 이때 어떤 책은 그림이 반사되어 아이의 입장에서 잘 안보이기도 한다. 아이의 시점을 살펴보아서 그림이 잘 보이는지 확인해야 한다.

네 살이 넘어가면서부터 아이들은 가끔 엎드리기도 하는데 책은 절대 엎드려서 보지 않도록 해야 한다. 어린이집이나 유치원에서 유아가 땀을 뻘뻘 흘리면서 자위행위를 하는 아이들이 있다고 걱정하는 교사들을 만난 적이 있다. 엎드리면 성기가 자극을 받게 되고 그 느낌을 기억하며 반복행위를 하다가 습관이 될 수도 있으니 예방해야 하지 않겠는가?

뿐만 아니라 코도 막히고 답답해져서 오래 읽기도 힘들다.

4장

그림책이 있어 수지맞았네!

"할머니, 맛있어요. 더 주세요."
이 할머니를 신나게 하던 손자들의 말도 그림책 속에서 나왔지?
그림책 읽다가 이렇게 수지맞았네!

조손간의 즐거운 소통!
그림책이 딱이네!

손자를 돌보는 동안 함께 보았던 그림책이 노년기의 내 삶을 더욱 풍요롭게 해 주었다. 그래서 난 수지맞았다는 말을 자주 한다. 둘째 손자가 생후 50일 되었을 때부터 그림책을 의도적으로 보여 주기 시작했다. 그런데 나중에 다른 책을 읽다가 태어난 첫날부터 읽어 주어도 좋다는 사실을 알고 깜짝 놀랐다. 미리 알았더라면 얼마나 좋았을까하는 아쉬움이 남았다.

다행히 형이 보던 그림책이 집안에 많아서 발달단계에 적합할 듯한 그림책을 수시로 보여 줄 수 있었다. 뿐만 아니라, 때마침 도서관에서 그림책 공부를 하고 있었기에 더욱 다양한 그림책을 보여 줄 수 있었다.

그 중에서 함께 읽으며 소통할 수 있었던 즐거운 기억들을 여기에 옮겨 본다.

사과가 쿵!

다다 히로시 글 · 그림, 정근 옮김/보림/2008

10개월 무렵일 때 『사과가 쿵!』을 처음으로 읽어 주었다.

손자는 그 이후로 요즘도 가끔 서가에서 빼 들고 오는 책이다. "할머니 또 읽어 줘."라고 하면서. 처음 그 책을 읽어 줄 때 손자는 깔깔깔 웃으면서 보았다. 그러더니 후엔 내가 책을 읽어 주려고 펼치면 순서를 무시하고 손자가 먼저 책장을 넘긴다. 아마 관심 있는 부분이 나름 있었나 보다. 그러곤 그 부분을 읽어 주면 반응이 확실하다. 아주 즐거운 표정이 된다.

이 작은 보드 책에 아주 많은 동물들이 등장한다. 두더지와 개미, 나비, 벌에 이어 돼지, 토끼, 다람쥐가 맛 좋다며 사과를 먹는다. 너무 맛있어서 다음 차례가 오면 또 먹으려고 줄 서서 기다린다. 그동안에 여우가, 악어가, 사자가, 곰이 또 먹는다. 맨 나중에 기린과 코끼리가 먹고 모두들 행복한 표정으로 사과 옆에 앉아 쉬고 있다. 싱싱하고 달콤했던 사과 맛을 음미하면서.

아기들이 좋아하는 의성어, 의태어도 풍성하게 등장한다. 쪽쪽쪽, 사각 사각 사각, 야금 야금 야금, 냠냠냠, 아삭 아삭 아삭, 우적 우적 우적, 날름 날름, 와사삭 와사삭.

커다란 사과 한 개로 모두들 맛있게 또 즐겁게 순서를 지키며 배부르게 먹었다. 모든 동물들이 불룩해진 배를 자랑하며 흐뭇하게 앉아 있다.

그런데 앗! 갑자기 비가 쏟아진다. 어쩌지?

그다음 장면이 기발하다. 상상력의 극치다. 모두들 사과 속에 들어가 앉았다. 세어 보니 무려 열 마리의 동물들이다. 그런데 자세히 보면 사과가 처음 떨어졌을 때부터 들어있던 동물이 보인다. 바로 두더지다. 그 두더지는 비로소 사과 속에서 나와 기린 목 위에 올라앉았다.

두더지는 사과가 쿵 하고 떨어진 이후에 사과에게 있었던 일을 처음부터 다 알고 있다. 온갖 동물들이 등장하여 두더지가 먼저 맛본 사과를 맛있다며 사이좋게 먹고 있다. 이 많은 동물들도 평생 땅속에만 있던 두더지는 처음 보는 것들이다. 그런데 갑자기 비가 쏟아지네. 후드득 쏟아지는 비도 사이좋은 동물들을 적실 수가 없다. 얼마나 재미있는 발상인가?

이 책을 여러 번 읽어 주다 보니 차츰 두더지에게 관심이 갔다. 처음에는 두더지가 전혀 눈에 띄지 않았는데 자세히 보니 처음 시작할 때부터 이야기가 끝날 때까지 끈질기게 남아 있는 동물이 두더지였다. 사과가 쿵 하고 떨어졌을 때 그 사실을 처음 알아챈 것도 땅속의 두더지였다. 이게 뭔 소린가? 깜짝 놀란 두더지는 아마도

‘이렇게 좋은 기회가 정말 나에게 온 것이 맞나?’ 하고 생각했을지도 모른다. 아니 좋은 기회가 아니라 그 반대로 생각했을 수도 있다.

곧이어 처음으로 먹어 보는 달콤한 사과의 맛! ‘사각 사각 사각’ 소리를 내며 열심히 사과를 먹는다. 점점 목소리가 커지며 ‘아, 싱싱해.’ 하고 사과의 맛에 감탄한다. 그 처음 먹어 보는 뭔가가 컴컴한 땅속에서 먹던 텁텁한 것들과 비교가 되었겠는가? 난생 처음으로 먹어 보는 신기한 맛에 취했다. 어찌 사과 속에서 나오고 싶겠는가?

작가는 두더지를 통해서 무엇을 말하고 싶었을까? 작가가 두더지를 등장시킨 것이 깊은 의미가 있을 듯싶다. 하지만 난 여기서 멈추려 한다. 손자가 깔깔 웃으면서 즐겁게 본 것만으로 충분히 의미가 있다.

그림책의 오묘함을 어찌 과학으로 현실로 합리성으로 설명을 할 수 있겠는가?

마음껏 상상하면서 아름다운 마음을 기를 수 있는 그림책이 있어서 아이도 나도 행복한 시기를 보내게 된 것이 그저 감사할 따름이다. 손주 육아의 힘든 과정을 기꺼이 극복할 수 있는 에너지가 있었다면 그중에 하나가 바로 그림책이었음을 당당하게 말할 수 있어서 행복한 것이다.

뭐하니?

유문조 글, 최민오 그림/길벗어린이/2013

『뭐하니?』도 1년 미만의 아기들에게 읽어 주기 좋다.

맨 앞표지에 곰돌이, 원숭이, 멍멍이가 널찍한 등을 보이고 앉아 있다. 읽는 이들에게 궁금증이 일어나게 하는 그림이다. 정말 뭘 하느라고 그렇게 뒤돌아 앉아있는지 궁금하다. 원숭이는 기저귀까지 차고 있다. 한 장을 넘기면 곰돌이 혼자 커다랗게 돌아 앉아 웅크리고 있다.

"곰돌아, 뭐하니?"

다음 장엔 곰돌이가 앞으로 앉아 온갖 먹을 것들을 헤집는 모습이 나온다. 먹지는 않고 장난을 치는 것이다. 우리 아기들처럼 말이다.

"원숭이야, 뭐하니?"

다음 장에도 원숭이가 뒤돌아 앉아 있다. 그런데 크레파스가 살짝 삐져나온 것으로 보아 그림을 그리고 있을 것이라는 걸 금방 눈치챌 수 있다.

아니나 다를까? 크레파스를 거꾸로 든 원숭이가 마구 색칠하는 장면이 나온다. 벌써 크레파스 몇 개는 부러뜨렸다. 스케치북에만 그리는 것이 아니다. 방바닥에도 칠해 놓고 구겨서 버린 몇 장의 종이도 한 켠으로 밀려나 있다. 그래도 열심이다.

코끼리는 또 뭘 할까? 블록이 보이는 것으로 보아 분명히 블록 놀이를 하고 있을 것이다. 그럼 그렇지. 코끼리가 열심히 블록을 쌓는 그림이 뒤이어 바로 나온다. 쓰러지려는 원기둥과 삼각기둥들이 위태위태하다. 그래도 코끼리는 열심히 블록을 쌓아 올리려 한다.

아이들도 이렇다. 실수를 해도 틀려도 뭔가 제 나름대로 열심히 하는 것을 제지하면 안 된다. 발달심리에서 중요하게 다루는 주도성이 자라지 않는다. 실수한다고 막거나 아예 엄마가 다 해 주면 스스로는 아무것도 하지 않으려 한다. 주도성이 없는 자녀! 얼마나 한심하고 안타까운가? 주도적으로 하는 아이로 기르려면 실수에 대해 관대한 엄마나 할머니가 되어야 한다. 중요한 육아상식이 이 책에 담겨 있으니 보배가 아닌가?

이젠 멍멍이 차례다. 멍멍이는 도대체 뭘 하는지 짐작할 수가 없다. 한 장 넘기면 멍멍이 얼굴에 행복한 표정이 가득하다. 전화기를 끌어안고 있다. 요즘의 전화풍경과는 조금 낯설긴 하지만 전화기만 들면 엄마가 뭔가 즐겁게 말하던 장면을 생각하는 듯하다. '나도 전화할 수 있다.'고 외치는 듯하다.

고슴도치도 나온다. 고슴도치야말로 도대체 뭐를 하는지 전혀 짐작할 수 없다. 뒤를 보고 있는 것도 아니다. 옆을 보고 있는데도 말이다. 히히히. 알고 보니 카세트테이프의 릴을 모두 풀어 놓고 있다. 큰일 났다. 엄마나 아빠에겐 매우 중요한 자료일지도 모르는데, 또는 아기에게 들려주는 동요나 이야기 테이프 인지도 모르는데…….

하지만 이건 엄마 잘못이다. 아기 손이 안 닿는 곳에 관리를 잘 했어야 한다. 아기는 그저 재미있기만 한데 이렇게 술술 풀려 나오는 재미를 어찌 마다할 것인가?

마지막 장면은 큰 보자기를 덮어쓴 아기의 등이 보인다. 그 보자기 속에는 앞에 나왔던 동물들의 귀나 꼬리 등 일부가 보이고 가지고 놀던 장난감들도 삐죽이 보인다. 도대체 보자기 속에 무엇이 숨어 있을지 궁금하다.

그 한 장을 넘기면 포동포동한 아기가 큰 보자기를 뒤집어쓰고 장난기가 가득한 얼굴로 환하게 웃고 있다. 보자기 속에는 온갖 장난감들이 다 들어 있다. 앞에 나왔던 동물들도 모두 숨어 있다. 책 전체가 마지막 장에 다 들어 있다. 신체도 건강하고 마음도 매우 건강한 아기! 매일매일 쑥쑥 크는 아기! 바로 우리들의 아기다.

보드 책이 좋은 것은 조막만 한 손으로 잘도 넘길 수 있는 것이다.

돌이 안 되었어도 손으로 집어서 넘기는 일은 곧잘 한다. 책을 넘길 때마다 변하는 그림에 다양한 반응을 할 줄 안다. 할머니 품에 아늑하게 앉아서 그림책을 넘겨 보는 것 자체가 좋은 활동이다. 그림책이 좋다는 인상을 강하게 심어 줄 수 있다.

뭐 하니? 웃으며 손자얼굴을 쳐다보면 아직 의사표현을 제대로 못하지만 씨익 웃는다. 뭔가 자기를 중요한 상대로 생각해서 할머니가 자기에게 묻고 있다는 것을 어렴풋이 느끼는 듯하다. 맞다.

중요한 사람이라고 느끼도록 대해 주는 것이 할머니의 역할이다.

두 돌이 지난 무렵부터는 자주 손자에게 물어보았다. 그러면 말은 못해도 달려가서 가져온다. 그러곤 의기양양하다. 그래서 난 알고 있는 것도 가끔 손자에게 물어본다.

"규진아, 할머니 휴대전화가 어딨지?"

"규진아, 할머니 안경이 어딨더라?"

말이 끝나자마자 종종거리며 달려간다. 행동만 하더니 말을 하면서부터는 행동과 더불어 사랑스럽게 말까지 덧붙인다.

"함머니, 내가 찾아 줄게."

아기가 아장아장

권사우 글 · 그림/길벗어린이/2013

아기가 걷기 시작하면 길벗어린이에서 나온 『아기가 아장아장』도 재미있게 읽어 줄 수 있다. 돌이 되기 전에 걷기 시작한 손자도 이 책을 좋아했다. 책 속에 관심거리가 많다. 개미, 고양이, 참새, 그리고 친구까지.

파란 신발을 신은 고운 아기가 바깥에 나갔다. 아장아장 걸어 다니다가 발발발 기어 다니는 개미를 보았다. "개미야, 안녕?" 하고 인사를 한다. 이번에는 역시 아장아장 걷다가 오종종 앉은 참새를 보고 참새에게도 인사한다. 또 아장아장 걷다가 의자 밑에 앉아 있던 고양이를 본다. 고양이에게 다가가서 "고양이야 안녕?" 하고 인사를 건넨다.

이제부터가 중요하다. 아기가 아장아장 걷다가 데구루루 굴러오는 공을 만났다. 어디서 왔을까? 바로 낯선 친구가 굴린 것이다. 곱게 생긴 여자 아이가 공을 줍는 남자 아이의 모습을 바라보고 있다. 아기는 비로소 자신과 비슷한 사람을 의식한다. 그리고 친구라고 부른다. "친구야 안녕?"이라고.

발달연령을 고려할 때 좀 빠른 듯한 느낌이 있지만 이제 서서히 친구에게로 관심을 돌려야 할 때가 되었다. 사회성 발달의 조짐도 이때부터 보인다. 이런 그림책을 보면서 주위에 있는 또래들을 친구라고 부르는 것도 알게 된다. 우리 손자의 경우를 보면 25개월이 넘어서야 주변에 또래들이 있다는 것을 의식하는 듯이 느껴졌다. 이 할머니가 보기엔 그랬다. 그런 또래들을 관심 있게 보는 듯하더니 또래와 놀이를 하는 것으로 발전하는 것 같았다.

이럴 즈음부터 '고마워.' '미안해' '괜찮아.' '안녕' '내일 또 만나.' 등을 자주 말해 주면 귀로 듣고 머릿속에 그 말이 필요한 상황을 입력해 두었다가 적당한 순간에 말이 터져 나오는 것을 자주 본다. 그렇게 느낄 때마다 '얘는 어린애가 아니네.'라든지 '어떻게 이런 말을 할 수 있을까?' 하고 신기해 하면서 놀라기도 한다.

이 책을 읽으며 한동안 즐겁게 지냈던 우리 손자도 이제 한참 커서 네 살이 되었다.

잘잘잘 123

이억배 글 · 그림/사계절/2016

『잘잘잘123』도 손자가 많이 좋아하는 책이다.

두 살 즈음이 되면 숫자 세기를 해야 하는 일이 자주 일어난다.

"딸기 한 개 줄까? 두 개 줄까?"

"마들렌 세 개 줄까?"

"비타민 젤리가 다섯 개나 있네!"

"딱 한 번만 해 봐."

이 그림책을 보면서 재미있는 말놀이를 하다 보면 자연스럽게 열까지 셀 수 있게 된다. 각 숫자마다 그려진 그림에는 무궁무진한 이야깃거리가 담겨 있다. 그 이야기를 쏟아 내다 보면 자연히 수다스러워질 수밖에 없다. 어느 그림 하나도 똑같이 그린 것이 없다. 작가의 섬세함이 돋보인다.

손자와 둘이서 수다스럽던 장면을 잠깐 옮겨 본다.

일곱 하면 이발사가 머리를 깎는다고 잘잘잘(잘잘저얼↗, 손자는 마지막 잘을 이렇게 끌어 올린다.)

와아, 빨랫줄에 수건이 몇 개 걸렸지? 하나 두울 세엣…… 일곱. 일곱 개가 걸렸네.

누가 이발사지? 악어구나, 악어이발사는 신이 난 것 같아. 손님이 가득 찼네. 손님들의 머리를 좀 봐. 모두 긴 걸 보니 많이 미루다 왔나 봐. 규진이 같으면 누구 머릴 제일 먼저 깎아 주겠어? 사자? 멍멍이? 자, 누가 와서 기다리나 볼까? 멍멍이, 침팬지, 고릴라, 호랑이, 사자, 그런데 호랑이 앞 순서에 모자를 푹 눌러 쓴 사람 좀 이상하지? 지금 머리 깎고 있는 고양이 표정은 왜 저럴까? 불안해 보이지? 걱정거리가 있는 것 같기도 하고. 왜 그럴까?

규진이는 머리 자를 때 기분이 어땠어? 지난번 미용실 언니가 자꾸 "무릎 위에 떨어진 머리카락 세어 봐." 할 때 규진이는 그 언니가 하라는 대로 잘 했잖아. 그러다 보니 머리를 다 잘랐었지? 우리 다음에 또 거기 갈까?'

고양이 꼬리에 달려 있는 빨간 표는 무얼까? 아아, 순서표구나. 그럼 다음에는 누가 달게 될까? 책을 읽고 있는 사자겠네. 그런데 잘잘잘 신문을 들고 있는 사람은 왜 모자를 푹 눌러쓰고 있을까? 신문에 그 아저씨 사진도 있네. 멍멍이는 책을 아예 안 보고 막대사탕만 빨고 있네? 악어이발사가 인기가 많은가 봐. 머리 깎을 손님이 참 많이 왔지?

이렇게 수다 떨다 보면 시간도 잘 가고 그림을 자세히 보는 훈련도 된다.

며느리가 늦게 귀가할 땐 잠을 재워야 하는 일이 부담이다. 아무리 재우려 해도 안 자고 엄마 올 때까지 기다린다. 가끔은 끌어안고 누워서 "우리, 잘잘잘 할까?" 하면 책을 찾아 들고 오거나 더러는 내가 말하기 전에 제가 먼저 책을 들고 오기도 한다.

"함머니 잘잘잘 해 줘."

"그러자, 자아. 하나 하면 할머니가 호박을 이고서 잘잘잘……."

첫 장면에 할머니가 나와서 나도 더 좋아하는지 모르겠다. 하도 많이 읽어서 요즘에는 손자가 하나부터 열까지 그 순서를 다 외웠다. 내가 착각하거나 막혀서 머뭇거리면 오히려 제가 알려 준다.

한번은 '네엣 하면 네 쌍둥이 나팔을 분다고 잘잘잘' 하는 장면의 그림을 볼 때다. 테두리에 죽 늘어선 그림 중에 아기 우유병 그림이 세 개밖에 없어서 내가 의아해 하니 손자가 그림 중에서 아기가 물고 있는 한 개의 우유병을 가리켜 준다. 나보다 재치 있는 그 순간이 얼마나 기특하던지? 그림책을 보면서 가끔 내가 발견하지 못한 것을 손자가 일깨워 줄 때 나는 깜짝 놀란다. "할머니는 몰랐네에, 우리 손자가 할머니보다 더 자세히 보네?" 하고 인정해 주면 손자가 매우 흐뭇해 하는 표정을 읽을 수 있다. 언제 손자가 이렇게 컸나 싶다.

그래서 가끔은 내가 알아도 모르는 척할 때가 있다. 그러면서 손자의 눈치를 살피는 것이다. 으쓱해 하는 순간들이 많이 쌓이면 자신감도 커지고 자존감도 싹이 틀 것이다.

참고

잘잘잘 123 – 음률에 맞추어 해야 함

하나 하면 할머니가 호박을 이고서 잘잘잘
두울 하면 두더지가 땅굴을 판다고 잘잘잘
세엣 하면 생선장수 생선을 사라고 잘잘잘
네엣 하면 네쌍둥이 나팔을 분다고 잘잘잘
다섯 하면 다람쥐가 도토리를 줍는다고 잘잘잘
여섯 하면 여우들이 연날리기 한다고 잘잘잘
일곱 하면 이발사가 머리를 깎는다고 잘잘잘
여덟 하면 영감님이 염소를 끌고서 잘잘잘
아홉 하면 아이들이 윷놀이를 한다고 잘잘잘
여얼 하면 여럿이서 여행을 한다고 잘잘잘

잘잘잘은 여러 버전으로 구전되고 있다. 조금씩 달라도 상관없다. 재미있게 수를 세면 되고 음률에 맞추어 즐거우면 되고 읽는 동안에 아기들과 소통이 잘 되기만 하면 그것이 중요하지 않겠는가?

이 책을 지은 이억배 작가는 각 숫자마다 재미있게 잘 맞추다가 '일곱 하면 이발사가 머리를 깎는다고 잘잘잘'에서는 좀 비켜난 듯해서 아쉬운 생각이 들었다. '일곱 하면 일꾼들이 일손을 모아서 잘잘잘' 했더라면 더 좋았을 텐데 하는 외람된 생각을 해 보았다.

남의 창작품을 갖고 함부로 말하는 것은 예의가 아닌데 손자 데리고 노래를 하다 보니 언뜻 들었던 건방진 생각이다. 아참, 그러고 보니 이발소 풍경이라야 그림이 더 이렇게 풍성해지는 깊은 뜻을 놓쳤네.

이 책은 다 읽고서 꼭 해야 할 일이 있다.

책을 좌악 펼쳐 엎어 놓고 표지 그림을 살펴봐야 한다. 물론 마지막 숫자 열을 셀 때의 그림과 똑같지만 표지 그림이 왜 더 신나는지 모르겠다. 정지된 그림이 아니라 살아 움직인다. 책을 덮고 다시 살펴보면 읽는 동안의 즐거움을 통째로 다시 맛보는 기분이다. 마치 보너스 받는 느낌이다.

갖가지 연을 날리는 여우들의 즐거운 표정을 보면 나도 얼른 그 속에 합류하고 싶어진다. 나도 손자와 함께 그 열차에 올라타고 싶어진다. 하나부터 열까지 등장했던 모든 인물과 동물과 사물이 칸칸을 가득 메우고 있다. 그 표정 하나하나가 살아 있고 생동감이 넘친다.

이래서 아이들에게 인기가 많은가 보다.

배고픈 애벌레

에릭 칼 글 · 그림, 이희재 옮김/더큰컴퍼니/2007

아침 먹을 때마다 책을 읽어 달라는 형 흉내를 내 보고 싶은지 오늘 저녁식사 자리에서는 둘째 손자가 『배고픈 애벌레』를 들고 와 읽어 달란다. 『배고픈 애벌레』는 나도 무척 좋아하는 책이다. 우선 그 색상이 산뜻하고 선명해서 아이들이 좋아할 만하다. 글밥도 적고 글과 그림의 배치와 조화도 뛰어나다. 그림의 기법도 특이하다. 콜라주 기법을 사용했는데 유화나 수채화인 줄 착각할 정도다.

무엇보다 아이들이 애벌레를 좋아한다. 표지에 가득 차게 그린 한 마리 애벌레가 마치 살아서 꾸불텅꾸불텅 내게로 오는 듯하다. 앞면지와 뒷면지에는 바글바글 모여 있는 알들이 반짝반짝 빛난다. 또 한 장 넘기면 작가의 여동생 크리스터에 대한 헌사가 쓰여져 있다. 남매 사이에 무슨 특별한 사정이 있는 듯하다.

사실 나는 손자를 키우기 훨씬 전에 이 책을 본 일이 있었지만 건성으로 넘겼었다. 그런데 지금 손자와 함께 다시 보니 이렇게 이야깃거리가 많은 책인 것을 발견하며 새삼 놀란다.

내용 속으로 들어가 보자. 애벌레가 먹을 것을 찾아 나서는 모습이 도약적이다. 상체를 세우고 적극적으로 찾는다. 덕분에 월요일부터 금요일까지 온갖 과일들을 골고루 먹는다. 몸이 자라니까 먹는 양도 점점 늘어난다. 충분히 먹었을 듯싶은데 애벌레는 아직도 배가 고프단다. 드디어 토요일이 되었다. 애벌레는 다양한 먹거리를 발견했고 어마어마한 양을 먹었다.

어쩌나? 애벌레가 그만 배탈이 나고 말았다. 저런! 울상을 짓고 있는 애벌레의 몸짓이 안쓰럽다. 큰일 났다. 요 작은 애벌레를 어떻게 치료하지? 그런데 치료는 아주 간단하고 단순하다. 애벌레가 먹었어야 될 초록색 이파리를 다시 먹으면 된다. 애벌레가 아주 싱싱하고 맛있는 초록색 이파리를 찾아 먹으니 아팠던 배가 씻은 듯이 다 나았다.

다시 생기를 찾은 애벌레가 꾸불텅꾸불텅 기어간다. 표지의 그림과 비슷하다. 손자는 이미 여러 번 읽어서 요일마다 애벌레가 먹은 과일이나 음식 순서도 기억하고 있다. 거기다 이 책은 특히 읽는 재미를 더하는 부분이 있다.

"월요일 사과 한 개를 먹었습니다. 그래도 배는?" 하고 손자를 쳐다본다. "쪼드득쪼드득(쪼르륵쪼르륵)" 자기 배를 가리키며 비슷하게 소리를 낸다. "화요일 배 두 개를 먹었습니다. 그래도 배는?" "쪼드득쪼드득" 이런 식으로 함께 읽는다. 그런데 "토요일은?" 할 때는 뜸을 좀 들여야 한다.

세상에나? 입맛을 쪽쪽 다시게 하는 열 가지나 되는 음식을 먹었는데 피클과 수박만 빼고는 모두 가공식품이다. 아이들에게 흔히 먹지 말라고 하는 것들이다. 그런데 그렇게나 많이 먹었으니 문제가 안 생긴다면 말이 안 된다.

신나게 읽어 주던 내가 갑자기 목소리를 내려 깔고 "그날 밤, 애벌레느은?"하고 손자를 의미 있게 쳐다본다. 손자는 곧바로 "배가 아팠습니다."하고 자기 배를 움켜쥔다. 표정까지 정말 배가 아픈 것 같다.

큰일 났네! 어떻게 해야 애벌레 배가 나을까? 난 또 뜸을 들인다.

잠시 생각하는 듯하다. 그런 손자를 잠깐 바라보다가 바로 한 장을 싸악 넘긴다. 아픈 배가 나은 비결을 한눈에 알 수 있다. 그건 바로 초록색 이파리를 다시 먹어서다. '자기 분수를 알아야 한다. 있어야 할 자리에 있어야 한다.'든지 '송충이는 솔잎을 먹어야 한다.'는 속담도 생각이 나지만 아이에게는 아직 시기상조라 자제한다. 그런 말까지 하면 이상한 할머니가 된다.

다시 건강해진 애벌레는 이제 뚱뚱해졌다. 더 이상 기어 다닐 수는 없을 정도로. 그러곤 긴 잠에 빠진다. 흉한 외모의 번데기가 되어서. 그런데 나만 흉하다고 생각하지 큰손자는 맛있게 보인단다. 아이들과 어른의 느낌 차가 이렇게 크고 다르다. 그 색깔이 초콜릿색이라 그럴까?

하지만 이게 끝이 아니다. 두 주일 넘게 잠만 자던 번데기가 화려한 변신을 한다. 마지막 장면에 그 크고 화려한 나비가 날개를 좌악 펼치고 날아오를 준비를 한다. 놀라운 변신이다. 그런데 어디서 많이 본 듯한 표정이 있다. 바로 나비의 눈이다. 내가 보기에는 애벌레 때의 눈과 같아서 앞표지를 다시 보여 주며,

"눈이 똑같지?" 하자 손자는,

"아니야, 이상해."라고 말한다. 느낌은 개인적인 것이니 내가 다르게 느꼈을 수도 있다. 이렇게 책을 읽어 주면서 생각과 의견을 주고받는 과정이 세대 간의 소통 아니겠는가? 생각의 같고 다름은 중요하지 않다. 다만 어려서부터 자기의 생각을 자유롭게 말할 수 있는 자유! 이 자유를 마음껏 누리게 하고 싶다. 그림책 안에서는 얼마든지 가능해서 다행이다.

덤으로 얻어지는 것들도 있다. 숫자세기, 요일 순서, 나비의 한살이. 아직 이해는 다 못하겠지만 앞으로 자라는 동안 어렴풋이라

도 기억되었으면 하는 것은 지나친 기대일까?

그림책을 통한 소중한 육아경험이다.

누구게?

최정선 글, 이혜리 그림/보림/2016

『누구게?』 표지에는 플라타너스 넓은 잎으로 얼굴을 가린 어린 아이가 동그란 눈만 빼꼼히 내놓고 서 있다. 제목인 '누구게?'에 딱 어울리는 표지 그림이다. 나뭇잎은 우리 주변에 지천이다. 지천에 널린 나뭇잎이 재미있는 놀잇감으로 등장했다.

바로 다음 장을 펼치니 아카시아잎으로 양쪽 눈을 가린 커다란 덩치의 공룡이 또 누구게? 하고 있다. 그 커다란 몸집과 앙증맞은 아카시아잎의 조화가 놀랍다. 웅크리고 앉아 있으니 더욱 모르겠다. 다음 장에서 얼굴을 가렸던 아카시아잎을 젖히니 익살스런 공룡이 활짝 웃으며 부끄러운 듯 앉아 있다. 더욱이 공룡 얼굴은 홍조까지 띠고 있다. 커다란 공룡을 아카시아잎으로 가린다는 작가의 발상 자체가 읽는 이들을 즐겁게 한다.

어린 시절에 아카시아잎을 따며 가위바위보를 했던 경험이 없는 사람이 있을까? 추억이 되살아나면서 읽는 이들을 더욱 즐겁게 한다. 어렸을 땐 친구와 함께, 성인이 되어선 연인과 함께 아카시아잎 따기를 하며 먼 길을 가깝게, 또는 가까운 길을 멀게 갔던 행복한 기억이 아카시아잎을 보니 되살아난다.

다음 장엔 머리를 산발한 사자가 사철나무잎으로 얼굴을 가리고 있다. 누구게? 멋쟁이 사자란다. 자세히 보니 산발한 머리가 아니라 스트레이트로 쫙 편 머리다. 그러니 멋쟁이가 되었지.

또 다음 장엔 플라타너스 비슷한 나뭇잎으로 얼굴을 가리고 한쪽 눈만 빼꼼히 내놓은 고양이가 누구게? 한다. 몸을 쭉 편 고양이 모습이 장난꾸러기 같다.

한 장 넘기면 긴 꼬리를 풀숲에 다 가리고 한쪽 날개만 살짝 내민 공작이 달개비잎인지 한 장을 들고 얼굴 전체를 가리고 있다. 비둘기 같기도 하고 오리 같기도 하고 기러기 같기도 하다. 하지만 한 장을 넘겨 꼬리를 쫙 펼친 공작을 보는 순간 과연 뽐낼 만한 자태다. 그래서 뽐내기 대장이다.

기대를 갖고 한 장을 더 넘기면 수련 잎 두 장에 이번에는 온몸을 다 가린 것이 나온다. 무얼까? 바로 개구리다. 그것도 커다란 공룡 머리 위에. 한 장을 더 넘기면 공룡 머리 위에 앉았던 개구리가 도움닫기를 한다. 사자 머리를 딛고 고양이 머리를 딛은 다음 펄쩍 뛰어오른다. 힘차게 쭉 뻗은 두 다리가 멋있다. 양손엔 자기 몸 전체를 가렸던 수련잎 두 장이 날개처럼 들려 있다. 개구리가 뛰어오르니 공룡, 사자, 고양이 공작이 덩달아 뛴다. 모두모두 즐겁다.

마지막 수수께끼가 대반전이다.

털북숭이 고릴라가 커다란 파초잎으로 얼굴과 가슴을 가리고 있다. 누가 봐도 고릴라 같다. 누굴까? 우아, 아빠다! 저런! 깜빡 속았다. 크고 우람한 모습의 아빠가 깜짝 등장한다. 이제 집에 가야 할 시간이다. 산 같은 아빠가 행복한 표정의 아이를 데리고 집으로 간다. 잡은 손을 보니 아이는 아빠의 새끼손가락을 조막만 한 손 전체로 잡고 있다. 아빠를 따라가려면 발걸음을 빨리 해야 한다. 한 손으로는 아빠를 잡고, 나뭇잎 한 장으로는 한 눈을 가리고 아쉬운 듯 자랑스러운 듯 활짝 웃으며 간다. 걷는 모습이 매우 씩씩하다.

그림책은 이래서 행복하다.

현실과 상상의 세계를 넘나들며 모든 동물이 크건 작건 아이의 친구가 된다. 동물만 나오는지 알았더니 와, 보고 싶은 아빠가 등장한다. 듬직한 아빠를 자랑스럽게 따라가는 아이. 내일 또 놀자고 인사하며 아빠와 함께 집으로 가는 아이가 얼마나 행복할까?

지금 세 살인 손자와 함께 이 책을 재미있게 읽으며 놀았다.

서로 숨바꼭질하듯이 손자와 내가 번갈아 가며 읽는다. 손자는 글자를 몰라도 반복되는 말을 자기 차례에 말할 줄은 안다. 읽을 줄 몰라도 그림만 보면 알 수 있다. "누구게?"라고 자기가 먼저 말하기도 하고 공룡, 사자, 고양이, 개구리, 공작 다 말한다. 발음은 정확하지 않지만 무슨 말을 하는 건지 다 알아들을 수 있다.

오늘 아침 어린이집 데려가는 길에 나뭇잎들이 여기저기 떨어져 있다. 그냥 지나갈 수 없지.

마침 『누구게?』 책이 생각나서 떨어진 나뭇잎을 주워 두 눈을 가렸다. "누구게?" 손자가 웃는다. 책 생각이 난 것이다.

내가 먼저 시작한다.

"누구게?"

"함미(할머니)."

이번엔 자기가 하겠단다.

"누구게?"

"우리 규진이. 어린이집 잘 가는 우리 규진이, 착한 규진이, 귀한 규진이, 사랑스런 규진이……."

울타리 옆의 이름 모를 꽃도 가린다.

"누구게?"

보라색 꽃, 예쁜 꽃, 규진이를 반겨 주는 꽃, 활짝 핀 꽃 하는 동안에 어린이집이 가까워 온다. 잘 가다가 느닷없이 또 업어 달란다. 어린이집 가방을 앞으로 걸고 업었다. 조금 걷다가,

"아유, 힘들어." 하니,

"함미 힘들어?"

"응, 힘들어."

"내려."

힘들어도 조금 참고 걸었더니 스스로 내리자고 한다. 기특한 녀석!

이렇게 의젓하다. 어린이집 가까이 가서는 자기도 업혀 가는 것이 좀 그런지 내리란다. 걸어서 씩씩하게 가고 싶은가 보다. 덥지도 춥지도 않은 요즘 날씨다. 하늘은 맑고 파랗다. 어린이집 가는 길이 정겹다. 푸르청청한 소나무 숲은 든든하다. 요즘 컨디션이 좋아 소아과 가는 일도 없다. 이런 날만 계속되면 감지덕지다. 무럭무럭 건강하게 자라거라. 우리 손자야!

이 책과 비슷한 분위기의 책이 또 있다.

『누구 얼굴?』인데 사계절에서 나온 책이다. 깜깜한 밤에 부리부리 눈이 반짝 누구? 부엉이 이렇게 시작해서 모두모두 메롱으로 끝난다. 손자가 좋아하는 여러 동물들이 나오는데 흉내 내는 것을 좋아하고 토끼처럼 귀를 쭉 잡아당겨 보는 것도 재미있어 한다. 울려는 듯하다가 메롱 하면서 활짝 웃는 마지막 장면이 있어서 즐겁고 밝은 마무리를 할 수 있는 책이다.

미영이

전미화 글 · 그림/문학과지성사/2015

표지 그림부터 특별한 분위기다. 표지와 내지 전부가 흑백이다. 이런 분위기의 그림책은 처음 만났다. 책 한 권 전체가 외로움으로 무겁다.

“엄마 어디 가?”로 시작하는 첫 장.

“화장실에. 더 자.” 엄마 대답이 심상찮다.

화장실에 간 엄마는 오지 않았다. 생일에도 오지 않았다. 식구들이 많은 집으로 갔다는 것으로 보아 아마 시설이나 입양가정으로 갔던 것이 아닌가 짐작이 된다. 그 집은 일도 많고 자기 또래 아이도 있다.

미영이는 한글도 잘 못 써서 학교에서 받아쓰기도 형편없다. 아무도 돌봐주는 이 없이 혼자서 깨우치고 헤쳐 나가야 한다. 늘 화가 나 있는 얼굴을 하고 있는데 주변 사람들은 고집이 세서 그렇다고 한다. 그러나 고집이 센 것이 아니라 마음이 닫히고 얼어붙어 아무 말도 하고 싶지 않은 것이다.

아파도 이마에 손을 얹어 줄 사람이 없으니 엄마가 더욱 그립기만 하다. 엄마가 자신을 버린 것일까? 화장실에 간다고 해 놓고선. 속으로는 그토록 보고 싶은 엄마인데 겉으로는 엄마 따윈 보고 싶지 않다고 말한다. 이불을 푹 뒤집어쓰고 있다. 이불 끝자락을 붙들고 있는 두 손만이 겨우 세상에 미영이의 존재를 대변하는 듯하다. 세상과 만남을 꼭꼭 숨기고 외로움과 슬픔과 배신감이 교차하는데 어디에도 말할 수가 없다. 속으로 삭여야만 한다.

표지부터 아주 작은 두 점으로 나타낸 미영이의 무표정한 눈에 모든 것이 담겨 있다.

강아지 한 마리도 돌봄을 받으며 크는데 미영이는 아무도 관심을 가져 주지 않는다. 한 해 두 해 나이를 먹으며 처음 입고 왔던 옷이 많이 작아졌어도 엄마 생각은 사라지지 않는다.

그러던 어느 날, 드디어 그렇게 보고 싶던 엄마가 찾아왔다. 설거지하던 두 손을 뒤로 감추고 덤덤하게 엄마를 만났다. 엄마 손을 잡았는데 차갑고 단단하고 또 설거지 냄새도 났다. 미영이를 데려가기 위해 많은 노력을 하고 살았음을 짐작할 수 있다.

드디어 그토록 보고 싶던 엄마에게 꼭 물어보고 싶던 말을 했다.

"엄마, 어디 갔다 왔어?" 목이 메는 질문이다.

버스를 기다리며 서 있다가 엄마가 우는 모습을 보았다. 우는 엄마를 보니 엄마에게 말 못할 사정이 있었음이 어렴풋이나마 이해됐다. 이해된 후에야 엄마 손이 비로소 따뜻하게 느껴졌다.

미영이가 엄마를 다시 만난 것은 얼마나 다행한 일인가? 그런데 왜 이 책의 분위기는 이렇게 적막하고 슬플까? 엄마를 만났어도 이상하게 행복하지가 않다. 아직도 무거운 슬픔이 엄마와 미영이를 내리누르고 있다. 둘이 손잡고 걸어간다. 그 모습을 강아지가 물끄러미 바라보고 있다. 엄마는 딸을 만났지만 미안함 때문인지, 생활에 대한 부담 때문인지, 원망과 죄책감 때문인지 고개를 푹 숙이고 그저 딸의 손만 붙잡고 걸어간다. 발걸음도 가볍게 느껴지지 않는다. 그 뒷모습이 왜 그리 쓸쓸해 보이는지……. 반가워야 할 텐데 그런 감정은 찾아보기 힘들다.

다양한 이유로 해체가정이 늘어나는 요즈음, 아이들은 부모의 이혼 결정에 힘 없이 그저 당해야만 한다. 부부 양측이 서로 책임지지 않으면 시설로 가거나 입양되어야 한다. 낯선 시설에 가서 엄마도 없는 환경에 적응해야 하는 과정이 정도의 차이는 있지만 상처로 남는다.

다행히 엄마가 미영이를 찾으러 왔다. 얼마나 기다렸던 엄마인데……. 그런데 왜 반가움을 절제하고 있을까? 팝콘 튀듯이 활짝 펴지는 미영이 얼굴이 아니어서 마음이 안쓰럽다. 엄마 어디 갔다 왔냐고 묻는 미영이는 목이 메인다. 목구멍에 뭔가 걸렸다고 했다.

엄마는 할 말이 많았을 텐데 그동안의 미안함을 눈물로 대신한다. 그나마 미영이는 다행이다. 엄마를 만났으니까. 엄마가 떠나갔을 때의 미영이 표정과 엄마를 만났을 때의 미영이 표정이 크게 다르지 않다. 책 앞표지와 뒤표지의 미영이 표정에서 미영이의 심경 변화만이 조금 나타나 있을 뿐이다. 미영이의 발그레해진 볼과 살짝 올라간 입술이 달라진 마음을 나타낸다. 그래도 눈은 그대로다. 눈도 웃어야 진짜 웃는 것인데……. 엄마를 만난 후의 미영이는 그동안의 상처를 치유하는 데 시간이 좀 걸릴 것 같다. 엄마와 함께 그동안 못 다한 이야기들을 다 쏟아 내야 마음이 가벼워질 것이다.

엄마 따윈 보고 싶지 않다며 이불을 푹 뒤집어썼던 미영이가 아니었던가?

엄마의 빈자리를 경험해 보았는가?

그 허전함을 보상받을 만한 것은 세상에 아무것도 없다. 아이들의 마음은 이 땅의 모든 엄마만이 부드럽게 할 힘을 갖고 있다. 세상이 거칠어지는 것은 엄마가 자리를 비웠기 때문이다. 일시적이든 평생이든. 아들인 경우 폭력적인 사람이 될 수도 있고 딸인 경우 삐뚤어진 마음으로 한 남자를 괴롭힐 수도 있다. 어머니의 힘은 존재 자체만으로 위대한 것이다. 어머니가 제자리를 지키는 것은 세계평화의 시작이다.

나도 어렸을 때 엄마의 빈자리가 얼마나 허전한지를 느꼈던 적이 있다.

아마도 내가 중학교 1학년 때였던 듯싶다.

엄마가 며칠 동안 외가댁에 가서 안 오셨다. 어느 날 아침에 눈을 떴는데 엄마가 집 안에 없다는 생각을 하니 저절로 주르륵 눈물이 흘러내렸다. 나도 이불을 푹 뒤집어썼다. 옆으로 돌아누운 베개 위로 흐르던 눈물. 엄마 목소리가 들리지 않음을 느낀 순간 자동으로 흐르던 눈물.

그 눈물을 형제들에게도 보이기가 싫었다. 그래서 이불을 푹 뒤집어썼던 것이다. 어린애도 아니고 중 1이면 어느 정도 컸었는데도, 그리고 잠시 외가댁에 일이 있어 가신 건데도, 밥을 지어 줄 할머니가 계셨어도, 출근 준비로 세수하는 아버지의 기척을 들었어도, 올망졸망한 형제들이 옆에 있었어도 그런 건 다 필요 없었다. 내게 필요한 것은 오직 엄마였다. 그런 엄마의 자리를 누가 대신해 줄 것인가?

문득 우리 손자들이 제 엄마가 출근할 때 떼쓰지 않고 빠이빠이 인사하는 것만으로도 대단하다는 생각이 든다. 아직까지 세 살짜리 손자는 엄마 엄마 부르면서 따라가려는 날도 가끔 있지만 곧 마음을 잘 바꾸고 이 할머니 품으로 오니 다행이다.

나는 티라노사우루스다

미야니시 타츠야 글 · 그림, 허경실 옮김/달리/2011

몇 달 전에 읽어 주었던 『고 녀석 맛있겠다』와 같은 작가인 미야니시 타츠야의 책이다. 이 작가는 『고 녀석 맛있겠다』를 시작으로 공룡 세계의 훈훈함을 12권의 시리즈로 내놓았다. 당연히 이 책도 공룡이 등장하는 이야기인데 아이들이 매우 좋아한다. 책을 펼치면 작가의 독특한 그림 스타일이 펼쳐진다. 그림도 직접 그리는 이 작가는 공룡 이야기를 매우 친근하고 따스하게 다루면서 공룡의 세계로 아이들이 몰입하게 만든다.

이제 책 속으로 들어가 보자.

티라노사우루스는 '폭군 도마뱀 왕'이란 의미를 지닐 정도로 사나운 육식공룡이다. 그 사나움을 가라앉히고 따스한 정을 느껴 고마움을 표현하게 하는 것은 바로 익룡인 프테라노돈이다. 프테라노돈은 아버지로부터는 용맹을, 어머니로부터는 따스함을 배우고 독립을 했다. 어느 날, 화산폭발로 돌무더기에 갇혀 심하게 다친 티라노사우루스를 보고 잠깐 갈등을 한다. 티라노는 사납고 무섭다는데……. 하지만 외면하지 않고 어머니가 해 주었던 말도 기억한다. 그러곤 옳은 행동을 선택한다.

'누구라도 도움이 필요할 때엔 도와주어야 한단다.'

프테라노돈은 상처투성이인 티라노사우루스를 정성껏 보살펴준다. 덕분에 회복이 된 티라노사우루스는 위급한 순간에 돌보아 준 프테라노돈의 정성에 보답을 하기 위해 물고기를 물고 나타난다. 그 모습을 본 프테라노돈은 그만 결정적인 오해를 한다. 잡아먹힐까 놀라 지레 겁을 먹은 것이다.

겁먹은 프테라노돈은 티라노사우루스에게 주려고 가져온 빨간 열매를 바닥에 모두 떨어뜨린다. 그러곤 아버지 말씀을 기억하며 날개를 쫘악 펴 바람을 타고 날아오른다. 자기의 진심을 몰라주고 멀리 날아가는 프테라노돈을 눈물만 흘리며 허망하게 바라보는 티라노사우루스가 측은하다.

"네가 좋아하는 물고기를 잡아 왔는데……. 같이 먹고 싶었어. 그리고 네 얼굴을 보면서 말하고 싶었어. 고마워라고……. 정말 고마워."

무시무시한 공룡의 세계에 이렇게 따뜻한 정이 흐르게 하는 작가의 상상력이 놀랍지 않은가?

밤하늘에 총총히 박힌 별들은 아득한 공룡시대를 연상하게 한다. 창의적인 상상의 힘과 아름다운 세상을 추구하는 작가의 철학이 돋보인다. 공룡을 이렇게 따스하게 다룬 그의 이야기를 읽으면 오래도록 가슴에 여운이 남는다. 『고 녀석 맛있겠다』에 흐르는 분위기도 마찬가지다.

잠깐 이 책에서 기대해 볼 수 있는 다른 효과에 대해 생각해 본다. 요즘 인성교육이 강조되고 있는데 인성을 말로 가르치는 것은 한계가 있다. 말 한마디로 되는 것은 아니지만 그렇다고 그 말조차도 안 할 수는 없다. 그런데 이런 따스함과 배려가 흐르는 그림책 한 권이 용맹과 배려와 감사와 순종을 깨닫게 하니 이보다 더 좋은 기회가 어디 있겠는가?

부담 없이 읽어 주기만 하면 듣는 아이들이 느끼기도 하고 깨닫기도 하고 그런 비슷한 상황을 만나면 자기는 어떻게 할까 하고 생각도 할 테니 자연스럽게 인성 형성에 좋은 씨앗을 뿌리는 셈이 아닐까?

일찍부터 공룡을 좋아한 손자가 32개월이 되었을 때 12권짜리 공룡시리즈를 사 주었더니 그 책을 읽고 또 읽고……. 성가실 정도로 자꾸 읽어 달란다. 그래도 이렇게 좋아하니 집안일은 뒤로 미루더라도 읽어 주는 편을 택한다. 그중에 티라노사우루스 책과 안킬로사우루스 책은 벌써 열 번도 더 읽었다. 덕분에 나도 공룡의 세계를 좀 이해해 가는 중이다.

손주 육아를 하기 전만 해도 공룡은 대충 다 티라노사우루스인 줄 알았다. 그 징그럽고 흉물스럽고 어마어마한 크기에 질리기도 했지만 도대체 공룡은 내 관심 밖이었다. 그런데 손자에게 책을 읽어 주다 보니 웬 공룡 종류가 그렇게 많은지 아직도 끝이 없는 것 같다. 손자 덕분에 공룡의 세계에 비로소 눈을 뜨게 된 것이다.

손자는 마치 여자애들 소꿉놀이처럼 공룡 장난감을 갖고 놀기를 즐긴다. 책을 펼쳐 놓고 거기 나오는 공룡 그림과 장난감을 비교해 보면서 그 장면에서 설명한 대로 상황을 만들어 놓는다. 거실의 매트들 사이를 좀 벌려 놓더니 한쪽엔 티라노사우루스를, 건너편엔 트리케라톱스를 놓는다. 그 중간은 강물이란다. 그러곤 티라노사우루스가 물을 먹기 위해 나온 트리케라톱스를 잡아먹으려고 한단다.

이어서 소파 위에 놓인 베개 틈에 안킬로사우루스를 끼워 넣고선 동굴 속에 숨은 것이란다. 티라노사우루스가 입을 아무리 크게 벌리고 머리를 집어넣으려 해도 이빨만 부러졌을 뿐이라며 흥분해서 말한다. 간간이 크르러엉 크르러엉 입을 크게 벌리고 눈을 찡그리면서 티라노사우루스 흉내를 내기도 한다. 나도 덩달아 크르렁 크르렁 하면서 대꾸를 해 주다가 기회를 봐서 슬쩍 주방으로 피한다. 손자가 즐기는 공룡놀이 덕분에 난 저녁 준비하는 시간을 벌 수 있다.

한번은 등에 나뭇잎 같은 짐을 죽 지고 있는 스테고사우루스가 물 먹으러 나왔다가 그만 물에 풍덩 빠졌다고 좀 과장해서 말해 주었더니 쏜살같이 달려가서 스테고사우루스 책을 들고 와 읽어 달란다. 이키! 순간 난 좀 걱정이 되었다. 그 공룡이 물에 빠지는 장면이 안 나오면 어떻게 하지? 거짓말을 한 셈이 되는데? 염려하며 조심조심 읽어 주는데 정말 우거진 숲과 강물이 나오는 것이다. 그것도 강물에 두 발을 담그고 있는 스테고사우루스가. 그 그림을 보더니 손자가 갑자기 "함머니 최고!" 하며 엄지를 치켜세웠다. 물에 빠진 장면이 안 나왔더라면 함머니 체면이 영 아닐 뻔했다.

아이들은 왜 이렇게 공룡을 좋아할까?

유아기 남자 아이들이 자라는 과정에 공통적인 선호현상이 자동차, 변신로봇, 공룡을 좋아하는 것이다. 나처럼 사물에 대해 선입견을 가진 어른들은 뱀, 박쥐, 거머리, 지렁이, 악어, 늑대, 달팽이 등을 싫어하지만 아이들은 안 그렇다. 어떤 것들은 귀엽기도 하단다. 공룡도 그렇게 생각하는 것이 신기하기만 하다. 혹시 공룡과 자기를 동일시하는 것은 아닐까?

가끔 제 아빠가 태블릿 PC로 공룡노래를 듣게 해 주면 시간 가는 줄 모르고 몰입한다. 공룡 피규어들을 주욱 늘어놓고서. 이제 밥 먹을 시간이 되었으니 그만 보라 하면 언제 약속을 했느냐는 듯 시침을 뗀다. "이따가."만 애꿎게 반복하는 손자와 "할머니는 약속 잘 지키는 손자가 좋은데."로 실랑이를 하다가 모른 척하고 식탁으로 오면 또 울면서 뒤따라온다. 한 번만 봐 달라는 간청이다. 이런 줄다리기가 반복되더라도 원칙을 강조하다 보면 좋은 습관이 밸 것을 기대해 보면서 냉정해지려 한다.

아무튼 이 작가의 공룡시리즈 12권을 모두 읽어 줄 계획이다.

엄마가 섬 그늘에 굴 따러 가면

이상교 글, 김재홍 그림/봄봄/2013

〈섬집 아기〉 노래를 모르는 한국인은 없을 것이다.

이 노래는 부를수록 그리움이 묻어나는 노래다. 세대를 건너뛰어도 함께 부를 수 있는 참 좋은 노래다.

이상교 작가가 짓고 김재홍 작가가 그린 그 책의 앞표지를 넘기면 탐스럽게 핀 빨간 동백꽃이 다양한 표정으로 나란히 늘어선 진한 암녹색의 면지가 펼쳐진다. 책 안쪽으로 들어가면 너댓 살 된 동이와 엄마가 등장한다. 평화로운 바닷가 외진 마을이다. 엄마는 때꺼리를 위해 굴을 따 와야 한다. 마침 바닷물이 빠진 틈을 이용해 굴 바구니를 들고 집을 나서려 한다. 동이도 따라가고 싶어 모자까지 챙겨 쓰고 나섰지만 엄마가 말린다. 아직 추우니까 집에 있으라며. 동이는 더 이상 조르지도 고집도 안 부리고 고개를 끄덕인다. 그러곤 집에서 복실 강아지와 함께 뛰어 논다. 엄마 말을 이렇게 잘 듣는 착한 동이다.

놀다 지친 동이가 마당의 평상 위에서 잠이 들었다. 그 평상은 바다를 더 멀리 바라보기 위한 곳이다. 점점 멀어져 가는 엄마를 끝까지 볼 수 있는 곳이다. 아마 동이는 까치발을 하고 엄마를 더 오래도록 보기도 했을 것이다. 고양이, 하얀 모자도 동이 곁에서 같이 잠들었다. 소라껍데기는 동이에게 들려줄 바닷소리를 더 많이 담아 두려는 듯 바다를 향해 큰 입을 벌리고 있다. 동백꽃잎만이 간간이 뚝뚝 떨어져 내린다.

물이 빠진 갯벌은 바삐 돌아다니는 작은 게들과 한가롭게 먹이를 찾아다니는 하얀 갈매기들로 평화로운 모습이다. 검은 바위 너머로 부지런히 굴을 따는 동이 엄마가 보인다. 동네 아주머니들도 같이 나와 때꺼리를 할 바구니를 채우고 있다. 물 빠진 바닷가 풍경은 또 얼마나 생생하게 그려져 있는지 마치 내 앞에 바다가 펼쳐져 있는 듯하다.

한참 정신없이 굴을 따던 동이 엄마는 갑자기 동이가 걱정된다. 굴 바구니는 아직 다 안 찼지만 허리를 펴고 일어나 동이가 있는 먼 오두막집을 실눈을 하고 바라본다. 갑자기 동이가 걱정되어 서둘러 집으로 돌아온다. 절벅거리는 신발이 미끄러워 아예 신발도 벗어 들고 달려오는 동이 엄마! 급한 마음으로 집에 돌아와 보니 동이는 평상 위에서 잠이 들었다. 잠든 모습을 보는 엄마 마음이 측은하고 안쓰럽기만 하다. 엄마는 새근새근 잠자는 동이를 살포시 끌어안는다. 세상에서 가장 사랑스러운 모습이다. 그러곤 철썩 처얼썩 파도 소리와 끼룩 끼이룩 갈매기 소리에 맞추어 자장가를 불러 준다.

곱고 아름다운 바닷가 장면은 보기만 해도 평화롭다. 훈훈한 동이 모자(母子)와 정이 담뿍 내려앉은 마당과 너른 바다와 탁 트인

하늘을 담아낸 고운 그림은 마치 사진이 아닌가 할 정도로 사실적이다. 보기만 해도 그리움이 설레게 한다. 노랫말을 풀어낸 글과 명주실처럼 섬세한 그림과 평화로운 분위기가 어울려 읽는 이들의 마음을 착하게 만들어 버린다.

'엄마가 섬 그늘에 굴 따러 가면…….' 고운 노랫말이 한국인의 정서에 잘 어울린다. 엄마와 빈집과 아기, 바다와 굴 바구니와 갈매기 등이 아련한 추억 속의 이야기 같고 그리움이 솟아나는 분위기라서 누구나 좋아하는 노래임이 확실하다.

사실 나는 우리 손자가 신생아였을 때 며느리가 이 노래를 가끔 불러 주는 것이 뭔가 좀 아쉬웠다. 왜냐하면 좋은 노래인건 확실하지만 아직 세상을 경험하지 못한 아기에겐 멜로디가 왠지 좀 서글펐기 때문이다. 뿐만 아니라 노랫말도 엄마와 아기가 서로 그리워하는 내용이라서 아기들에겐 좀 더 명랑하고 밝은 노래를 불러 주는 것이 낫겠다고 생각했던 것이다.

그랬던 노래인데 세 살인 손자는 요즘 이 노래를 나와 함께 자주 부른다. 손자는 그냥 노래만 부르는 것이 아니다. 책을 한 장 한 장 넘기며 가사에 맞는 그림까지 찾아 맞히면서 부른다.

'아기가 혼자 남아 집을 보~다가' 부를 때는 동이가 두 손에 모자를 들고 멀리 바닷가로 걸어가는 엄마를 바라보는 장면을 뒤적뒤적 찾아내고,

'다 못 찬 굴 바구니'를 부를 때는 굴 바구니를 바위에 얹어 놓고 허리를 편 엄마가 손지붕을 하고서 동이를 두고 온 외딴집을 머얼리 바라보는 장면을 찾고, '엄마는 고갯길을 달~려 갑니다.'를 부

를 때는, 엄마가 신발을 벗어 들고 부지런히 갯벌을 달리듯이 걸어 오는 장면을 찾아 넘겨 가면서 부른다.

제 엄마가 늦게 퇴근하는 날은 손자가 이 노래를 더 좋아하는 듯하다. 어떤 날은 이 책을 찾아 들고 와서 여전히 노랫말과 장면을 맞추며 여러 번을 자꾸자꾸 부른다. 책장을 이리저리 넘겨 보면서.

33개월이 시작되는 첫날에도 이 책을 들고 와서 읽어 달라고 했다. 그날은 어린이집이 겨울방학을 해서 집에서 하루 종일 돌봐야 하는 날이었다. 아침에 일어나자마자 자기 엄마가 곁에 없는 것을 알고는 "엄마, 엄마." 소리소리 지르며 한참을 울더니만. 겨우 달래서 여러 가지 놀이를 하며 지냈는데 낮잠 재우러 방에 들어가 눕히니 엄마 생각이 더 났나 보다. 손자는 2절을 더 좋아한다. '엄마는 고갯길을 달려옵니다.'를 그림을 보며 몇 번 부르더니 나에게 귓속말로 뭐라고 한다.

"뭐라구?"

"함머니, 이 책 슬픈 이야기야."

손자는 이제 이런 표현까지 쓴다. 엄마 생각을 하며 슬펐나 보다.

문득, 직장생활을 하는 엄마가 늘어 가는 요즈음, 이 노래를 맞벌이 가정의 자녀가 엄마를 기다리는 주제가(?)로 바꾸어 보면 어떨까 하는 생각이 들어 개사를 해 보기도 했다. 오늘날은 파도소리 자장가 대신 텔레비전이나 휴대전화가, 어린이집이라는 안전한 보호처에서 보육교사와 각종 프로그램이, 가끔은 할머니들이 돌봄을 대신하고 있지만 아기의 바람은 오직 엄마 품이 아니겠는가?

아무리 장난감이 많아도, 어린이집에서 아무리 즐겁게 지내도 하루 종일 기다렸던 엄마 품만 한 것이 있을까 생각을 하며 끄적여 보았다. 멜로디에 맞추어 노래를 불러 보니 그럴 듯했다. 자화자찬의 미련을 떨어 본다.

엄마가 회~사에 일하러 가면
아기도 아침 일찍 어린이집 가네.
친구들과 선생님과 즐거웠어도
아기는 엄마 품만 기다립니다.

엄마도 아기 얼굴 빨리 보고 싶어
지하철 만원버스 맘이 급하네.
울 아기 잘 있을까 엄마 발 동동
엄마 품 쏘옥 안겨 행복한 아기

울다가 지쳐 잠든 아기를 보면
엄마는 맘이 아파 눈물 흘리네
아가야 미안하다. 참고 견디자.
어려움 이겨 내고 큰 사람 되자.

아기는 엄마 품이 최고로 좋아.
타요공룡, 뽀~로로(멋진 인형) 없어도 좋아.
엄마 품 포근하게 안겨 있으면
나는야, 세상에서 제일 행복해.

이제 그림책으로 다시 돌아가 보자.

그림책의 뒷면에 이 노래가 지어진 배경에 대해 다음과 같이 소개되어 있다.

당시 초등학교 교사였던 한인현 선생님이 한국전쟁 중에 부산에서 피난살이를 할 때였다. 어느 날 부산 앞바다의 작은 섬에 나갔는데 오두막에서 홀로 잠든 아기를 보았다. 어찌나 딱하고 안됐던지 그 느낌을 글로 쓴 것이 이 시가 되었다고 한다. 그 시를 보고 당시 원산학교 음악교사였던 이흥렬 선생님이 곡을 붙여서 동요 〈섬집 아기〉가 탄생되었던 것이다. 노랫말과 분위기가 잘 어울려져 구슬프면서도 아름답고 서정적인 분위기로 바닷가 사람들의 삶의 모습이 잘 표현되어 있다.

그림책을 지은 이상교 작가는 그 분위기와 감성을 글로 잘 풀어내었고 김재홍 작가는 그림으로 그 고운 감성을 그려 내어 아름답게 하모니를 이루어 내었다. 이 책 덕분에 손자는 엄마를, 난 며느리를 함께 기다리며 시간을 보낼 수 있게 되었으니 이 할머니는 그저 이런 그림책이 고마울 따름이다.

노래를 반복해서 부르다가 문득 이런 생각이 들었다.

어린 아기를 혼자 남겨 두고 일을 나가며 쉽게 떨어지지 않는 발길을 돌려야 했던 엄마! 그리고 엄마를 기다리다가 파도소리를 자장가 삼아 홀로 잠든 아기! 당시의 상황이나 오늘날 엄마를 직장에 빼앗기고 어린이집에 가는 아이들의 상황이 크게 다르지 않다고 생각되는 것은 지나친 비약일까?

오늘날은 보육정책의 발달로 맞벌이 가정에 대한 지원제도가 좋아져서 보육비까지 정부에서 지원해 주고 있지만 그렇다 해도 엄마 없이 허전한 아기의 마음은 다른 무엇으로도 채워지지 않으리라.

할머니가 온 정성을 다해 하루 종일 푸근하게 돌보아 줘도 저녁에 현관 벨소리만 들리면 '엄마아' 소리 지르며 달려가는 아이! 엄마 품에 달려가 팍 안기는 손자 모습을 보면 엄마는 오로지 세상에 단 하나밖에 없는 아기들의 위안처란 생각이 든다. 엄마를 대신할 것은 아무것도 없다. 어떤 할머니들은 그런 손주의 모습을 보면 서운하다 또는 키워 줘도 소용없다고까지 말하나 오히려 다행스런 일로 생각해야 할 일이다. 만일 엄마가 귀가했는데도 별 반응이 없거나 할머니에게 더 달라붙으면 오히려 애착관계에 문제가 심각한 것이다.

엄마와 정서적인 애착관계가 건강하게 형성되고 그런 분위기에서 성장한 아기들은 청소년기에 일탈도 적고 문제해결력도 좋다고 한다. 이런 이야기를 읽거나 들으면 엄마 품에 대한 향수나 그리움을 간직하고 더욱 잘 자라도록 돌봐 주어야겠다는 생각이 든다.

언젠가 우스갯소리를 곁들여 가며 구수하게 강의를 잘 하던 어느 교수님이 이 노래를 가리켜 아동학대의 전형이라고까지 말했던 기억이 난다. 그땐 그냥 듣고 웃어 넘겼지만 내가 손주를 돌보며 경험해 보니 아동학대, 관련법 제정의 취지, 개별사정과 딱한 처지, 이런 것들에 대해 다른 관점에서 생각해 보게 된다. 법은 결코 세상의 모든 일들을 다 담아낼 수 없다.

만일 아동학대로 본다면 지금 60대가 넘은 모든 이들에게 묻고 싶다. 우리가 과연 아동학대를 받으며 컸다고 말할 수 있겠는가? 전쟁 후, 생존이 절실했던 시대를 살았던 우리들의 부모다. 어쩔 수 없이 아이를 혼자 두고 외출해야 하는 상황을 피할 수 없었을 것이다. 그렇다 해도 우리들의 부모가 자식을 위해 모든 것을 희생해 가며 키워 준 것이 그저 고맙고 엄마라는 낱말만 떠올려도 마음 한구석이 찌릿해지며 그리움으로 가득 차는 이것은 무엇으로 설명할 것인가?

그림책 한 권을 두고 이렇게 많은 생각을 하게 되니 훗날 손자가 다 자라서 내 곁을 떠나도 그림책만 있으면 나의 노년은 심심하지 않겠다는 생각을 해본다.

할머니를 기다립니다

세베린 비달 글, 세실 방구 그림, 박상은 옮김/푸른숲주니어/2014

푸른숲 주니어에서 2014년에 펴낸 책이다. 할머니와의 추억을 많이 간직한 너댓 살쯤 된 여자 아이가 주인공이다. 책의 분위기가 좀 무겁다. 아직 죽음이 무엇인지 모를 손자이기에 그냥 한 번 읽어 주었는데 또 읽어 달란다. 분위기를 느끼고서 또 읽어 달라는 건지? 나도 주인공의 마음을 느낀 다음엔 그 특별한 분위기를 좀 더 살려가면서 진지하게 읽어 주었다.

손녀는 할머니를 무척 좋아했는데, "곧 오마." 한마디를 남기고 병원에 가신 할머니는 그 길로 집엘 못 오셨다. 하늘나라로 가신 것이다. 할머니와의 이별을 미처 준비하지 못한 어린 손녀는 전화를 받고 울음을 터뜨리던 엄마 모습, 할머니는 이제 오시지 않는다는 아빠 말씀만으로는 할머니의 죽음을 쉽게 받아들일 수가 없다.

할머니와 자주 가던 강가에 가서 빨간 배를 타고 시간을 보내도, 할머니가 좋아하시던 빨강 물방울무늬 잠옷을 입어도, 무당벌레, 빨간 나비, 빨간 사과, 빨간 물뿌리개, 빨간 전화기⋯⋯ 온통 할머니에 대한 추억으로 그립기만 하다. 빨강색은 할머니가 좋아하시던 색이다.

그런데 손자는 뒤쪽 2/3쯤 된 장면에서 자꾸 책장을 넘기지 못하게 한다. 그 옆쪽도 읽어야 되는데 아직이라며 책장을 넘기려는 내 손을 잡는다.

잠잘 시간이에요. 할머니가 더 보고 싶어요.

"할머니가 오실 때까지 안 잘래요."

그 장면의 아이 표정은 좀 특별하다. 할머니를 기다리는 아이의 모습이 몹시 화가 난 듯하다. 화가 났음을 알 수 있는 표정은 찡그린 눈, 치켜 올라간 눈썹, 삐죽이는 입술, 귀를 막는 것처럼 머리카락 사이로 집어넣은 손, 그리고 바알갛게 변한 양 볼에 심술궂은 표정으로 잘 나타나 있다.

그 바로 옆쪽의,

"할머니는 이제 오시지 않아."
아빠 대답은 늘 똑같아요.

차라리 이 면에 그려져 있다면 아빠가 하는 말을 듣지 않으려고 귀를 막고 있는 것이 아닌가 짐작이라도 할 텐데 글 내용과 그림이 좀 어긋난 느낌이 있다. 그런데 여기서 손자는 왜 자꾸 넘어가지 말라는 것인지. 왜 그러냐고 물어봐도 알아들을 만한 답변은 없다.

그래서 난 노래를 불러 보기로 했다. 멜로디는 '가을 밤 외로운 밤'에 맞추어서.

"그럼, 할머니가 이 아이의 기분을 노래로 불러 볼게. 잘 들어 봐."

할머니 할머니 우리 할머니
하늘나라 가셔서 언제 오세요.
보고 싶은 할머니 우리 할머니
잠 안 자고 기다리면 오실 건가요?

노래가 끝나고 나니 그제서야 손자가 다음 쪽을 읽어도 좋단다.

녀석! 제깐에도 이 책의 분위기가 좀 예사롭지 않았나 보다. 읽기를 멈추고 중간에 물어보았다.

"할머니가 하늘나라 갔다는데 그게 뭐야? 다시 오신다는 거야? 아님 죽었다는 거야?" 손자는 두 번째 말에 끄덕거린다. 정말 느낌을 알기는 아는 것인지 더 확인하고 싶어서 또 물어보았다.

"규진아, 이 책 분위기가 기뻐?" 고개를 가로젓는다.

"그럼, 화가 나?" 역시 가로젓는다.

"무서워?" 가로젓는다.

"아님 슬퍼?" 끄덕인다.

기쁘고 화가 나고 무섭고 슬픈 분위기를 다 파악하는 손자다. 얼마 후 또 다시 이 책을 들고 와서 읽어 달라고 한다. 여전히 같은 대목에서 노래를 부르라고 하면서. 거기다 한마디 더 덧붙인다. 다 읽어 준 내게 "함머니 이 책 슬픈 책이야." 이 말은 『엄마가 섬 그늘에 굴 따러 가면』 그림책을 읽어 줄 때도 똑같이 표현한 것이다.

세 살은 정말 신비롭기만 하다.

괴물들이 사는 나라

모리스 샌닥 글 · 그림, 강무홍 옮김/시공주니어/2017

아이들은 왜 괴물을 좋아할까?

『무지개떡 괴물』을 읽어 줄 때도 혹시 무서워하진 않을까 조금 염려했는데 흉하게 생긴 괴물이 재미있다면서 자꾸 읽어 달랬던 손자다. 아니나 다를까? 여기 나오는 다양한 괴물들도 아주 재미있어 하며 계속 읽어 달란다. 내가 보기엔 책에 나오는 괴물들이 모두 흉물이라 무서워할 것 같은데 손자는 즐겁게 책장을 넘긴다.

책 속으로 들어가 보자.

장난이 심한 어린 소년 맥스가 소란을 떨다가 드디어 엄마에게 혼나고 방에 갇혔다. 오죽 감당하기 어려운 아이였으면 '괴물딱지 같은 녀석'이라고 혼냈을까? 하지만 맥스도 만만치 않다.

"그럼 내가 엄마를 잡아먹어 버릴 거야!" 이런 말을 할 정도이니까.

화가 난 엄마는 저녁밥도 안 주고 그대로 방문을 잠갔다.

이야기는 이때부터 전개된다. 맥스의 상상력이 대단하다. 늑대 옷을 입은 맥스의 방 안엔 울창한 숲이 생기고 맥스의 방은 세상 전체가 된다. 이제 맥스는 맥스호를 타고 항해를 한다. 일 년쯤 항해한 끝에 다다른 곳은 바로 괴물들의 나라다. 괴물을 보고도 전혀 놀라지 않는 맥스는 오히려 괴물나라의 왕이 되어 호통을 친다. "조용히 해!"라고. 마치 엄마가 빙의된 듯하다.

맥스는 괴물소동을 벌이자며 신나게, 흐드러지게, 미친 듯이, 푸짐하게 한판을 논다. 이 장면이 무려 여섯 쪽에 걸쳐 있다. 그림까지도 전체에 꽉 들어차게 그린 것이 맥스가 얼마나 신나서 흥분하고 있는지를 보여 준다. 실컷 놀고 난 맥스는 저녁밥도 안 주고 괴물들을 잠자리로 쫓아 버린다. 마치 엄마를 흉내 내듯이. 놀다 지친 맥스는 괴물들이 사는 나라로부터 떠난다. 가지 말라고 애원하는 괴물들에게 "싫어."라고 외치면서. 이제 현실감각이 좀 생기는 듯하다.

다시 일 년을 거슬러 제 방으로 돌아오니 따뜻한 저녁밥이 기다리고 있다. 엄마는 이 그림책에 한 번도 등장하지 않아서 모습은 볼 수 없었지만 엄마의 포근한 냄새는 따뜻한 저녁밥에 담뿍 담겨 있다.

괴물들이 사는 나라라니까 제목만 보아서는 무척 무서울 것 같은 선입견과는 달리 읽어 주는 나도 신이 난다. 엄마가 맥스를 혼내는 말은 좀 심한 것 같지만 아들들을 키우는 엄마라면 충분히 이해가 갈 것이다. 화가 날 때 하는 소리니까.

맥스 또한 얼마나 개구진 아들인지 짐작이 가는 대목은 엄마에게 하는 말대꾸만 봐도 알 수 있다. 엄마를 잡아먹어 버린다니! 참으로 고얀 녀석이다. 아무나 할 수 있는 말은 아니다. 이런 맥스니까 방에 갇혔는데도 반성하기는커녕 곧바로 상상의 나라로 빠져든다. 그 상상 또한 어마어마하다. 현실의 시간은 길어야 한 시간 정도밖에 안 될 텐데 맥스는 그동안에 무한한 상상의 세계로 빠져들어 신나게 논다. 일 년 동안 괴물들이 사는 나라로 항해를 하고 온 것이다.

상상의 나라에서 꾹꾹 누르며 참았던 욕구를 다 분출하고 온다. 무시무시한 괴물들을 만나 왕이 되고 호통을 치고 엄마가 하던 말을 다 흉내 내고 온다. 속이 시원하게. 괴물들의 왕이 되어서 한판

흐드러지게 놀이를 벌이는 흥겨운 장면은 그림이 말해 주고 있다. 꽉 찼다. 여섯 면이나.

책의 시작 부분과 끝 부분의 맥스 표정은 정반대다. 그것은 바로 맥스의 욕구가 억압되었냐 해소되었냐의 차이일 것이다. 상상력의 힘은 이렇게 대단하다.

이 책은 맥스 또래의 아들들을 키우는 엄마가 자녀들의 심리를 이해하기에 참 좋은 책이다. 각각의 면에 있는 그림의 크기도 이야기 전개에 큰 몫을 한다. 현실 속의 상황은 작게, 상상 속의 상황은 화면에 꽉 차 있다. 아이들의 마음속에서 벌어지는 이런 어마어마한 상상의 세계에 동참할 수만 있다면 그야말로 아이들과의 소통은 끝내 줄 것이다. 나는 최대한 실감 나게 읽어 주는 것으로 그 소통이 효과적이게 하려 한다. 아들들을 키우는 엄마나 손자를 돌보는 할머니에게도 꼭 권하고 싶다.

언젠가 오바마 대통령과 미셸 부부가 백악관에 초청한 어린이들에게 이 책을 읽어 주는 모습을 사진으로 본 기억이 난다. 괴물들의

표정을 흉내 내는 오바마를 천진하게 바라보며 아이들이 행복해하던 모습이 신선했다. 대통령도 개구진 어린 시절이 있었을 테니까 아마 더 실감이 났을 것이다.

정치인과 그림책! 왠지 어색한 조합 같지만 그러한 분위기 속에서 미래의 주역들이 행복하게 자라기를 바라는 대통령의 마음이 담겨 있음을 생각할 때 오바마는 현명한 선택을 한 것임에 틀림없다. 우리나라도 어린이날 청와대에 초청된 아이들에게 그림책을 읽어 줄 대통령을 기대해 본다.

엄마가 정말 좋아요

미야니시 다쓰야 글 · 그림, 이기웅 옮김/길벗어린이/2015

엄마는 엄마다.

지금 이 순간 '엄마아' 하고 불러 보자. 햇솜처럼 포근하고 둥지처럼 아늑하고 깃털처럼 보드랍다. 할머니가 된 내게는 가끔은 꿈결처럼 아득한 이름이기도 하지만 복숭아 향기 같은 달콤한 냄새가 솔솔 풍기는 이름이 바로 엄마다. 아이들은 엄마라는 이름을 부르며 큰다. 엄마가 있어서 아이들은 마냥 좋다. 어디 아이들뿐이랴? 사실은 온 인류가 엄마의 품이 있어서 제구실을 할 수 있는 것이다.

그런 엄마다. 우리 모두의 엄마는.

그런데 자식을 사랑하는 마음은 모든 엄마에게 가득한데 가끔 마음과 다른 표현을 할 때가 있다. 그 다른 표현이 말 화살이 되어 사랑하는 자식의 가슴에 콕 박히면 평생 아픈 가슴을 쓸어안고 지내기도 한다. 그만큼 엄마의 말은 중요하다. 그런데 엄마는 자녀의 가슴에 상처를 주는 말을 한 것을 모른다. 왜냐하면 자식에게 순간적으로 내뱉은 험한 말도 사랑이라는 이름으로 쏟아 냈기 때문이다. 친절하고 다정한 말을 자주 하든 거친 말을 자주 하든 모두 길들여진 언어습관이다.

여기 아주 애교스럽게 엄마의 언어습관을 되돌아보게 하는 그림책이 있다.

'난 있잖아, 엄마가 정말 좋아.' 이렇게 시작한 첫 장 이후부터는 계속 엄마의 가슴을 뜨끔하게 하는 내용들이 나온다.

엄마는 "얼른 일어나! 또 늦잠이야." 하고 말해. 하지만

"잘 잤니?" 하면서

다정하게 꼭 안아 주면

난 있지,

그런 엄마가 더 좋아.

이어서 집 안에서 벌어지는 다양한 상황들이 전개된다. 그 모든 상황들에서 보통 엄마들이 하는 일상적인 말을 아이는 재치 있고 애교스럽게 살짝 바꾸어 준다.

세수할 때, 옷 입을 때, 밥 먹을 때, 놀이터 갈 때, 엄마를 도우려 할 때, 목욕해야 할 때, 잠잘 때 이런 상황에서 엄마에게 들었던 혼내는 말 대신 아이가 듣고 싶은 말로 부탁을 한다.

아이의 부탁을 받은 엄마가 아이의 마음을 이해하고 마지막엔 사과를 한다.

자꾸 혼내기만 해서 미안해.
이런 엄마라도
좋아한다고 말해 줘서 고마워.
태어나 줘서 고마워.
엄마는 있잖아, 네가
정말, 정말, 정말 좋아.

참 아름다운 관계다. 부모와 자녀 관계는.

아이가 태어남으로써 철없는 인생은 부모가 되었다. 아이는 부모를 부모 되게 해 주는 역할을 한다. 그래서 나는 아들 둘을 기를 때 자식은 부모훈련학교의 교과서라고 내 나름대로 정리를 했었다. 만일 자식이 없었다면 마음훈련을 어디서 했을까? 마음훈련이 여러 가지 있겠지만 여기서는 언어습관, 즉 대화훈련이다. 아이는 엄마에게 듣고 싶은 말을 주문한다.

부모 자녀 간에 이런 대화만 오고 간다면 그야말로 가정의 분위기는 천국일 것이다.

그러나 다 알면서도 잘 안 된다.

시간개념에 훈련된 부모들이 초조하게 기다리는데 아이는 꾸물거리는 모습을 보는 것이 얼마나 힘든 일이던가? 세월아 네월아 굼뜬 손놀림을 인내하기가 얼마나 애타던가? 부모가 할 수 있는 일은 소리부터 지르고 보는 일이다. 그게 가장 쉽고 빠르다. 마음이 여린 아이는 그 소릴 듣고 울어 버리기도 한다. 결국 아이를 사랑하는 부모가 아이에게 상처를 주고 만 셈이다.

엄마는 누구나 아이를 사랑한다. 그런데 엄마의 마음과는 달리 말하고는 곧 후회하는 이런 일이 반복될 때 이 책을 조용히 읽어 보자. 읽다 보면 이렇게 친절하고 인자한 말들이 있는데 왜 그리 조급하게 생각했을까, 왜 꼭 그 말을 해서 아이 기분을 나쁘게 했을까를 되돌아보게 된다.

비폭력대화에서는 자칼언어와 기린언어로 구분하기도 했다. 공격적이고 비판적이고 평가적인 언어 즉, 듣는 사람을 예민하고 날카롭게 하는 언어를 자칼언어라 하고 상황에 휘둘리지 않는 따뜻하고 친절한 언어를 기린언어라고 한다.

소중한 자녀들에게 기린언어처럼 기분 좋은 말을 사용하려면 부모의 특별한 훈련을 필요로 한다. 마음은 인내를, 말은 연습을. 상황에 휘둘리지 않으려면 객관적으로 바라보는 훈련이 필요하다.

예를 들어, 두 형제가 싸우는 상황에서 부모가 즉각적인 반응을 하게 되면 화가 나서 공격적인 말이 나온다.

“너희들 왜 맨날 싸우니?”(평가)

“그렇게 싸우기만 하면 ○○ 안 해 준다.”(협박)

“자꾸 싸우면 우리 아들 아냐! 나가!”(불안조성)

“빨리 화해하지 않으면 저녁밥 없어!”(학대)

하지만 객관적으로 바라보게 되면 앞의 말을 다음과 같이 바꾸어 친절하고 따스하게 말할 수 있다.

“둘이 의견이 안 맞구나. 이리 와서 함께 이야기해 볼까?”

“그렇게 싸우는 소리를 들으니 엄마 마음이 불편하구나.”

“우리 아들들은 모두 착한데 어디서 잠깐 다른 애들이 놀러 왔나?”

“너희들이 얼른 화해를 해야 저녁밥이 더 맛있게 지어질 텐데, 화해를 안 하면 엄마가 마음이 불편해서 저녁밥도 하기 싫어질 텐데?”

이렇게 하려면 의식적으로 노력해야 한다. 거의 훈련 수준이 되어야 한다. 되도록 이런 말을 쓰면서 아이가 부드럽고 안정된 분위기에서 크도록 해야 한다.

이 책을 슬쩍 며느리 보는 곳에 놓았다. 아들과 며느리는 손자가 아주 어릴 때부터 설득을 통해서 아이의 행동을 바꾸도록 인내하며 키우는 모습이 자주 보였다. 어떤 땐 따끔하게 혼내 주었으면 할 때도 있건만 참 잘 인내하면서 손자를 키우는구나 하고 그 모습을 좋게 생각해 왔다.

그런데 큰손자가 초등학교에 입학한 이후로 며느리도 가끔 손자에게 말이 급해질 때가 있다. 손자의 느린 행동에 그만 명지강(명령, 지시, 강요) 식의 말을 더러 하는 것이다. 요즘은 ‘야!’ 소리도 가끔 들린다. 깨워도 잘 안 일어나지, 아침 등교시간은 가까워 오지, 밥은 빨리 안 먹지, 옷은 천천히 입지……. 아침마다 반복되는 이런 상황에서 여러 번 말해도 행동의 변화가 없을 때 툭 튀어나오는 말이다. 말은 습관이다. 습관을 들이려면 의식적인 노력을 반복해야 한다.

『엄마가 정말 좋아요』에서 아이가 엄마에게 부탁한 말들이 일상의 언어습관으로 자리 잡는 부모-자녀 관계가 된다면 세상이 더욱 따스하고 부드러워지지 않을까?

나는 이 작가의 책을 여러 권 읽었다. 그림책 작가 대부분이 그렇듯이 이 작가도 마음이 매우 따뜻한 작가다. 특히 『고 녀석 맛있겠다』를 읽고는 어떻게 이런 발상을 할 수 있었을까 하고 놀랐던 기억이 난다. 거대한 공룡도 작가에겐 귀엽고 가여운 주인공이 될 수 있음에서다.

자녀를 기르는 많은 부모들이 자녀에게 명령이나 지시, 강요 등을 많이 한다. 특히 청소년기가 되면 그동안 편하게 사용하던 엄마의 언어습관에 심각한 도전을 받는다. 지시, 명령이 통하지 않아 엄마는 골치가 아프다. 소통되지 않는 상황을 '반항한다.'라고 표현하며 문제발생의 원인을 자녀에게 돌리기 쉽다. 하지만 곰곰이 생각해 보면 자녀의 발달 특성이나 성향을 생각하지 않고 일방적으로 말하는 엄마의 고정적이고 부정적인 언어습관 탓일 때가 많다.

이 그림책은 부모가 스스로의 언어습관을 되돌아보게 되는 점에서 매우 유익하다.

울지 말고 말하렴

이찬규 글, 김정애 그림/두산동아/2005

요즘 손자가 자기 의견과 주장이 뚜렷해지면서 형과 자주 부딪힌다.

형과 동생이 다섯 살 차이라 형제간 갈등이나 다툼 문제는 안심했었다. 형은 동생을 잘 보살펴 주고 동생은 형의 말을 잘 따르면서 사이좋게 지낼 줄 알았다. 그런데 그게 아니다. 물론 세 살 이전엔 둘 사이에 부딪히는 일이 거의 없었다. 장난감을 같이 갖고 놀게 되면서부터 의견차이도 생기고 고집도 부리면서 시끄러워지는 것이다.

거기다 형은 동생이 하지 말라고 말해도 못 들은 척 반복한다. 일부러 동생을 골려 주려는 속셈이다. 동생은 처음엔 하지 말라고 말하다가 형의 행동이 거듭되면 "하지 마아~"라고 악을 쓰며 큰 소릴 지른다. 그러다 앙앙 울어 버리면 마침내 형은 엄마한테 혼나고 동생은 그길로 죽 울음바다다. 이미 집안은 시끄러워지고 적당한 선에서 서로 절제하며 참기를 기대하기는 물 건너갔다.

동생이 혼자 있을 땐,

"규진아, 형하고 놀 때 마음에 안 든다고 소리 지르면 못난이야. 말로 해야 돼."라고 말해 주면 그런다고 한다. 그리고 함께 연습도 한다.

"형, 그렇게 하지 마아." 아주 부드러운 어조로.

하지만 형과 함께 있을 땐 연습한 대로 잘 안 된다. 요즘엔 제 엄마에게 자주 둘 다 혼난다.

형의 놀리는 행동과 악쓰며 우는 동생의 행동을 바꾸기가 쉽지 않아 안타깝던 차에 도서관에서 좋은 책을 만났다.

두산동아에서 나온 베이비 커뮤니케이션 1권으로 『울지 말고 말하렴』이 바로 그것이다.

아기 곰은 무슨 일이든 울기부터 해요.
그래서 별명이 '징징이'래요.

잉잉잉!
장난감이 망가지면
아기 곰은 울기부터 해요.

장난감이 망가졌을 때
친구는 울지 않고 이렇게 말해요.
'아빠, 이거 고쳐 주세요.'

아기 곰은

곰곰이 생각해 보았어요.

울보처럼 울고만 있으면

아무것도 할 수 없는 것 같아.

놀다가 오줌이 마려워진 아기 곰은

울려다가 생각했어요.

엄마에게 말하자.

'오줌 누고 싶어요!'

엄마는 얼른 아기 곰을

변기에 앉혀 주셨어요.

울지 않고 말하니까

우리 아기 참 예쁘네.

그날 도서관 유아실의 따뜻한 온돌 바닥에서 이 책을 읽어 주는데 손자는 차츰 졸린 분위기였다. 졸리면 손자는 우유를 찾는다. 우유를 바로 대령하지 않으면 가끔은 막무가내로 떼도 쓴다. 미처 우유를 챙겨 가지 못한 나는 그 조용한 도서관에서 떼를 쓰면 어쩌나 하고 걱정이 되었다.

"할머니가 우유를 못 챙겨 왔네. 여기서 사 올 수도 없고. 어쩌지?"

그런데,

"함머니, 집에 가서 우유 주세요." 공손하게 부드러운 어조로 말한다. 난 지금 바로 내 놓으라면서 집에서처럼 떼를 쓰면 어쩌나 하고 내심 걱정하고 있는데 손자는 집에 가서 달라는 것이다.

책을 읽는 동안에 손자는 자기 행동을 돌아보며 깨닫고 있었던 것이다. 그러곤 깨달은 내용을 금방 자기에게 적용하는 것이 아닌가? (여기서 깨닫는다는 것은 할머니의 희망사항일 수 있다.)

난 읽어 주면서 한마디도 안 보탰다. 아마도 내가 그림책을 알기 전이었다면 이런 책을 읽을 때 몇 마디 훈계를 했을 것이다. '거봐라. 너도 아기곰처럼 징징 앙앙 울 때 많았지? 그런데 다른 친구들은 어떻게 말했지?'라면서.

요즘의 손자 상황에 꼭 필요한 책을 만나서 반가운 마음에 다른 책 몇 권이랑 얼른 빌려 왔다.

책의 뒤표지에 유아들의 언어습관과 관련해서 지은이가 설명을 더한 내용의 일부분이 새겨둘 만하다.

'유아들이 일차적으로 자신의 욕구를 울음으로 표현하는 것은 당연한 현상입니다. 그러나 이 현상을 그대로 두면 아이들은 사회성을 습득할 기회를 상실하거나 부정적 사고방식을 갖게 되며 자신의 생각을 언어로 잘 표현할 수 없는 아이로 자라게 됩니다.

이 책을 읽는 동안 울고만 있으면 아무도 자기 마음이나 생각, 욕구를 알 수 없으며 무작정 우는 것으로는 그 어떤 문제도 해결할 수 없음을 아이가 스스로 깨닫게 해 주세요. 모든 유아 교육은 제대로 된 언어 교육에서부터 시작됩니다.'

백 마디 훈계보다 한 권의 그림책으로 수지맞은 날이다.

999마리 개구리 형제의 이사

키무라 켄 글, 무라카미 야스나리 그림, 안미연 옮김/
더큰컴퍼니/2005

참 재미있는 발상의 그림책이다. 전체 분위기가 아주 유쾌하다.

999개의 알을 낳은 엄마 개구리와 아빠 개구리가 좀 더 넓은 곳으로 이사를 하는 과정에서 겪는 이야기인데 가족사랑의 주제가 잘 살아 있다. 고정관념을 깨는 상상의 세계가 매우 즐거울 뿐만 아니라 가슴이 따뜻해진다.

이 책은 원래 둘째 손자용으로 빌려 왔는데 동생이 하도 재미있어 하니까 아침식탁에서 큰손자도 읽어 달란다. 둘을 앉혀 놓고 읽어 주는데 어찌나 둘이 깔깔대고 웃는지 유쾌한 하루가 시작되는 것은 좋았는데 하마터면 큰손자가 학교에 늦을 뻔했다.

이렇게 좋아하는 책은 사 두어야겠다고 생각해서 인터넷에 들어가 알아보니 안타깝게도 절판이 되었다. 오히려 중고책이 원래 책값의 두 배 정도에 거래가 되고 있었다. 그러면 그렇지, 모든 사람이 느끼는 것은 비슷하구나 하는 아쉬움을 갖고 각 장면을 사진으로라도 찍어 두었다. 휴대전화에 저장했다가 필요할 때 아쉬운 대로라도 보여 주리라는 계산에서였다. 출판사에 전화해서 재출판의 계획이 있는지라도 알아보고 싶을 정도였다.

이제 내용으로 들어가 본다.

알에서 깨인 999마리 올챙이들은 펄펄 기운이 솟는다. 쑥쑥 자라서 멋진 개구리가 되었는데 연못이 비좁아서 엄마와 아빠가 이사 가기로 했다. 신난다. 천진난만한 어린 개구리들은 뱀을 조심해야 된다는 엄마 아빠의 말에,

"뱀이 뭐예요? 이만큼 길어요?" 물으며 뭔가를 끌고 온다. "영치기 영차."라고 외치면서. 그게 바로 뱀인 것을 보자마자 엄마도 화들짝 아빠도 화들짝이다. 뱀이 깨어나면 큰일인데, 다행히 배가 잔뜩 부른 뱀이 깊은 잠에 빠져 위기를 아슬아슬하게 넘겼다.

겨우 위기를 넘겼는데 이번엔 하늘을 날던 배고픈 솔개가 아빠 개구리를 순식간에 낚아챘다. 깜짝 놀란 엄마 개구리가 애들 아빠 내려놓으라며 폴짝 뛰어 올라 아빠 개구리의 뒷다리를 잡았다. 아슬아슬한 순간이다. 이어서 999마리 개구리 형제들도 차례차례 폴짝폴짝 뛰어올라 온 가족이 다 매달렸다. 긴 줄이 이리 휘청 저리 휘청 하늘을 나르는데 솔개가 언제까지 감당할지 그 무게가 점점 부담스럽다.

드넓은 하늘에선 마치 곡예사가 밧줄을 타듯이 이리 훨훨 저리 훨훨 솔개 마음대로다. 위험한 상황이지만 천진난만한 개구리 형제들은 그저 즐겁기만 하다. 거기다 어린 개구리들은 배고프다는 둥 목마르다는 둥 아우성이다.

점점 무거워진 개구리 가족을 감당 못한 솔개는 마침내 아빠 개구리를 놓치고 만다. 그 순간 개구리 가족은 커다란 연못으로 팔랑팔랑 퐁당퐁당 풍덩풍덩 다 빠진다. 두 손자들은 우수수 떨어져 내리는 개구리들을 보고 개구리 비가 내린다고 표현했다. 둘째 손자는 형이 말하는 것을 그대로 따라 한 것이긴 하지만.

개구리 엄마 아빠는 바로 이렇게 넓은 곳으로 이사하고 싶었던 것인데 솔개에게 오히려 감사해야 할 순간이다. 위기가 기회가 된 것이다.

넓은 연못으로 즐겁게 이사 온 개구리 가족은 신나게 헤엄치며 즐겁게 노래를 부른다.

다 읽고 나니 여러 가지를 생각하게 된다.

책임감이 참 강한 엄마와 아빠다. 바글바글 많은 자식들을 안전한 곳으로 옮겨 살게 하기 위해 이사하는 과정에서 위기를 당한다. 천진난만한 새끼 개구리들은 뱀을 조심해야 한다는 아빠 개구리의 말에 "뱀? 뱀이 뭐예요? 이렇게 길어요?"하면서 뱀을 끌고 온다. 세상에 뱀을 끌고 오다니! 그 뱀이야말로 개구리가 가장 무서워해야 하는 적군이건만……. 자식들은 항상 이렇게 부모 마음을 졸이게 하면서 큰다.

가장이 위기에 처했을 때 엄마의 대처도 돋보인다. 배고픈 솔개가 맛있는 먹거리를 찾았다며 아빠 개구리를 채서 날아오르자 엄마 개구리는 애들 아빠 내려놓으라고 소리치면서 아빠 개구리 뒷다리를 잡는다. 어떻게 하든 남편을 살려야 한다는 신념의 발로다. 이렇게 책임감이 강한 엄마와 아빠 덕분에 아이들은 즐겁기만 하다. 줄줄이 매달린 긴 개구리 줄이 이리 휘청 저리 휘청일 때도 아이들은 신나기만 했다.

온 가족이 사랑으로 똘똘 뭉치니 위기는 있었지만 그 위기를 잘 극복했다. 위기를 만났으면서도 즐길 것을 찾아 제대로 즐기는 모습이 이 가족의 힘이 아닌가 생각되었다. 그러면서 행복한 결말까지 보게 되니 읽는 내내 흐뭇한 기분이 유지되었다. 손자는 이 책도 역시 또 읽어 달라며 내 무릎 위로 자주 파고 들어와 앉는다. 여러 번 읽어도 여전히 나도 즐겁다.

어느 날인가 둘째 손자가 장난감을 갖고 노는데 '영치기 영차'를 리드미컬하게 반복하면서 동작을 흉내 내는 말을 하였다. 바로 개구리들이 천진스럽게 뱀을 끌고 오면서 내던 소리였다. 책 속에서 들은 말을 기억 속에 저장했다가 필요할 때 잘도 꺼내어 쓰는 손자다.

오늘도 감기 기운이 있어서 어린이집에 안 보낸 날이다. 바깥기온이 영하 17도라니 외출할 엄두는 아예 못 냈다. 하루 종일 책도 읽다가 공룡놀이도 하다가 자동차놀이도 하다가 심심하지 않게 지냈다. 낮잠이라도 재워 볼까 했으나 그것도 성공하지 못했다.

이 책을 다 읽어 주고는 개구리 노래를 불러 주었다.

마지막 쪽(40쪽)이 노래를 불러야 하는 분위기다. 대개 그림책에는 쪽수가 없는데 이 책은 의외다.

999마리 개구리 형제들은

오늘도 즐겁게 노래를 불러요.

개굴 개굴 개개굴

개굴 개굴 개굴

개굴 개굴 개개굴

개굴굴굴굴

문득 학창시절에 배운 동요 〈개구리〉가 떠올랐다.

'규진아, 할머니가 개구리 노래 불러 볼게. 들어 볼래?'

개굴개굴 개구리 노래를 한다.

아들손자며느리 다~ 모여서

밤새도록 하여도 듣는 이 없네

듣는 사람 없어도 날이 밝도록

개굴개굴 개구리 노래를 한다.

개굴개굴 개구리 목청도 좋다.

가만히 듣더니 자꾸 불러 달란다. 여러 번 불러 주었더니 나중엔 끝부분을 제대로 따라 한다.

멜로디를 좀 정확하게 들려주려고 "할머니가 오르간으로 쳐 줄게 네가 노래할래?" 그랬더니 자기가 직접 친단다. 의자에 올라서더니 왼손으로 한 건반씩 두드리는 소리가 요란하다. 건반을 두드리며 노래 부르는 모습이 하도 신통방통해서 동영상으로 찍어 가족채팅방에 올렸다. 가족들은 그게 무엇을 하는 건지 전혀 모를 분위기다. 왜냐하면 노래 중에서 한 귀절 '~듣는 이 없네'이 부분만 강조하며 거듭하니까. 아무리 시끄럽게 건반을 두드려도 내겐 음악으로 들리니 손자바보는 확실하다.

며칠 후, 집으로 배달된 택배를 열어 보니 바로 이 책이 들어 있었다.

며느리도 아이들 재우면서 그림책을 잘 읽어 준다. 아마 손자들이 밤이 늦어도 자지 않고 이 그림책을 자꾸 읽어 달라고 졸랐던 모양이다. 아이들이 하도 좋아하니까 며느리도 사 주고 싶었나 보다. 정가보다 훨씬 비싼 중고책이어서 나는 선뜻 결정을 못했었는데…….

2월이 되어 큰손자가 봄방학을 했다. 두 손자를 아침 시간에 함께 돌봐야 했다. 마침 둘이 같이 식탁에 앉더니 이 책을 또 읽어 달란다. 둘을 앉혀 놓고 책을 읽어 주면 훨씬 분위기가 재밌다. 읽는 도중 큰손자는 역시 내가 놓친 것을 잘도 찾아낸다. 솔개가 개구리 가족을 이리 휘청 저리 휘청 매달고 다닐 때 참새가 재미있게 구경하고 있다는 것을 짚는 것이다. 난 참새가 거기에 있었는지 알아채지도 못했는데 아직도 난 이렇게 건성이다. 뿐만 아니라, 내가 대사를 실감 나게 읽지 않으면 고쳐 주기도 한다.

'아, 아, 더 이상은 안 되겠어!' 한 줄로 매달린 개구리 가족을 이리저리 매달고 다니느라 지친 솔개가 하는 말이다. 그런데 그 부분이 제 성에 안 찬 모양이다.

"할머니이, 그게 아니지이. 이렇게 읽어야지이."하며 자기가 대신 읽는다. 듣고 보니 훨씬 낫다.

이렇게 손자에게 배우기도 한다. 누군지 모르지만 이 책을 중고책으로 내놓은 사람이 고맙게 느껴진다. 우리 손자들이 이만큼 좋아하니 우리 집엔 보배가 들어온 셈이다.

이 책의 매력은 맨 마지막에 있다. 다 읽고 나니 두 손자가 엉덩이 장단을 들썩들썩 맞추면서 개굴개굴 개구리 합창을 한다. 아침 거실 분위기가 두 손자들의 합창소리로 화창하고 맑고 경쾌하다.

이렇게 지내니 '티비 켜조.' 소리는 오늘 아침도 아예 쏙 들어갔다.

개똥할멈과 고루고루 밥

김자연 글, 유영주 그림/살림어린이/2015

두 손자가 모두 봄방학에 들어간 2월 말 아침이다. 큰손자는 2학년에, 둘째 손자는 어린이집에서 만 2세 반으로 올라가기 위한 준비기간이다. 방학이니 푹 자기를 바라면서 살짝 손자들이 자는 방에 들어갔는데 큰손자가 꿈틀꿈틀하더니 눈을 떴다. 심심한지 제 동생 곁으로 가더니 얼굴을 만지작거려서 결국 깨우고 만다.

곤하게 자는데 귀찮게 하는 형 때문에 어쩔 수 없이 깬 둘째 손자가 앙앙 운다. 아침이 시끄럽다. 큰손자는 미안한지 동생을 웃기려고 애쓰는데 동생은 막무가내로 울기만 한다. 그러더니 눈물이 가득한 채 실눈으로 살짝 본 형의 행동이 웃기는지 앙앙앙이 호호

흐응 하하하로 바뀐다. 게임 끝이다. 웃음으로 형 체면을 세워 주었다.

둘째 손자는 울다가 웃은 게 좀 멋쩍었는지 옆에 쌓여 있던 책을 읽어 달란다. 그런 주문이면 얼씨구나 좋지 하며 읽어 준 책이 『개똥할멈과 고루고루 밥』이다. 며칠 전 두 형제를 데리고 도서관에 갔을 때 빌려 온 책인데 벌써 몇 번째 읽는지 모른다.

전통 민화처럼 그려진 그림들이 다정하고 친숙하다. 특히 할머니의 큰 입으로 맛있게 비빈 고루고루 밥이 들어가는 장면은 매우 인상적이다. 얼마나 맛있게 먹는지 숲속에서 숨어 보던 어린 반달곰이 침을 꼴깍 삼킨다.

'개똥할멈은 고루고루 비빈 밥을 한 숟갈 푹 떠서 입에 넣고 우적우적 먹었습니다.' 부분에선 우적우적을 강조하며 읽어 준다. 둘째 손자는 우적우적이란 말이 나올 때마다 티라노사우루스를 들먹인다. 우적우적이란 말을 처음 들었던 책이 공룡책이었기 때문인데 역시 이번에도 그냥 넘어가지 않는다.

"티라노사우루스도 우적우적 먹었는데……. 함머니 우적우적 어딨어?"

아직도 둘째 손자는 형용사나 부사를 명사로 착각하고 있는 듯하다. 그래서 "우적우적은 이렇게 먹는 거야." 하면서 형과 함께 입을 크게 움직이는 흉내를 내 보여 주었다.

맛있게 먹던 할머니가 손자 개똥이에게도 먹이려고 잠깐 일어선 사이에 어린 반달곰이 고루고루 밥이 담긴 양푼을 덥석 움켜 들고 숲으로 달아난다.

"음음, 꿀맛이다! 세상에 이렇게 맛있는 것은 처음이야!"라고 말하는 반달곰의 입속으로 허겁지겁 고루고루 밥이 들어간다. 고소한 냄새가 숲속에 퍼지자 노루, 너구리, 토끼, 산새 들이 모여들어 숲속엔 고루고루 밥 파티가 벌어진다. 벌레보다 맛있고 도토리보다 맛있는 고루고루 밥맛을 본 동물들은 그 맛을 잊을 수 없어 드디어 개똥할멈네 집으로 쳐들어간다.

"할머니, 고루고루 밥!"

아무리 외친들 할머니가 알아들을 리가 있나? 할 수 없이 어제 깨끗이 비운 양푼을 들고 와서 모든 동물들이 탕탕 치며 또 외친다. 큰손자의 제안으로 우리 셋은 이 부분을 아주 재미있게 표현했다.

"할머니! 하나 두울 셋 하세요. 그리고 우리 다 같이 외쳐요."

"그거 재미있겠는데? 그럼 시작한다. 하나 두울 셋!" "할머니, 고루고루 밥!"우리는 동시에 외치고 깔깔대면서 즐거운 하루를 시작했다.

"할머니, 고루고루 밥이요!"

어제 잃어버렸던 양푼을 들고 온 동물들을 보고 깜짝 놀란 할머니는 '시상에 시상에'를 반복하며 고루고루 밥을 비벼 살짝 마당에 내놓는다. 양푼 주위로 우르르 몰려든 동물들은 입으론 우적우적, 코와 입 주위엔 밥풀이 대롱대롱이다.

그 모습을 깔깔거리며 지켜보던 개똥이도 한마디 거든다.

"할머니 나도 고루고루 밥 먹을래."

우아! 이 말은 모든 할머니들이 손주들로부터 가장 듣고 싶은 말이 아닌가? 개똥이도 아마 그동안 비빔밥을 잘 안 먹었나 보다. 그런데 이렇게 말하다니 개똥할멈이 얼마나 기뻤겠는가?

그 할머니 심정이 바로 오늘 내 심정이다.

다 읽고 나니 큰손자가 "할머니, 우리도 고루고루 밥 해 먹자." 한다. 어라? 책 읽은 효과가 이렇게 바로 나타나다니! 점점 더 이 할머니 기분 좋은 말만 한다. 큰손자가 그렇게 말하면 둘째 손자는 덩달아 따라 한다. 개똥할멈과 동물들이 맛있게 먹는 장면에 큰손자도 식욕이 당겼나 보다.

"그래, 그러자." 얼른 냉장고를 뒤져 볶을 만한 야채를 찾아냈다. 시금치만 있으면 제격일 텐데 초록색을 낼 만한 것이 부추밖에 없다. 할 수 없지. 부추라도 잘게 썰어 볶아 보자.

버섯, 당근, 부추, 계란, 고기 이 정도면 훌륭하다. 마침 콩나물도 있었다. 책의 고루고루 밥은 고추장을 넉넉하게 넣어서 붉은색이었지만 난 손자들이 먹을 거라 간장과 참기름으로만 비비기로 했다. 일부러 큰 양푼 같은 그릇에 셋이 먹을 양을 넉넉히 비볐다. 요즘 대변이 순조롭지 않아서 고생하는 둘째 손자가 야채를 많이 먹으면 쉽게 성공할 수 있지 않을까 하는 기대감으로 내 맘은 바빴다.

큰손자를 불러 살짝 귓속말을 했다.

"네가 맛있게 먹으면 동생도 따라서 맛있게 먹을 테니 부탁한다."고. 그런데 갑자기 큰손자는 내 속맘도 모르고 자기는 고루고루밥을 먹지 않겠단다. 대신 핫케익을 만들어 먹겠단다. 이런! 핫케익 봉지를 괜히 꺼내 놓았네.

큰손자를 다시 설득했다. 네가 먼저 제안해서 특별히 만들었으니 지금은 고루고루 밥을 먹고 저녁때 핫케익을 만들어 먹자고. 착한 손자가 고맙게도 고개를 끄덕인다. 할머니가 꼭 약속을 지키겠다고 손가락을 걸은 후 식탁에 앉았다.

혹시 몰라 조금만 담아 주었다. 둘째 손자가 한 숟갈 떠먹더니 "맛있다." 한다. 그러곤 나머지를 푹푹 퍼서 다 먹더니 더 달란다. 이럴 수가? 키우는 동안 처음 들어 보는 말 같다. 기적이다.

'시상에! 세상에!' 나도 개똥할멈이 된다. 손자가 먹는 모습을 보느라 참고 있던 나도 입을 최대한 크게 벌리고 큰 숟갈로 퍼 넣는다. 얼마 만에 만들어 먹는 비빔밥이냐?

이제부터 우리 집에선 비빔밥이 아니라 고루고루 밥이다. 이렇게 맛있으니 비행기 기내식으로 뽑힐 만하구나. 작년 여름 온가족이 해외여행 갈 때, 비행기 기내식으로 비빔밥 메뉴가 나오기에 반가웠던 적이 있었는데 기내식 비빔밥보다 백 배 더 맛있는 이유는 커다란 양푼에 쓱쓱 비벼서일 거다. 그 좁은 공간에서 일회용 그릇에 조심스레 비비던 옹색함을 시원하게 해결해 준 양푼! 역시 비빔밥은 이렇게 커다란 그릇에 한꺼번에 쓱쓱 비벼서 나눠 먹는 것이 매력이지.

이게 그림책의 힘이구나. 아마 영양가도 많고 우리 몸에 좋은 음식이니 먹으라며 그냥 만들어 주었더라면 이렇게 잘 먹었을까? 역시 스토리의 힘은 강하다고 인정하며 또 감탄을 한다.

은근슬쩍 우리 전통 음식을 널리 알리는 효과도 있는 이 그림책은 오늘 나에겐 효자역할을 톡톡히 했다. 손자들이 안 먹던 비빔밥을 고루고루 밥으로 변신하여 먹게 되었으니, 그것도 손자들이 자청해서.

아주 쬐금 아쉬움이 있다면 할머니가 내던진 호미와 개똥이 얼굴에 묻었어야 할 밥풀이 안 보이는 것이다. 그림을 꼼꼼하게 보는 큰손자가 짚어 낸 것이었다. 글 내용 대로 다 그릴 수는 없어도 아이들이 의미 있어 하는 것은 그려져 있어야 할 것 같다.

이 기회에 그림책 출판사에 제안을 하고 싶어진다. 그림책의 최종 교정단계에서 그림을 자세히 보는 아이들에게 먼저 읽혀 보도록 하는 것은 어떨까? 나처럼 건성으로 보는 어른은 그냥 넘어가지만 큰손자처럼 개똥할멈이 내던진 호미와 개똥이 얼굴에 묻어 있어야 할 밥풀을 찾는 아이들을 더 흐뭇하게 할 수 있지 않을까?

감기 걸린 물고기

박정섭 글 · 그림/사계절/2016

별렀던 책을 금방 빌려 오지 못할 땐 마음이 텅 빈 듯 허전하다. 이미 대출되었거나 예약자가 여럿 있는 경우는 직접 책을 사 보던지 아니면 예약을 걸고 기다려야 한다. 이 책도 별러서 빌리러 갔었는데 이미 대출 중이란 말을 듣고 예약을 걸어 놓았었다. 3주가 지나서야 예약한 책 빌려 가란 문자가 왔다. 금방 달려가서 빌려 왔다.

제목만 보았을 땐 물고기가 왜 감기에 걸렸을까? 감기 걸린 물고기들에게 어떤 일이 일어났을까?

물고기도 감기에 걸리나? 그렇다면 물속에서 어떻게 살지? 등 전혀 엉뚱한 상상을 했었다. 그런데 이 책을 읽고는 나는 마음이 붕 떠서 한동안 아무것도 손에 잡히지 않았다. 그리고 괜히 이 방 저 방 돌아다니며 그림책을 알게 된 것이 이렇게 행복할 수가? 그림책을 몰랐다면 이런 세계를 어찌 알았을까? 혼자 구름 위를 걷는 듯 몸까지도 가벼워진 느낌이었다. 유난히 파랗게 빛나는 9월의 하늘과 바로 앞에 보이는 북한산의 자태도 더욱 친근하고 사랑스럽게 다가왔다.

책으로 들어가 보자.

알록달록한 물고기 무리가 떼를 지어 평화롭고 질서 있게 물속에서 노닐고 있었다. 그때 사나운 아귀 한 마리가 엉큼한 생각을 품고 다가온다. 자신의 배고픔을 해결하되 자신만의 독특한 해결방법으로 다른 물고기들에게 멋있다는 인정까지 받고 싶단다. 비겁하게 물풀 사이에 숨어서 슬그머니 소문을 내기 시작한다.

"얘들아, 빨간 물고기가 감기에 걸렸대."

처음엔 물고기들이 시큰둥한다. 들은 체도 안 하고 한마디로 일축해 버린다. "흥! 무슨 소리야?" 하고.

아귀는 그래도 뜻을 굽히지 않고 감기 걸리면 열이 나서 얼굴이 빨개진다고 그런 것도 모르냐고 더 큰 소리를 지른다.

처음엔 아무 반응이 없던 물고기들이 술렁거리기 시작한다.

감기가 뭐냐는 둥, 이게 무슨 소리냐는 둥, 우리는 친한 친구라는 둥, 말도 안 된다는 둥……. 그런데 또 한편에선 괜히 빨간 게 아니었다는 둥, 당장 내쫓아야 한다는 둥, 우리 가족이 위험해지겠다는 둥, 나랑은 상관없는 일이라는 둥, 어쩐지 빨간 게 기분이 안 좋더라는 둥, 우리도 옮기 전에 같은 색끼리 뭉치자는 둥. 결국 빨간 물고기를 모두 내 쫓는다.

졸지에 어이없는 일을 당한 빨간 물고기들은 아니라고, 우린 원래부터 빨간색이었다고 아무리 항변해도 이미 다른 물고기들이 당장 나가라고 소리치는 데는 꼼짝할 수 없다. 무리에서 나가자마자 때는 이때다 하고 교활하게 미소 짓고 있던 아귀의 입속으로 다 빨려 들어가고 만다.

재미 들린 아귀는 이번에는 노란 물고기가 또 감기에 걸렸다고 소문을 퍼뜨린다. 빨간 물고기가 당했던 똑같은 방식으로 노란 물고기는 무리에게서 내쫓긴다. 노란 물고기도 여전히 어이없게 아귀의 먹이가 되고 만다. 아무리 우겨도 이미 무리에게서 쫓겨난 노란 물고기를 기다리고 있는 아귀의 배만 채울 뿐이었다.

이번엔 또 파란 물고기들이 여전히 같은 방식으로 당하면서 아귀의 먹이가 된다.

그런데 이 과정을 이상하게 생각한 검은 물고기 한 마리가 정신을 차렸다. 소문을 누가 냈는가? 믿어도 되는 소문이었나? 진짜로 감기에 걸린 것인가? 감기 걸린 물고기를 본 적이 있는가? 그 말을 듣는 회색 물고기들은 그렇게 말하는 너희가 의심스럽다는 둥, 지금 누구 편을 드는 거냐는 둥, 우리 목숨이 달렸는데 그런 소릴 하느냐는 둥 반박을 한다.

남은 물고기들은 또 양편으로 나뉘어 언쟁을 이어 간다. 회색 물고기들이 줏대가 없다는 둥, 검은 물고기의 속을 알 수 없다는 둥, 나만 안 걸리면 된다는 둥, 난 잘 모르겠다는 둥, 이 상황이 시끄럽다는 둥. 마침내 검은 물고기와 회색 물고기들은 두 집단으로 나뉘어 대결구도가 팽팽하다. 바로 뒤에선 아귀가 입을 크게 벌리고 기다리고 있는데.

결국 기회를 노리고 있던 아귀의 한입에 덥석 모두 물려 버렸다. 싸움의 끝은 아귀 배만 채운 셈이다. 이렇게 모두 다 잡혀 먹히게 될 줄 어찌 알았겠는가?

물속 세상의 다른 물고기들 분위기도 어쩐지 흉흉해졌다. 아귀에게 먹힌 물고기들은 아직도 정신을 못 차리고 배 속에서도 다툰다. 헛소문에 당하다니, 여긴 지옥 같다, 우린 다 속았다, 우리가 왜 그랬을까, 내가 이상하다고 했잖아 등 반성은 안하고 또 비난과 비판으로 바쁘다.

과식을 한 아귀가 소화도 시킬 겸 운동을 하는데 해파리가 코를 간질이는 바람에 큰 재채기를 한다. 그 바람에 아귀 배 속에 들어 있던 물고기들이 입 밖으로 튀어나왔다. 안타깝게도 간혹 죽은 물고기들도 더러 보인다. 밖으로 튀어나온 물고기들은 그제서야 정신을 차린다.

이젠 우리 속지 말자고, 끼리끼리 모이거나 편을 나누지 말자고,

나만 생각하지 말자고 다짐을 하고 똘똘 뭉친다. 헛소문을 퍼뜨려서 자기 욕심을 채웠던 아귀는 하나로 뭉친 물고기들의 당당한 모습을 보고 훌쩍거리며 떠난다. 아마 자신의 행동을 후회했겠지. 주변의 다른 물고기들 세상도 덩달아 다시 평화로워졌다.

우리 인간 사회의 부끄러운 약점과 현실 상황을 이처럼 적나라하게 그려 내다니 그림책의 힘이 참으로 놀랍다.

따돌림을 일삼는 아이들에겐 헛소문에 덩달아 요동하지 말라고, 사실인지 알아보지도 않고 동조하지 말라고, 상대방의 고통을 외면하지 말라고 백 번 강조하는 것보다 이 그림책 한 권이면 족하다. 아이들뿐만 아니라 우리 사회나 국가에도 일침을 놓고 있다. 요즘에 일어나는 여러 상황과 사태를 생각할 때 깨달음을 넘어 처절한 자기반성과 책임 있는 행동을 하도록 하는 부담을 안겨 준다.

그럴듯한 이론이나 변론을 제시하며 상대방을 궁지에 몰아치거나 곤란에 빠뜨리는 정치인들, 상대방의 고통을 즐기며 폭력행동을 하는 일부 잔인한 아이들, 반성 없는 일상생활이 습관화된 청소년들로 인해 얼마나 이곳저곳이 시끄러운가? 새삼 이 그림책 작가는 대단한 통찰력을 가진 사람이란 생각까지 든다.

책 뒷면에 소개된 작가의 말을 읽으니 통쾌한 생각이 드는 이유는 뭘까?

어릴 적 산만하다는 소릴 많이 들으며 자랐다고. 그래서 그런 줄 알고 살아왔다고. 하지만 시간이 흘러 뒤돌아보니 상상력을 산만큼 가지고 있었다는 걸 알게 되었다고. 이젠 그 상상력을 주위 사람들과 즐겁게 나누며 늙어 가고 싶어 한다고 했다. 주의산만하다는 낙인이 찍히면 주변의 따가운 시선도 자주 받았을 텐데 아랑곳 없이 이렇게 좋은 책을 만들기까지 잘 성장한 저자에게 박수를 보내고 싶다. 왜 내 기분이 통쾌할까 생각하니 아이들을 함부로 낙인찍지 말아야 한다는 내 평소 신념에 확실한 증거로 삼을 만하기에 그렇다.

"쟤는 느려."

"쟤는 주의산만해, ADHD야."

"쟤는 까칠해."

"쟤는 성격이 급해."

"쟤는 이상해. 재네 부모도 이상해."

자기가 진단의 또는 전문가라도 되는 양 이런 말들을 함부로 하는 분위기는 바뀌어야 한다. 다만 아이들의 특별한 행동은 자기를 돌보는 어른들이 자기에게 어떻게 대해 주길 바라는지를 알려 주려는 단서일 뿐인데…….

차라리 이렇게 바꿔 보면 어떨까?

"쟤는 생각을 깊게 해. 그 대신 행동은 좀 느려. 당연히 실수는 적지."

"쟤는 행동이 민첩해. 생각보다 늘 행동이 빨라. 가끔 주의산만하긴 하지만 창의성은 끝내줘."

"쟤는 대충 넘어가는 일이 없어. 예민해서 다른 사람의 특별한 배려를 필요로 해."

"쟤는 뭐든지 빨리빨리야. 생각할 틈을 주진 않지만 일 처리는 빨라."

"재는 좀 특별해. 아마 부모도 특별한가 봐"로.

『에드와르도 세상에서 가장 못된 아이』와 『지각대장 존』의 작가 존 버닝햄이 떠오른다. 존 버닝햄의 그림책을 보면 그도 어렸을 때 특별한 시절을 보냈음을 짐작할 수 있다. 모범적인 학교생활을 한 사람은 결코 이해할 수 없는 특별한 아이들의 생활이 그의 그림책에 담겨 있다. 특별한 아이들의 모습과 심리를 섬세하게 그리면서 어른들에게 말하는 메시지가 분명하다. 나는 교육학과 심리학의 엑기스가 그런 그림책에 녹아 있다고 생각한다.

교육학이나 심리학의 공통점은 인간의 마음과 행동을 연구하고 바람직한 방향으로 수정하여 행복한 삶을 살도록 돕는 학문이라고 생각한다. 인간의 행동을 수정하기 위해서는 어떤 방법과 방향이 지혜로운지를 독자의 판단에 맡기는 버닝햄의 지혜가 『에드와르도 세상에서 가장 못된 아이』와 『지각대장 존』에서 돋보인다.

버닝햄의 그림책에서 발견한 기쁨 못지않게 『감기 걸린 물고기』를 읽으면서 기쁨이 컸던 까닭은 아마도 근래 우리 사회에서 일어났던 여러 일들이 연상 되어서였을 것이다. 헛소문을 퍼뜨리는 무리들, 그 소문을 아무런 의심 없이 받아들이고 더 부풀려 퍼뜨리는 무리들, 헛소문에 부화뇌동하면서 어리석은 행동을 저지르는 무리들, 헛소문의 실체 점검 없이 헛소문으로 인해 나뉘고 갈라지는 무리들, 이런 생각을 하며 마음이 무거웠다. 이 그림책은 이런 우리들의 모습을 깊이 되돌아 보고 뉘우치고 심사숙고하도록 강력한 메시지를 주고 있다.

책을 읽은 날 오후 내내 난 행복감에 젖어서 괜히 거실을 왔다 갔다 하며 얼른 손자가 학교에서 돌아오길 기다렸다. 왜냐하면 원래 이 책은 손자가 먼저 읽고 싶어 해서 예약을 걸어 두었기 때문이다.

큰손자도 이제 학교생활을 시작했으니 친구들 사이에서 오고가는 말이나 행동으로 인해 갈등을 겪을 때도 있을 것이다. 아직은 1학년이지만 학교와 교실도 엄연히 하나의 작은 세상이니 뜬소문이나 헛소문을 분별하는 진지함이 필요하다. 물론 선생님이 계셔서 때마다 적절한 교육은 하겠지만 사람의 됨됨이(인성)는 가정에서 기본 틀이 형성되는 것 아니겠는가?

문득 이와 관련하여 '사유덕'이 또다시 기억난다.

말하기 전에 거쳐야 할 세 단계 또는 말하기 전에 넘어야 할 세 고개라고 해도 되겠다. 첫째, 사실인가? 둘째, 유익한가? 셋째, 덕스럽게 표현하는가? 그 첫 글자를 모아서 '사유덕'이라고 만들었다. 말로 인한 실수를 줄이기 위해 반드시 기억해야 할 일이다.

내가 지금 말하려는 것이 정말로 '사'실임을 확인하였어도, 그렇다면 지금 말하는 것이 나와 상대방에게 과연 '유'익할까를 생각한 후에, 유익하다면 어떻게 표현하는 것이 '덕'스러울까를 먼저 짚어보면 말하는 사람도 듣는 사람도 기분 좋게 들을 수 있다. 그리고 그 말은 힘이 있어 사람과 가정과 사회를 변화시킬 것이다.

작가에 대한 궁금증이 생겨서 인터넷으로 찾아보니 서울 문래동에서 그림책을 맛보는 그림책 식당을 운영하고 있다고 한다. 한번 꼭 가 보고 싶다. 그림책이 출출할 때 다양한 메뉴의 그림책을 맛있게 먹고 배부른 행복감으로 돌아오고 싶다.

장수탕 선녀님

백희나 글 · 그림/책읽는곰/2012

요즘 대중탕에 가 보면 어린아이들을 거의 볼 수 없다. 우리 아들들이 자랐던 1970~1980년대만 해도 주말에 대중탕에 가면 아이들을 데리고 온 젊은 엄마들로 바글바글했다. 아이들은 엄마가 때를 미는 동안 커다란 물그릇에 들어앉아서 장난감을 갖고 놀거나 물장난을 하면서 기다린다. 그 물그릇은 목욕탕에서 준비해 둔 것일 때도 있고 집에서 직접 가져가는 경우도 있었다. 목욕을 마치고 나와서 마시는 요구르트나 주스, 콜라는 무엇으로도 비교할 수 없을 정도로 시원한 마무리가 된다.

그 당시의 목욕탕 분위기를 실감 나게 떠올려 주는 책이 『장수탕 선녀님』이다. 사람들이 바글바글하진 않지만 시설은 오래된 목욕탕 분위기 그대로다. 『구름빵』 『알사탕』으로 유명한 백희나 작가의 그림책이다.

3월이 되니 바깥기온이 꽤 올라갔다. 손자 하원을 도우러 집을 나섰다. 배낭에 그림책 몇 권 넣는 것은 당연하다. 손자를 데리고 오다가 솔밭공원 의자에 앉았다. 아침에 입고 간 두꺼운 겨울 점퍼가 부담스러운지 혼자서도 잘 벗는다.

“할머니가 가방에 그림책 넣어 왔는데 읽어 볼까?”

“웅, 꺼내 조.” 주섬주섬 꺼내는 그림책 중에 손자는 『장수탕 선녀님』을 읽어 달라고 집어 든다. 다 읽었는데도 몇 번이나 또 읽어 달란다. 함께 가져갔던 킥보드는 한 켠으로 밀려나 천덕꾸러기처럼 우두커니 기다리는 신세가 되었다. 요즘 킥보드를 몇 번 타 보았는데 서투른 그것보다 그림책이 훨씬 재미있나 보다.

주인공 덕지가 엄마와 함께 동네 장수탕에 간다.

세월의 변화에도 꿋꿋이 목욕탕의 면모를 잘 유지하고 있는 장수탕이다. 매표구의 할아버지 모습과 표정은 장수탕의 분위기에 아주 잘 어울린다. 꼬불꼬불 파마머리에 모딜리아니처럼 긴 코를 한 엄마 표정은 매우 엄해 보인다.

엄마와 덕지가 탈의실에서 옷을 벗는 장면도 재미있다. 덕지는 오로지 요구르트에 관심이 있는 듯 얼굴 방향도 냉장고 쪽으로 향해 있다. 욕실에 들어가자마자 덕지는 냉탕으로 간다. 모든 엄마가 걱정할 말이 머리 감던 엄마로부터 나온다.

“덕지 너, 감기 걸려도 엄만 모른다.”

감기 무섭다고 그 말에 냉큼 순종할 아이가 있을까? 덕지가 목욕탕에 따라가는 이유, 눈물이 나면서도 꾹 참고 때를 미는 이유 중의 하나가 냉탕놀이와 요구르트 얻어먹기인데.

풍덩풍덩, 어푸어푸, 꾸르륵, 신나게 냉탕에서 노는데 이게 뭐지? 벽화 속에서 선녀 할머니가 나타난다. 놀라서 쳐다보는 덕지에게 산속에 사는 선녀라고, 날개옷을 잃어버린 바람에 여태 여기서 지내고 있다고 한다. 누가 날개옷을 가져갔는지 꽤 오랜 세월이 지난 듯하다. 선녀가 할머니가 되도록 옷이 나타나지 않았으니…….

덕지는 선녀 할머니에게 새로운 냉탕놀이를 배운다. 폭포수 아래서 버티기, 바가지 타고 물장구치기, 탕 속에서 숨 참기, 거기다 선녀 할머니는 덕지를 등에 태우고 물속 헤엄까지 친다.

'우아!' 덕지 기분 끝내준다.

한참 덕지를 데리고 논 선녀 할머니는 사람들이 마시는 저게 뭐냐고 은밀히 묻는다.

요구르트라고 말한 덕지가 그때부터 마음이 바쁘다. 뜨거운 탕에 들어가 때 불리기, 눈물 꽉 참고 엄마 손에 등 맡기기를 한 후 드디어 엄마에게 요구르트를 받았다. 선녀 할머니의 마음을 눈치챈 덕지가 그 요구르트를 아주 공손히 할머니께 내민다. 선녀 할머니에겐 요구르트가 아니라 요구릉이다. 빨대로 쪽쪽 요구릉을 마시는 선녀 할머니 표정이 또 끝내준다. 하도 맛있어서 눈이 뒤집어질 듯하다.

목욕을 마치고 돌아오는 길, 엄마는 왠지 언짢은 표정인데 덕지는 얼굴이 벌겋다.

그날 밤, 덕지는 감기를 앓았다. 엄마는 알았다. 그렇게 냉탕에서 오래 놀았으니 감기 안 걸리면 이상하지. 머리도 아프고 목구멍도 따끔따끔하고 온몸에 열도 나고 아픈데 선녀 할머니가 나타나 "덕지야, 요구릉 고맙다. 얼른 나아라."고 하면서 머리에 손을 얹는다.

시원하다.

이튿날 아침, 덕지는 거뜬히 일어난다. 감기가 싹 나았다.

"고마워요, 선녀 할머니!"

이야기는 이렇게 끝을 맺고 있다.

손자는 왜 자꾸 읽어 달라는지, 손자가 이해하기엔 좀 어려울 듯했는데 가만 생각해 보니 지난 1월에 대중탕을 데리고 갔던 일이 생각났다. 감기로 코가 막혀서 며칠 답답해 하기에 수증기를 담뿍 쐬이면 코가 뻥 뚫리지 않을까 기대를 하고 데려간 것이었다.

옛날 우리 아들들 어렸을 때의 대중탕 분위기를 기억하며 고마만한 또래들이 많을 것이라 기대하고 탕에 들어가니 어린아이는 우리 손자뿐이었다. 평일이어서 그랬는지 모르지만.

처음 데리고 가는 거라 혹시나 그 낯선 분위기에서 울고 떼를 쓰면 어쩌나하고 걱정이 되어서 손자가 좋아하는 바다동물 장난감을 넉넉히 챙겨 갔다. 고래, 상어, 가오리, 새우, 가재 등을 넣어 가서 욕탕에 들어가자마자 재미있게 놀 수 있도록 바가지 몇 개에 물을 담아 주었다. 그랬더니 그것 갖고 정신없이 노느라고 덥고 습한 분위기인데도 바로 적응했다.

그 통에 얼른 내 볼일을 마치고 손자를 씻겨 주려는데 머리 감을 때만 조금 떼를 쓰곤 아주 말을 잘 들었다. 어떤 할머니가 뭔가 손자의 행동을 제지하는 말을 한 듯 잠깐 으앙 울더니 바로 멈추었다. 이제 마무리를 해야 한다니까 수도꼭지 앞에서 샤워 타월을 손에 들고 자기 무릎을 닦는 시늉을 하고 있었다. 그냥 장난감놀이만 하는 줄 알았는데 사람들의 행동도 관찰하고 있었음이 신통했다.

마무리를 마치고 탈의실에 나오니 아까 그 할머니가 또 있는 것이 아닌가? 옷을 입었는데도 그 할머니를 알아보고 노여움이 남았는지 내 뒤로 숨으려 했다. 그 할머니는 귀여워서 그랬던 거라며 미안하다고 음료수까지 사 주니 대중탕의 기억이 나쁘지 않게 남았을 듯했다.

그날, 미장원에 들러 머리도 깎고 그야말로 때 빼고 광내고 돌아오는 길에, "규진아, 우리 대중탕에 또 갈까?" 하고 물어보았다. 아주 순순히 고갤 끄덕이기에, "그래, 담에 할머니가 또 데려갈게." 했더니 "아니, 엄마랑"하고 말을 받는다. '고 녀석, 할머니를 밀쳐 내는 건가?'

손자는 이제 대중탕에 가면 오늘 장수탕 선녀님 책에서 본 선녀 할머니를 찾지 않을까? 그리고 요구릉 요구릉 하면서 요구르트도 사 달라지 않을까? 이 책을 여러 번 읽어 달라는 것은 아마도 책 속에서 본 할머니와 자기에게 주스를 사 주었던 할머니를 연결 짓는 것이었는지도 모른다는 생각이 들었다.

지난주에 백희나 작가의 또 다른 책 『이상한 엄마』를 읽었다. 아이를 키우며 직장생활을 하는 엄마에겐 자녀가 아프다는 안타까운 순간에 도움을 준 이상한 엄마에게 매우 고마운 마음이 들 것이다. 그런데 손자는 그 책엔 별로 관심이 없었다.

그 책에 묘사되었던 이상한 엄마와 할머니 선녀님의 분위기가 왠지 비슷한 느낌이었다. 여러 장신구나 화장, 표정, 옷차림, 특히 머리스타일 등이 현실과는 동떨어진 분위기였다. 판타지에선 얼마든지 가능하겠지만 할머니의 아이섀도와 새빨간 입술연지, 이상한 엄마의 백색피부와 새빨간 연지곤지, 머리카락을 다 덮을 정도로 많은 장신구, 위로 틀어 올린 고리머리 등은 말 그대로 이상하다. 그냥 판타지니까 재미로 넘기라면 되는 일일까?

장수탕 선녀할머니는 벽화와 어울리니 그렇다 치고 이상한 엄마는 천사이미지로 했다면 어땠을까하는 생각을 해 본다. 작가님에겐 실례가 되는 말이지만.

달팽이 학교

이정록 시, 주리 그림, 안선재 옮김/바우솔/2017

사실 난 달팽이를 별로 좋아하지 않는다. 쭈욱 몸을 늘여 두 귀를 뺀을 때 보면 그 몸집이 상상 외로 크다. 늘이면 커다란 몸, 줄이면 달팽이 껍질 안에 쏘옥, 마음먹은 대로 늘였다 줄였다 하는 재주를 가진 녀석이다. 몸이 늘 축축한 것도 찝찝하고 목을 길게 늘이면 더 징그러운 무늬가 보여서 싫다. 그 긴 몸이 나선처럼 생긴 달팽이 껍질 안에 꾸역꾸역 구겨져 있을 상상만 해도 징그럽다.

큰손자는 곤충이나 동물을 좋아하는데 달팽이도 역시 좋아한다. 손바닥 위에 올려놓고 기어가는 모습을 들여다보며 즐거워하는 모습을 보면 신기하다.

작년에 스위스로 가족여행 갔을 때다. 산 위의 호수에 가기 위해 표를 끊으려고 기다리는 중에도 어디서 그렇게 큰 달팽이를 찾았는지 손바닥 위에 올려놓고 감상을 하고 있었다. 스위스의 달팽이는 우리나라에서 본 것과는 비교도 안 될 정도로 그 크기와 모양이 달랐다. 신기해서 얼른 사진을 찍어 주었다.

문득 달팽이를 길렀던 일이 기억난다.

몇 년 전의 일이다. 시장에서 사 온 여린 배춧잎에 붙어 온 아주 작은 달팽이를 보더니 집에서 키우자는 것이다. 달팽이를 키우다니! 나는 반대했지만 손자가 원하니 어쩌랴? 투명상자에 여러 달 동안 정성껏 키우며 그 달팽이는 우리 가족의 관심을 온몸에 받았었다. 축축한 환경을 마련해 주고 좋아하는 먹이인 싱싱한 상추를 넣어 주니 달팽이는 금세 쑥쑥 잘 자랐다. 짙푸른 똥도 여기저기 싸놓고 몸이 커 갈수록 상추 잎을 먹는 속도도 빨랐다.

한번은 투명상자 안에 달팽이가 안 보여서 난리가 났었다. 도대체 그 느린 녀석이 어디 갔을까 하고 찾다보니 엉뚱한 곳 책장 뒷면에 몸이 마른 채로 붙어 있었다. 색깔까지 갈색으로 변했었다. 그런데 신기한 것은 상추 잎이 있는 곳에 데려다 놓고 물을 뿌려 주었더니 다시 살아나는 것이었다. 제발 살아나기를 바랐었는데 우리 가족의 마음을 알아 준 듯했다. 우리 가족 모두는 환호성을 질렀다. 매우 놀라운 경험이었다.

오늘, 손자들에게 『달팽이 학교』를 읽어 주었다. 달팽이를 길러 본 큰손자는 더 바짝 다가 앉았다. 표지 그림이 학교 교문 같다. 열린 교문으로 달팽이 한 마리가 꼿꼿하게 서서 당당하게 들어가고 있다. 면지에도 달팽이가 기어가고 있는 모습이 보인다. 너무 느려서 몸 전체가 다 보이지도 않는다.

학생 달팽이들은 책상 위에 책을 펴 놓고 바른 자세로 앉아서 수업 준비를 다 하고 기다리는데 선생님 자리만 비어 있다. 선생님이 더 많이 지각한단다. 선생님을 기다리는 동안 달팽이 학생들이 장난이라도 치는 장면이 나온다면 더 재미있었을 텐데 하는 아쉬움이 조금 생긴다.

안경을 쓰고 수염이 난 할아버지 교장 선생님이 가장 늦게 등교한다는 설정도 재미있다. 하도 느려서 조회나 운동회도 달밤에 한다. 보리밭으로 소풍 다녀오는데도 일주일이 걸렸다. 뽕잎 김밥 싸느라 사흘이 걸렸다.

다행히 지각대장 교장 선생님이 바로 교장실 옆 화단으로 이사를 해서 이제 지각은 안 하게 됐다. 이삿짐 싸는 데 한 달이 걸렸단다. 달팽이들은 화장실이 코앞이라도 가는 도중에 똥도 오줌도 미리 싸 버린다. 하도 느려서다. 달팽이들 모두모두 풀잎 기저귀를 차야겠다고 마지막 쪽에서 해결방안을 제시하는데 그 마무리도 재미있다.

참 신선한 접근이다.

다 듣고 난 손자가 갑자기 김밥을 해 먹잔다.

지난주 배탈이 나서 3~4일 동안 흰죽만 먹어야 했던 손자다. 어린이집도 못 갔다. 소아과 의사가 과일도 우유도 안 된다고 했는데 손자는 딸기, 배, 요구르트, 마들렌 등을 애타게 찾았다. 그래도 잘 참고 견디었다. 다행히 회복이 되어 어제부터 밥을 먹는데 이제 좀 먹을 것이 땡기나 보다.

손자가 원하는데 못해 줄 이유가 없다.

얼른 있는 것만으로 김밥을 만들기로 했다. 맵지 않고 소화가 잘 되는 것이면 된다. 냉장고를 뒤져 보니 호박, 당근, 계란, 버섯, 어묵 이게 다다. 서둘러 씻고 채 썰고 볶고 부치고 굽고 해서 손자와 같이 김밥을 꼭꼭 눌러 썰어 놓으니 그럴 듯했다. 김이 좀 뻣뻣해서 어떨까 싶었는데 다행히 손자도 맛있다며 잘 집어 먹는다. 그냥 밥

보다 김밥이 훨씬 영양이 좋을 듯하니 나도 뿌듯한 저녁이었다.

오늘 읽은 『달팽이 학교』 덕분이다. 저녁에 김밥을 할 생각은 전혀 안 했었는데 달팽이들이 소풍 가기 위해 사흘 동안 준비한 뽕잎 김밥이 우리 손자의 마음을 움직인 것이다.

달팽이들의 소풍이라? 느리면 어떠랴? 느리다는 것은 상대적이다. 하도 세상이 빨리빨리 서두르니까 너도나도 마치 그에 동조하지 않으면 느리다는 둥, 게으르다는 둥, 멍 때린다는 둥으로 소외감을 갖게 하는 요즘 세상이 걱정스럽다.

그래도 한 줄기 희망은 이 느림을 즐기려는 사람들이 늘어나고 있는 것이다. 이렇게 살다간 안 되겠다는 깨달음을 먼저 했던 지혜로운 사람들이 동조를 권하고 있다. 슬로시티, 슬로리딩, 슬로푸드……. 주변이 아무리 시끄럽고 바빠도 그에 전혀 아랑곳하지 않을 뿐 아니라 그렇게 살면 안 된다며 대안을 제시하는 운동이다. 기대가 된다. 그리고 머지않아 대단한 호응을 얻을 것 같다. 이미 올해부터 슬로리딩은 학교 안으로 들어와 한 학기 한 권 읽기로 자리 잡고 있다.

원시사회에서는 사람을 이렇게 조급하게, 조마조마하게, 서두르게 할 필요도 이유도 전혀 없었을 것이다. 빨리빨리란 말은 산업사회, 조직사회에서 생산량, 성과, 기록 등을 의식하며 등장한 말인데 어쩔 수 없이 집안으로까지 들어와 부모도 자녀에게 '빨리빨리'를 입에 달고 살지 않나 반성해 본다. 하긴 나도 오늘 아침 손자를 어린이집 데려가기 위해 준비시키는 과정에서 빨리빨리를 여러 번 외쳤으니까.

사실 손자에겐 '빨리빨리'를 할 필요가 없다. 생각해 보면 그 빨리빨리는 나 스스로에게 하는 말이다. 내 마음이 바쁠 때 괜히 손자에게 부담을 주는 것이다. 옷을 입혀 주고 양말도 신겨 주면서 내가 부산을 떨지만 손자도 기다려 주면 옷을 잘 입는다. 시간만 넉넉히 주고 입으라고 내놓으면 다 입고 나서 뿌듯한 표정을 짓는다. 바로 그 기분을 즐기도록 해야 하는 것인데 내 일정에 맞추려다 보니 손자를 서두르게 하는 것이 마음에 걸린다.

나도 한번 달팽이처럼 살아 보고 싶은데 이미 내 몸도 생각도 시간의 흐름에 적응되어 있으니 그건 불가능하겠지만 이 책을 읽는 동안은 즐거웠다. 달팽이의 세계에 잠깐 다녀온 듯하다. 언젠가 비가 내린 시골길을 한없이 마냥 건너가는 달팽이를 본 적이 있다. 길 건너 풀밭으로 가는 길인데 갑자기 속도에 미친 자동차 바퀴에 속절없이 생이 끝나는 것을 보고 안타까워했던 기억이 있다. 그다음부턴 길 가다 달팽이를 보면 안전한 곳으로 옮겨 주고 가는 버릇이 생겼다.

오늘 손자는 뽕잎 김밥에 마음이 꽂혀 저녁식사 메뉴를 내게 정해 준 셈이다. 딱히 무얼 해 먹여야 좋을지 떠오르질 않았는데 『달팽이 학교』 덕분에 책도 즐겁게 읽고 저녁 메뉴도 해결된 셈이다. 그림책에 이렇게 먹는 이야기를 많이 곁들여 주었으면 좋겠다. 일석이조의 효과가 있으니 읽어 주는 할머니는 덩달아 수지맞는 셈이다.

라치와 사자

마레크 베로니카 글 · 그림, 이선아 옮김/비룡소/2001

헬리콥터 조종사가 되고 싶은 라치는 무지무지한 겁쟁이다. 개를 보고도 달아나고, 깜깜한 방에도 혼자 못 들어가고 친구들을 보고도 무서워하니 나중엔 친구들도 라치를 얕보고 따돌림을 했다. 그러니 어쩌겠는가? 또래들 사이에서 놀아야 할 시기에 늘 외톨이가 된 라치가 할 수 있는 일은 하루 종일 혼자서 그림책 보는 것이었다.

라치는 사자그림을 가장 좋아했다.

'나한테도 이런 사자가 있으면 아무것도 겁나지 않을 텐데…….'

그런데 신기한 일이 일어났다.

어느 날, 잠에서 깬 라치는 침대 옆에 조그만 빨간 사자를 발견한다. 라치는 깔깔 웃음을 터뜨리면서 "애개, 무슨 사자가 이렇게 작아? 힘이 하나도 없어 보여. 아무 쓸모도 없겠어."라고 말한다. 그런데 사자는 그때부터 라치의 생각이 틀렸음을 가르쳐 주려는 듯 힘자랑을 한다. 그러곤 자기처럼 힘이 세지고 싶으면 따라 해 보라고 한다.

라치는 그날부터 사자와 함께 열심히 운동을 했다.

어느 날, 사자와 함께 산책을 나간 라치는 개가 무섭다며 훌쩍거리는 여자애의 손을 잡아 주고, 깜깜한 방에 물건 찾으러도 들어가고 의자도 번쩍! 물구나무서기도 사뿐! 하더니 드디어 진짜 용기가 필요한 일을 만난다.

새로 산 공을 동네 꺽다리한테 빼앗겼다며 울고 있는 아이들을 만난 것이다. 라치는 관심을 갖고 가까이 가지만 그들은 겁쟁이는 필요 없다며 라치의 자존심을 건드린다. 약이 오른 라치는 주머니 속의 사자를 의지하며 꺽다리를 뒤좇아 간다. 처음으로 내 보는 대단한 용기다. 라치의 기세에 눌린 꺽다리는 모자도 목도리도 손수건도 떨어뜨리며 걸음아 날 살려라고 도망가다가 피할 곳이 없자 공을 던져 버리곤 나무 위로 올라간다. 공을 되찾은 친구들은 라치에게 고맙다며 라치를 치켜세운다. 여태까지 그런 일은 처음이다. 친구들에게 인정을 받는 일이 얼마나 가슴 뛰는 일인지 경험해 본 사람은 안다.

드디어 자신에게 용기가 있음을 확인하고 그런 자신감을 준 사자에게 고맙다고 말하려고 바지주머니에 손을 넣는데 사자는 온데간데없다. 대신 빨간 사과 한 개만 만져졌다. 라치는 사자가 없었는데도 자기가 용기 있는 행동을 한 것에 드디어 만세! 만세! 만세!를 외친다. 사자가 혹시 집에 있을지 모른다고 생각되어 얼른 집으로 달려간 라치에게 사자는 달랑 편지 한 장만 남겨 두고 떠났다.

라치는 이제 사자만큼 용감해졌으니 또 다른 겁쟁이를 찾아 용기를 주기 위해 떠난다는 내용의 편지. 사자가 라치를 무척 자랑스러워하는 것을 편지에서 느끼곤 이제 라치는 아무것도 무서운 것이 없다고 한다. 이런 용기를 갖게 되었으니 라치는 이제 헬리콥터 조종사가 될 수 있다고 매우 긍정적인 미래를 암시하는 내용의 글이다.

만 3년이 되는 달에 이 책을 처음 보여 주었는데 손자는 이 책도 무척 재미있게 본다. 벌써 열 번도 넘게 읽었다. 사자가 힘자랑을 하기 위해 의자를 한 손으로 번쩍 들어 올리는 대목에선 책을 읽다 말고 여지없이 작은 의자를 들고 자기도 힘이 세다며 두 팔로 들어 올린다. 때로 비틀거려서 위태하기도 하지만 의기양양하게 들어 올린 그 모습이 가상하여 박수를 쳐 주며 대견하게 바라봐 준다. 작은 의자이기에 망정이지 그렇지 않았으면 자존심 상할 뻔한 일이다. 그런 순간에 이 할머니가 하는 일은 손자가 최대한 그 순간을 즐기도록 해 주는 것이다.

"아유, 우리 규진이 언제 그렇게 힘이 세졌지?"

"의자쯤이야 거뜬하게 들어 올릴 수 있지? 사자가 없어도 규진이는 원래 용감하다, 그치?"

"우리 규진이 많이 컸네. 어떻게 벌써 의자를 그렇게 잘 들지?"

정말 그동안 많이 컸다는 생각이 드는 것은 사실이다.

가끔은 손자도 놀이방에 들어갈 때 내 손을 잡아끈다. 아직 혼자 들어가기는 자신이 좀 없나 보다.

겁이 많아 위축되거나 무언가 시도조차도 하지 않으려는 아이들에게 이 책은 도움이 될 것이다. 그림도 매우 단순하다. 배경 그림이 하나도 없다. 그런데 메시지는 매우 뚜렷하다.

출간된 지 꽤 오래된 책이라 요즘 그림책처럼 섬세하고 화려하진 않으나 배경 없이 단순하게 그려진 그림이 아이들에게 매우 친근하게 다가온다.

짖어봐 조지야

줄스 파이퍼 글 · 그림, 조숙은 옮김/보림/2000

'멍멍' 짖어야 할 조지가 엉뚱한 소리를 내는 이야기로 시작된다. 안타까운 조지 엄마가 엉뚱한 소리를 내는 조지에게 바른 소리, 즉 멍멍 짖으라고 애원도 하고 닦달도 하지만 조지는 여전히 멍멍 소리를 못 낸다. 할 수 없이 조지를 전문가인 수의사에게 데려갔는데 그제서야 비로소 제 소리를 찾을 수 있게 되었다는 이야기다.

조지를 진단한 의사는 멍멍 소리를 내지 못하는 원인을 찾아내고 조지의 입속에서 고양이, 오리, 돼지, 소를 차례로 꺼낸다. 꺼내는 과정이 결코 쉽지 않다. 어떤 동물은 조지의 입 깊숙이 손을 쑤욱 집어넣어야 꺼낼 수 있다. 다 꺼내고 나니 비로소 조지는 멍멍이라고 제 소리를 낸다. 조지 엄마는 얼마나 기쁜지 수의사에게 뽀뽀세례까지 한다.

나중에 사람들이 많은 거리로 데리고 나가니 조지는 '안녕' 하고 짖는다. 이 부분이 상당히 깊은 뜻이 있다고 생각한다. 조지는 이제 엄마가 하라는 대로 하는 것이 아니라 주변 상황을 판단하여 적절한 반응을 한 것이다. 즉, 비로소 자기의 생각과 판단으로 사회적 반응을 한 것이다.

조지의 엄마는 조지를 자랑스러워하며 자식이 제 목소리를 찾은 기쁨을 의사를 비롯해 조지 몸속에서 나온 모든 동물에게 뽀뽀하는 것으로 대신한다. 엉뚱한 소릴 내던 조지를 보며 낙담하던 표정은 이제 자랑스러움으로 바뀌었다.

이 책은 아이들도 좋아하지만 자녀를 기르는 부모들에게는 많은 생각을 하게 해 준다.

둘째 손자에게 이 책을 읽어 주었더니 금방 놀이로 하잔다.

"함머니가 말해 봐."

"뭐라고 해?"

"조지야, 짖어 봐. 이렇게."

"그래, 조지야. 짖어 봐."

'꿀꿀'에 이어, 야옹, 음매, 꽥꽥 다 한다.

바로 이런 소리를 하려고 나에게 말해 보라고 한 거였네.

"아니야, 돼지는 꿀꿀. 개는 멍멍. 자, 조지야. 짖어 봐."

손자는 여러 동물들의 흉내를 내며 꽥꽥, 꿀꿀, 야옹, 음매 하는 소리가 재미있었나 보다.

한참 흉내 내는 말을 하더니 갑자기 “조지 엄마 어딨어?” 한다.

앞부터 다시 넘기며 조지 엄마 표정을 살핀다. 엄마 표정이 점점 달라지는 것이 신기한가 보다. 맨 나중엔 조지 엄마가 절망하다 못해 뒤집어졌다. 다행히도 황소를 꺼낸 뒤 비로소 멍멍 짖는 조지를 볼 수 있어서 얼마나 좋았는지! 의사를 신뢰하며 끝까지 치료를 받은 결과 조지 엄마는 웃을 수 있었다. 멍멍 짖는 조지를 바라보는 의사와 엄마의 표정은 비로소 기쁨과 놀라움으로 가득 차 있다.

손자가 이해하기엔 매우 어려운 내용이지만 아이들에게 친근한 동물들이 등장하니까 손자도 좋아한다. 개가 멍멍 소리를 안 내고 다른 동물 소리를 내는 것이 재미있단다. 손자는 손자 수준으로 이해하면 된다. 큰손자는 어떻게 조지 몸속에서 그렇게 큰 동물들이 나올 수 있느냐며 말도 안 되는 이야기라고 하면서도 의사가 긴 고무장갑을 쑥 집어넣고 다른 동물들을 꺼낼 때는 고개까지 뒤로 젖히고 깔깔 웃는다. 벌써 상상과 현실을 구분해서 생각하는 나이가 되었다니……. 아마도 큰손자는 판타지보다는 현실적인 이야기가 어울릴 정도로 자란 것 같다.

이제 부모의 마음이 되어 생각해 보려 한다.

모든 사람은 태어날 때부터 고유의 존재로서 인정과 존중을 받을 권리가 있다. 그런데 그 고유의 빛을 잃게 되면 주변에서 걱정스러워한다. 특히 부모는 가장 힘들다.

자식이 제 목소리를 내지 못하는 것이 부모가 힘든 가장 큰 이유다. 그런데 사실 자세히 들여다보면 부모가 기대하는 자녀의 제 목소리가 무엇인지 생각해 봐야 한다. 자녀를 잘 모르는 부모도 많기 때문이다.

자녀들은 커 가면서 부모에게 오해를 많이 받는다. 비현실적인 기대를 하는 부모의 욕구를 만족시켜 주지 못할 때 부모는 화를 내기도 하고 다그치기도 한다. 아이는 무조건적인 사랑을 원하던 엄마에게 조건적인 협박이나 비난을 받게 되면서 결국 마음이 닫히고 소통의 벽을 쌓는다. 이렇게 되면 이미 심각한 문제로 발전한 것이다.

조지 엄마처럼 의사에게 데려가는 엄마는 그래도 현명한 엄마다. 어떤 엄마는 아이가 그런지 안 그런지도 눈치채지 못한다. 문제가 심각하게 커지는지도 모르고 있다가 곪아 터지면 그제서야 허둥지둥 어느 병원을 찾아가야 하나, 어떤 상담실을 가야 하나 하며 갈팡질팡한다. 부모 자신이 자녀문제의 원인제공자인 것도 모른 채…….

조지 엄마가 의사뿐 아니라 조지 몸속에서 꺼낸 동물들에게도 뽀뽀하는 대목은 또 다른 감동을 준다. 대개의 부모들은 그동안 조지를 괴롭혔던 나쁜 존재로 생각해서 원망하거나 모른 척할 수 있는데 조지 엄마는 의사에게 했듯이 똑같은 행동을 했다. 이 대목에서 작가의 따뜻한 마음을 느낄 수 있다.

비록 내 자녀를 괴롭혔던 문제들이지만 내 자녀와 함께 했던 존재에 대한 최소한의 예의! 이런 마음은 육아를 하는 사람들에게 겸손한 마음을 갖게 한다. 내 자녀를 잘 기르고 싶으면 자녀를 둘러싸고 있는 주변 환경과 사람 등을 소중하게 대해야 한다. 조건부가 되기 쉬운 현대의 사회환경에서는 사람도 조건화되는 경향이 있다. 이 한계를 극복하기가 점점 힘들어지는 세상이다. 이런 여건 속에서 힘써 순수함을 찾으면서 널리 사랑하는 넉넉한 마음을 가질 때 자녀는 더욱 소중해지고 자녀의 사람 됨됨이도 훌륭해질 수 있다.

꽤 오래전 나의 자녀가 청소년기를 지날 때 있었던 부끄러운 일이 떠오른다.

중학생인 아들이 공부를 열심히 하지 않고 친구들과 어울리며 무질서해진다고 느낀 나는 아들이 사귀는 친구들을 좋지 않게 생각했었다. 원래 우리 아들은 그렇지 않았는데 친구들이 아들을 꼬여서 놀러만 다니고 공부를 안 하게 된 것이라고 생각한 것이다. 아마 거의 모든 부모가 갖는 평범한 마음일 것이다.

그런류의 친구를 사귀지 말라는 마음이 담긴 말을 아들에게 표현했다가 기대했던 효과는커녕 사람을 차별대우하지 말라는 핀잔만 들었다. 아들을 위해서 한 말이 그만 본전도 못 찾은 셈이다. 지금 와서 생각하니 아들 주위에 있는 친구들에게 좀 더 관심을 갖고 소중하게 대해 주었더라면 훨씬 소통이 쉬웠을 텐데 그들을 아들로부터 떼어 놓으려고만 했던 짧은 생각이 부끄럽다.

아들들이 사춘기 진통을 겪을 때 나도 부모로서 함께 힘들었는데 『짖어봐 조지야』 책을 보면서 뒤늦게 내가 얼마나 미성숙한 부모였는지 돌아보게 되었다. 그런 부족한 엄마였는데 의젓한 가장들이 되어 있는 지금의 모습을 보면 그저 고맙기만 하다.

의사는 어떤 동물은 쉽게 꺼냈지만 어떤 것은 매우 어렵게 꺼냈다. 고무장갑까지 끼고 아주 깊이 조지의 몸속으로 손을 집어넣어 어렵게 꺼낸 것이다. 어떤 원인으로 그랬는지는 모르지만 조지의 내면에서 다른 동물이 나오기 전까지는 조지는 자기 목소리를 낼 수 없었다. 모든 동물이 빠져나오자 조지는 사람들과 친해지고 싶어하는 마음으로 '안녕'이라고 말했다.

그 장면은 더욱 깊은 의미가 담긴 신선한 장면이다. 엄마가 바라는 말은 '멍멍'이었지만 조지는 주변 사람들(동물들)을 보고 '안녕'이라고 인사한다. 엄마의 기대보다 훨씬 성숙한 변화였다. 이제야 조지는 스스로 생각하고 판단하며 행동하는 존재로서 빛을 발하게 된 것이다.

다시 말하면, 주도성을 발휘하게 된 셈이다. 주도성을 발휘하면서 자라는 아이가 행복하다. 많은 자녀들이 '엄마 말대로 해.'에 기가 눌려서 그대로 했다가 성인이 된 다음에 후회한다. 그런데 이미 때는 늦었다. 돌이킬 수 없는 상황이 되기 전에 스스로 새로운 상황에 도전하고 시도해 보고 실수해도 다시 일어나고……. 그러면서 삶을 배우면 웬만한 어려움이 와도 적극적으로 해결하는 삶의 태도를 형성할 수 있다. 오히려 어려움을 즐기며 도전정신을 키우는 것이다.

모든 아이들이 각기 제 소리를 낼 수 있도록 길러야 하건만……. 마음 약한 부모가 확신을 가지지 못하는 것이 안타깝다.

넌 (안) 작아

강소연 글, 크리스토퍼 와이엔트 그림, 김경연 옮김/풀빛/2015

『그림책이 좋아서: 보통엄마가 만든 행복한 그림책』과 『포근하게 그림책처럼: 가뿐한 그림책 육아, 그 10년의 행복한 산책』의 저자 류제님 작가로부터 이 책을 소개받은 날 난 얼른 도서관으로 달려갔다. 마침 책이 있었다. 서가에서 외출하지 않고 나를 다소곳이 기다려 주는 듯했다. 내가 찾는 책이 제 자리에 있으면 책이 갑자기 고맙고 예뻐진다. 부자가 된 듯한 착각에 마음이 배부르다.

잔뜩 무거워진 책가방을 든 채 세 살짜리 손자 하원을 도우려 어린이집으로 바로 갔다. 손자를 데려오는 길에 잠깐 솔밭공원 의자에 앉아 이 책을 펼쳤다.

"규진아, 할머니가 책 빌려 왔어. 우리 같이 볼까?"

손자는 책에 그려진 작고 또 큼직한 곰 그림을 유심히 본다. 자기 말이 옳다고 또래 친구들까지 데려와서 상대방을 누르려는 작은 곰과 큰 곰들. 요즘 아이들 세상에서 이런 일들이 얼마나 많은가?

너 참 작다. 아냐 네가 큰 거야. 아냐 나 안 커. 볼래? 아냐 나 안 작아 볼래? 작다니까! 크다니까!

이렇게 서로 상대방의 약점을 꼬집어 비난하며 자기가 옳다고 우기는 구도로 책이 구성되었다. 그런데 이것으로 끝이면 이 책의 매력이 덜할 것이다. 반전을 멋있게 그려 냈다. 작가의 재치와 능력이 돋보인다.

손자는 처음 보는 책의 그림들을 살펴보면서 제법 관심을 보인다. 할머니가 읽어 줄 때 덩달아 재미있는 표정을 짓더니 나중엔 자기가 혼자 보겠단다. 책장을 넘기는 모습이 제법이다.

원래 이 책은 형 규홍이를 생각하면서 빌린 것이다. 학교생활을 하는 손자가 친구들끼리 지내다 보면 이런 상황이 왜 없겠는가? 그런데 형에게 보여 주기 전에 먼저 본 세 살짜리 손자도 그림에 관심을 보이는 것이다. 아마 내용보다 그림에 관심이 갔을 것이다.

이튿날 아침, 밥상 책 읽기를 하는 큰손자에게 읽어 주었다.

큰손자는 계속 깔깔거리며 세 번이나 읽어 달란다. 그다음 날도 그다음 날도 계속 읽어 달란다.

그만큼 이 책의 구성은 단순하며 재미있다. 재미로만 끝나는 것이 아니다. 깊은 의미가 담겨 있다. 요즘은 일부 학교에서 일어나는 폭력사건과 괴물소동 등 말도 안 되는 일로 학교를 곤란하게 만드는 분위기다. 하지만 난 학교는 여전히 아름다운 곳이라고 믿고 있다. 학교는 화사한 정원의 꽃같은 아이들이 와글와글 떠들고 하하호호 웃고 시끌시끌 토론하는 즐거운 곳이다.

대부분의 교사와 아이는 정상이고 건강하다. 그런데 아주 간혹 이상한 교사와 측은한 아이들이 있다. 이상한 교사는 책임을 물을 수 있는 성인이기에 엄벌해야 되지만 측은한 아이들은 더 많이 돌봐 줘야 한다.

한 인간을 사람 노릇하게 하는 역할은 엄마 품이 맡는다고 생각한다. 엄마 품을 잃은 아이들이 대개 측은한 무리에 들어가서 변질된 인정감과 소속감으로 존재감을 확인하려 한다. 엄마 품을 잃어 허전한 아이들이 헤매다 헤매다 동질집단의 아이들을 만나면 용기가 생기고 무서운 일도 겁 없이 저지른다.

엄마 품이 없는 빈집에 들어오기 싫어서 아이들의 마음이 메마르고 갈라지고 황폐해진다. 이 메마르고 굳고 갈라진 마음에 친구들의 고통과 곤란과 어려움이 자리 잡을 틈은 없다. 즐길 수 있을 만한 일들, 자극적인 일들을 찾다 보니 폭력을 쓰고 비정상집단에 가담하고 어둠의 일을 즐기게 되는 것이다. 모든 범죄 가까운 일은 엄마 품을 그리워하다 배신감을 느낀 상처 난 정서에서 싹튼 것이라고 생각한다. 그러므로 회복과 치료의 가장 확실하고 빠른 길은 엄마 품을 다시 맛보게 하는 것이라고 생각한다.

이 책에서도 자기 의견이 먹혀들지 않자 또래들을 데려와 합세해서 우긴다.

서로 상대방을 '네가 커, 아냐, 네가 작아.' 식으로 우기다가 힘이 밀리는 듯하자 다른 친구들을 불러 모아 함께 상대방의 약점을 공격한다. 하지만 상대방이 가만있을 리가 있나? 역시 또래들을 불러 모아 같은 방식으로 대꾸한다. 이렇게 나가다간 해결의 끝이 없다.

그때 갑자기 쿵! 하고 어마어마한 털북숭이 다리가 나타난다. 상대방을 비난하며 약점을 잡고 늘어지던 양측이 모두 깜짝 놀라 뒤로 넘어지려 한다. 그 발 위로 갑자기 머플러를 목에 감은 아주 작고 귀여운 곰이 낙하산을 타고 슝~ 내려와 앉는다. 그러곤 양측에 한마디씩 한다. 공평하다. 어느 편도 두둔하지 않는다. 여태까지 자기 기준으로 상대방을 보며 비난거리를 찾던 그들에게 새로운 기준을 제시한다. "너희는 작고 커." "너희는 크고 작아."

자기 생각으로만 상대방을 공격하던 이들을 정신 차리게 해 준다. 기준이 달라지니 객관적인 관점이 보이는 것이다.

자기들이 괜한 것을 문제 삼았다고 깨달은 양측은 반전의 기회를 공유한다. 바로 배고픔을 느낀 것이다. 밥 먹으러 가자며 같은 방향으로 함께 간다. 서로 다른 방향을 바라보다 이제 한 방향을 바라보게 된 것이다. 함께 밥을 먹으면 화해가 이렇게 쉽게 되는 것이다. 그래서 '요즘 밥 한번 먹자.'가 만만한 인사말이 되었는지도 모르겠다.

상대방을 그렇게 집중적으로 비난하던 문제도 자기보다 더 크거나 작은 존재가 나타나니 가볍게 해결되었고 배고픔을 느끼게 되니 다투던 문제는 일시에 사라진 것이다. 되돌아보니 문제도 아닌 것에 집중했던 자신들이 부끄러웠을 것이다.

여기에 굉장히 깊은 의미가 있다고 생각한다. 이 해결 방식은 개인이나 사회나 국가에 모두 적용될 수 있다. 웬만한 다툼은 생존의 문제 앞에서는 문제거리도 아니다. 갈등과 분열과 다툼은 기본적인 생존의 문제가 해결된 후, 사람들이 그 외의 다른 욕구충족을 느끼고 바랄 때 생기는 과제들이다. 국민소득이 2만 불이 넘는 나라에서 상담 주제가 늘어나고 상담 산업이 발전한다는 말을 언젠가 들었는데 맞는 말이다. 방글라데시가 스스로 느끼는 행복지수가 가장 높다는 말은 이런 이유들에서 얼마든지 이해가 된다.

먹고 사는 문제가 해결되었을 때 다른 문제가 보이는 것이지 기본적인 생존이 위협받는 상황에선 미처 다른 것을 생각하기 힘들다. 배부르게 먹고 나면 행복한 것이다. 그런데 사람이 먹고만 살 수 없잖은가? 밑 빠진 구덩이처럼 끝이 보이지 않는 인간의 마음속에선 계속 다른 것을 바라고 있다. 그러다 보니 이젠 기준을 자기에게 두고 자기와 다른 상대방을 비난하거나 공격하기까지 되는 것이다. 구별과 차이로 생각하면 될 것을 차별 마인드로 생각하게 된 것이다. 갈등이 심해지는 이유도 거기에 있다. 입장을 바꿔 보는 여유만 있어도 서로 이해하고 포용하며 살아갈 수 있건만…….

이젠 아무런 다툼이 없다. 하지만 마지막 장면은 또 깊은 의미를 담고 있다.

문제 해결을 돕던 낙하산 요정(?)의 '너 털 진짜 많다.'는 여러 생각을 하게 한다. 독자들에게 생각을 열어 놓은 것으로 보인다. 인간이 있는 곳에는 이렇게 갈등이 끊이지 않는다.

이 책을 지은 강소연 작가는 뉴욕에서 태어나고 성장하면서 작다고 놀림받았던 어린 시절의 경험들을 그림책으로 녹여냈다고 한다. 모래알처럼 따갑던 경험을 고운 보석 진주로 탄생시킨 것이다.

저자의 첫 번째 그림책이라는데 구성이 매우 탄탄하다. 편견으로 힘들었을 지은이의 흘러간 상황들을 짐작할 수 있다.

이런 경험들을 혼자 삭이고 끝낸 것이 아니라 온 세상을 향해 소리치고 있다. 펜의 힘은 강하다는 말이 생각난다. 이젠 그림의 힘이라고 말해야 할까? 남편 크리스토퍼 와이엔트와의 결혼생활에서, 또 다문화적인 환경에서 자라는 어린 두 딸에게도 문제에 부딪힐 때 멋있게 해결하는 반전의 지혜를 알려 주고자 함이었으리라. 매우 강력한 메시지가 이 그림책을 읽는 모든 이들에게 전달되고 있다. 그것도 유머스러운 구성으로. 이게 작가의 능력이다. 그림도 글도 그림책으로서 딱이다.

이튿날 아침, 큰손자가 아침을 먹으면서 이 책을 또 읽어 달란다. 깔깔거리며 웃는 손자의 표정을 보니 난 더 실감 나게 읽어 주고 싶어진다. 털북숭이 다리가 쿵! 하고 나타나는 장면에서 물어보았다.

"다리만 보이는 이 큰 동물은 뭘까?" 하고 물으니,

"하나님인가?" 하고 총알같이 대답한다.

동물을 물었는데 엉뚱한 발상이다. 아마도 갈등을 잠재우는 범상치 않은 등장에 무언가 권위적인 존재임을 막연히 느꼈나 보다. 손자가 언제까지 할머니에게 듣는 독서를 원할지 모르나 한 집에 같이 사는 한 얼마든지 환영이다. 이 쏠쏠한 재미를 어디서 맛보랴? 손자에게도 내게도 절호의 기회다.

손자는 때로 나보다 책을 더 깊이 있게 이해할 때가 있다. 가끔 내가 잘 이해 안 가는 것을 물어보면 손자가 천연덕스럽게 내게 설명해 줄 때가 있다. 그림을 짚어 주면서.

글자책에 더 익숙한 나는 그림에서 놓치는 것들이 아직도 많다.『낱말 공장 나라』와『망태 할아버지가 온다』와『나의 엄마』에서 내가 놓친 것을 짚어 주며 나를 일깨우던 기억이 난다. 얼마나 의젓한지!

이 부부 작가의 또 다른 책이 나왔다.

『내 거 (아니)야』가 그 제목이다. 한눈에 같은 작가의 책임을 금방 알 수 있었다. 의자 하나를 두고 서로 자기 거라고 주장하는 두 털북숭이 캐릭터는 바로 앞 책에서 나온 캐릭터다. 이 책 또한 나와 다른 모습이나 다른 의견을 이해하고 받아들이고 양보하도록 분위기를 전개한 매우 지혜로운 책이다.

미국 어린이도서관협회 최고의 그림책으로 선정되었다는데 미국이란 거대한 다문화 국가에서 시민으로 살아가면서 겪는 편견과 갈등을 유머스럽고 재치 있게 다루었다. 그 편견과 갈등의 현장은 가정이든 사회든 늘 심각할 텐데 이렇게 즐거운 분위기로 가볍게 해결하는 지혜가 돋보인다. 아울러 문제 속에 갇혀 답답함을 안고 있는 이들에게 겸손하게 깨달음을 주는 작가의 탁월한 발상에 박수를 보내고 싶다.

5장

어른들과 함께 읽는 그림책

그림책을 읽어 주다 보니 내 성장기 시절, 어느 비 오던 날!
옛날이야기를 들려주시던 나의 어머니,
구수했던 나의 할머니 생각이 새록새록!

정말 0세에서 100세까지란 말이 딱 맞네!

그림책 공부를 처음 시작할 때 생소했던 말이 바로 0세에서 100세까지란 말이었다. 누가 처음 했던 말인지는 모르지만 난 그 말을 들을 때 '과장이 좀 심한 것 아냐?' 하고 약간 비판적인 기분이 들었다. 그런데 난 요즘 그 말을 절감하고 지낸다.

어떤 그림책은 손자들에게 읽어 주다 보면 아무래도 아이들이 이해하기엔 난해하지 않을까 하는 것들이 있다. 물론 어린아이들은 개개인 발달의 수준 정도로만 이해하면 되겠지만 인생을 겪어 본 어른이 읽는다면 훨씬 더 깊이 있는 감동이 될 내용이 있는 것이다.

아이도 어른도 함께 볼 수 있는 그림책! 함께 보며 조손간에 수다스러워지는 그림책! 그리고 읽는 사람의 경험의 폭만큼 공감을 불러일으키는 그림책! 이런 것들이 그림책의 매력임을 점점 더 느끼고 있다. 과연 0세부터 100세까지란 말을 누가 했는지 박수를 보내고 싶다.

난 주로 손자들에게 그림책을 읽어 주지만 요즘은 가끔 그 대상이 어른일 때도 있다. 손자들에게 읽어 주다 보면 그 누군가가 떠오르는 책들이 있어서 어른을 만나는 것이다. 그 누군가에는 가까운 가족도 있고 지인도 있고 오랫동안 못 본 친척도 있고 어르신들 모임도 있다.

그동안 그림책을 통해 어른들과 소통했던 경험들을 되돌아본다.

언니 칠순기념 여행과 그림책

나는 2남 3녀 중 둘째 딸이다. 외아들이었던 아버지가 아들을 얼마나 기다렸는지 딸만 셋을 연달아 낳은 우리 엄마는 아들을 못 낳은 것 때문에 어쩐지 당당하지 못한 듯 보일 때가 있었다. 어렸던 나도 그런 분위기를 어렴풋이 짐작할 수 있었다.

옛날엔 시집와서 아들을 못 낳으면 가문에 큰 책임을 못한 것으로 여겼었다. 대신 아들을 낳은 며느리들은 그만큼 당당해 했다. 아들을 못 낳으면 조상 볼 면목이 없다고 말하는 등 은근히 집안 어른들로부터 무언의 압박을 받아 부담을 느꼈던 우리 엄마네의 며느리 시절이 요즘 딸에 대한 대우와 비교되어 씁쓸해진다.

내겐 한없이 좋은 할머니가 계셨다. 할머니가 좋아서 늘 할머니 치마자락을 붙잡고 따라다니길 좋아했었다. 그렇게 좋은 할머니였는데도 엄마에게는 가끔 시어머니 노릇을 하는 분위기였다. 할머니는 1남 1녀를 낳으셔서 우리 아버지가 외아들이었으니 더더욱 아들을 기다렸으리라. 언니와 내가 다섯 살 차이, 나와 여동생이 또 다섯 살 차이다. 10년 동안 딸만 셋을 연달아 낳았으니 그동안 아들을 얼마나 기다렸을까?

그러다 내 여동생과 두 살 터울로 남동생이 태어났다. 그 남동생이 태어났을 때 경사스런 분위기가 요란했던 것을 지금도 기억한다. 엄마는 출산이 임박한데도 또 딸을 낳을까 봐 어른들에게 말도 못하고 혼자서 조용히 낳으려 했다고 한다. 그런데 이번엔 그렇게 기다리고 기다리던 아들이 아닌가! 며느리가 출산하는 줄도 모르고 이웃에 마실 가셨던 할머니는 아들을 낳았단 소릴 듣고 허겁지겁 뛰어 들어오시면서 덩실덩실 춤을 추셨다. 또한 아버지는 싱글벙글하시며 온 집안에 갑자기 훈풍이 불었다.

그때 아버지가 보인 반응은 매우 낯설었다. 왜냐하면 늘 무섭고 엄하기만 해서 우리는 공무원이셨던 아버지가 저녁때 퇴근하시는 자전거 소리만 들려도 긴장을 했었다. 그런 분이 평소 절대로 안 하시던 행동을 하신 것이었다. 부엌에 들어간 일도 처음인데 거기다 미역국을 끓이기 위해 손수 불을 때신 것이다. 뿐만 아니라 엄마 옆에서 미역국도 함께 먹으며 즐거워했다고 이웃 사람들에게 몇 번이나 자랑하시던 할머니 모습이 생각난다.

딸만 낳다가 아들을 낳은 것이 그만큼 경사스런 일인지 당시 어린 나로서는 이해가 안 되었다. 같은 동네엔 딸만 일곱 낳은 집이 있어서 우린 그 집을 칠옥이네로 부르며 큰 마당에 모여 재미있게 놀았건만 그 집은 아들 없는 것이 전혀 아무렇지도 않은 분위기였다. 아들이 뭐길래 그러는지 당시는 이해가 안 되었지만 아무튼 할머니와 아버지가 평소답지 않게 기뻐하시니 우리도 덩달아 기뻤다.

더 이해가 안 되던 것은 또 있었다. 아들은 엄마가 낳았는데 왜 공은 여동생에게 가는지 황당했다. 여동생이 복이 있어서 아들 동생을 보았다는 둥, 고추 달린 동생을 달고 나왔다는 둥, 여튼 여동생을 인정하는 말을 수시로 들었었다. 내 여동생은 나보다 예쁘기도 했지만 그런 출산 역사 때문에 더 귀여움을 많이 받았었고 특별한 대우도 받았던 듯싶다. 남동생을 본 딸이라면서.

그랬던 내가 최근에 여류화가인 윤석남 작가를 모델로 만든 그림책『나, 화가가 되고 싶어!: 화가 윤석남 이야기』를 읽다가 그 정서가 순간적으로 이해되었다.

아버지가 된 남자가 말했어요.

'셋째는 아들이면 좋겠는데'

그러나 셋째도 딸이었어요.

드디어 엄마가 아들을 낳은 날

아버지는 셋째 딸을 번쩍 안았어요.

"남동생이 태어났단다. 이렇게 좋을 수가 없구나.

딸아, 너도 좋지? "

셋째 딸은 까르르 웃었어요.

내 여동생이 왜 특별한 사랑을 받았는지 충분히 공감이 가는 대목이었다.

첫딸로 태어났던 언니가 2016년 10월에 칠순을 맞았다.

우리는 여자 자매끼리만 여행을 하기로 계획했다. 전주 한옥마을에 가서 1박 2일 동안 깨가 쏟아지도록 옛날이야기를 많이 나누었다. 평소 가족행사에서 잠깐씩 만나던 분위기와는 사뭇 달랐다. 자매끼리 오붓하게 한 방에서 지내며 각자 살아온 이야기, 살아갈 이야기로 시간 가는 줄 몰랐다.

첫날 낮에 있었던 일이다. 우리는 산책을 하다가 정자에 앉아 잠시 쉬어가기로 했다.

난 미리 준비해 간 그림책을 꺼냈다. 『엄마의 품』과 『넉 점 반』이었다.

엄마의 품

박철 시, 김재홍 그림/바우솔/2015

『엄마의 품』은 각 페이지마다 글과 그림이 고운 명주처럼 잘 어우러져 한 폭의 시화처럼 아름다운 책이다. 결 고운 비단에 비유하면 어울릴까? 마치 사진을 찍은 것이 아닌가 착각할 정도로 사실적으로 그린 김재홍 작가의 그림 솜씨가 돋보인다. 『동강의 아이들』 『엄마가 섬 그늘에 굴 따러 가면』 『집안일』도 같은 작가의 그림인데 고운 풍경 속에 그려진 엄마의 모습을 보고 있으면 마음이 차분해진다. 한없이 곱고 아늑하고 따사로운 정을 담뿍 담아 인자하게 빛나는 그림 속의 엄마! 그 엄마의 눈빛과 표정을 보면 모든 사람이 엄마를 떠 올릴 것이다. 엄마는 마음의 고향이니까.

『엄마의 품』의 주인공 철이는 초등학교 1학년 남자 아이이다. 수업을 마치고 온 어린아이가 기특한 생각을 했다. 집에 왔는데 엄마가 보이지 않는다. 마음이 텅 빈 것같이 허전하다. 엄마가 어디 갔을까? 틀림없이 들에 갔을 것이다. 햇볕이 쨍쨍한 여름 한낮인데 엄마가 얼마나 더울까 생각하니 빨리 엄마에게 시원한 물이라도 한 대접 갖다 드리고 싶다.

한쪽 주머니 속엔 크림빵을, 한 손에는 물주전자를 들고 엄마를 찾아간다. 그런데 갑자기 하늘이 컴컴해진다. 곧이어 먹구름이 몰려오더니 후드득후드득 소낙비가 쏟아져 내린다. 인적 하나 없는 빈 들판에 어둠이 내리고 장대비는 점점 거세게 쏟아진다. 개구리들마저 이리 뛰고 저리 뛴다. 아이가 신은 고무신은 자꾸 미끄러지다 발에서 벗어진다. 장대비는 더욱 거칠게 쏟아지는데 앞뒤를 아무리 살펴봐도 피할 곳이 없다. 아이는 불안해진다. 집으로 돌아가야 하나, 엄마에게 가야 하나?

그러나 곧 엄마를 부르며 내달린다. 그칠 줄 모르고 쏟아지는 먹구름과 비바람과 장대비가 무섭다. 철이는 있는 힘을 다해 엄마를 소리쳐 부른다.

"엄마아, 엄마……."

빗줄기 소리에 섞여 어렴풋이 들려오는 아이의 목소리가 다행히도 엄마 귀에 들렸다. 엄마는 긴가민가하면서 비를 피하던 다리 밑에서 몸을 일으켜 세운다. 엄마를 발견한 아이는 반가움과 안도감에 주전자 뚜껑이 열리는 것도 모르고 엄마를 향해 달려간다.

"철이야? 아이고, 이놈아. 이 빗속에 집으로 내달려야지 이리로 오면 어떻게 해. 이놈아!" 하며 엄마는 대뜸 아이의 등짝을 내리친다. 그러곤 옷자락을 들어 아이의 젖은 얼굴을 닦고 또 닦아 준다.

추위에 떨던 아이가 엄마 품에 안기자 비도 그치는 것 같더니 갑자기 세상이 따뜻해진다. 둘은 함께 다리 밑으로 들어가 빵과 주전자의 물을 나누어 먹는다.

엄마는 뻔한 질문을 한다.

"왜 엄마한테 왔어?"

"응? 그럼 어디로 가?"

철이의 대답이 명답이다. 엄마에게 와야지 그럼 어디로 가겠어?

빗줄기처럼 거친 비바람 속에서도 엄마의 품에만 안기면 무서울 게 없다.

등짝을 맞았어도 엄마의 속마음을 알기에 그깟 것은 하나도 안 아프다.

엄마는 어디 있더라도 자식의 목소리를 들을 수 있다. 아니 들어야 진짜 엄마다.

엄마의 품에는 세상 모든 따사로운 햇살이 다 담겨 있다.

이상이 『엄마의 품』 줄거리다.

엄마의 품은 언제나 따뜻하다. 더욱이 빗속에 몸은 차가워졌고 마음은 불안했던 아이가 포근한 엄마 품에 안겼으니 얼마나 아늑했을까? 순식간에 모든 긴장이 녹아내리고 비로소 마음도 풀어진다. 평화와 안식이란 게 바로 그런 것이리라.

주머니 속에 있던 크림빵 한 개! 먹을 것이 귀하던 그 시절에 크림빵은 쉽게 구할 수 있는 것이 아니었다. 달콤하고 부드러운 크림빵은 아이들이 매우 좋아하던 간식이었는데 먹고 싶은 것도 참고 엄마를 생각한 아들이다. 엄마를 만났을 땐 아마 다 짓눌려졌을 것이다. 요즘에는 찾아보기 힘든 인정스런 행동이다. 가진 것이 별로 없던 옛 시절이지만 콩 한쪽도 나눠 먹어야 한다는 말을 자주 들으며 자란 우리 세대다. 들판에서 땀 흘릴 엄마 생각을 하니 맛있고 귀한 것을 결코 혼자 먹을 수 없었던 철이! 참으로 귀한 마음을 가진 철이다.

엄마의 품에서만 느낄 수 있는 포근한 사랑! 그 사랑을 아늑하게 경험해 본 사람은 악한 사람이 될 수 없다. 유순하고 인정스런 마음으로 다른 사람을 배려하는 따스한 마음은 엄마의 품 경험 여부가 결정한다고 생각한다.

엄마는 우리 모두의 고향이다. 삶에 지치고 힘들 때 우리는 본능적으로 엄마 품을 그리워한다. 이 세상에 나올 준비하느라 엄마를 힘들게 했던 열 달! 저마다 독특한 형질이 빚어지던 열 달 동안의 아늑하고 가장 안전했던 고향! 열 달이 다 찬 후, 엄마의 생살을 찢고 태어난 우리! 무조건적인 사랑을 느꼈던 엄마의 품! 그 품이 있어서 우린 사람 구실을 할 수 있게 된 것이리라.

읽다 보니 오남매를 기르신 우리 엄마의 고단했던 삶과 오버랩

된다.

우리 세 자매는 길가 정자에 앉아 이 책을 읽으면서 보고 싶은 엄마를 떠 올렸다. 각자의 추억 속에 간직한 엄마의 숨결을 떠올리며 이렇게 우애 있게 지내도록 잘 키워 주신 엄마를 잠깐 추모했다.

고단한 삶 속에서도 항상 웃으시던 우리 엄마!

긍정마인드를 가지고 유머스럽게 말하던 우리 엄마! 엄마가 화를 내던 모습은 떠오르지 않았다. 그렇다고 내가 엄마 속을 썩인 적이 없었던가? 그건 아닐 것이다. 자식은 모두 엄마 마음 졸이게 하면서 크는 것이 분명한데……. 엄마인들 왜 속상하고 화나는 일이 없었을까마는.

이십 오륙 년 전 나의 두 아들이 사춘기를 겪는 것을 지켜보느라 힘들었을 때 난 엄마를 떠올리며 부끄러움을 느꼈던 적이 있었다.

'엄마는 내가 사춘기였을 때 어떻게 하셨더라?'

되돌아보니 내게 큰 소릴 치거나 화를 내던 모습이 떠오르지 않았다. 나라고 그렇게 고분고분한 딸은 아니었을 텐데 엄마는 그런 나를 속 깊게 이해해 주셨나 보다. 아니, 이해라는 말은 어쩌면 사치일지도 모르겠다. 내가 사춘기이던 60년대는 올망졸망한 자녀들 먹이는 일에만 신경 쓰는 것도 고달팠을 시절이다.

'나도 엄마처럼 넓은 아량을 가져야지. 자식들을 이해해야지. 참아야지. 기다려야지.' 하며 두 아들을 향한 내 마음을 다스렸던 기억이 난다.

정자를 나오는 우리는 가수 박인희의 〈세월아〉의 가사 '세월아, 너만 가지. 사람은 왜 데려가니?'를 함께 흥얼거리고 있었다. 지금 살아 계시면 96세이실 텐데……. 그림책 한 권이 엄마 생각에 푹 젖게 했다. 그리고 언니의 칠순기념 여행을 더욱 의미 있고 값지게 해 주었다.

넉 점 반

윤석중 글, 이영경 그림/창비/2004

『넉 점 반』은 윤석중 시인의 짧은 동시를 이영경 작가가 그림책으로 만든 것이다. 작가의 뛰어난 상상력은 짧은 원작 동시에 당시의 생활모습과 시대적 정서를 잔치음식만큼이나 풍성하게 담아냈다. 작가의 그런 감수성이 놀랍고 존경스럽다.

윤석중 시인의 원작은 이렇다.

넉 점 반

아기가 아기가
가겟집에 가서
"영감님 영감님
엄마가 시방
몇 시냐구요."
"넉 점 반이다."

"넉 점 반
넉 점 반."
아기는 오다가 물 먹는 닭
한참 서서 구경하고.

"넉 점 반
넉 점 반."
아기는 오다가 개미 거둥

한참 앉아 구경하고.

"넉 점 반

넉 점 반."

아기는 오다가 잠자리 따라

한참 돌아다니고.

"넉 점 반

넉 점 반."

아기는 오다가 분꽃 따 물고 니나니 나니나

해가 꼴딱 져 돌아왔다.

"엄마

시방 넉 점 반이래."

책을 읽으면서 나는 책 속의 심부름하는 꼬마 여자애가 된 듯 행복감에 젖었다.

여자애는 고운 옷을 입고 엄마가 부탁한 심부름을 위해 자신만만하게 떠난다. 옆집 가게에 가서 몇 시냐고 물어보는 것쯤이야 간단하게 할 수 있지 하는 분위기다. 평소에 자기를 예뻐하며 머리도 쓰다듬어 주시던 이웃집 할아버지니까.

"영감님, 엄마가 시방 몇 시냐구요."

"넉 점 반이다."라고 들은 것까진 참 잘했다. 그러곤 혹시라도 잊어버릴까 봐 '넉 점 반' '넉 점 반'하고 새김질을 했다. 그러곤 곧바로 엄마에게 가서 '시방 넉 점 반이래.'라고 심부름 잘한 것으로 끝났다면 이 동시는 원래부터 없었을 것이다.

그런데 아이는 아이다.

이야기는 이제부터 흥미 있어진다. 세상은 온통 신기함으로 가득 차 있다.

가겟집 바로 앞에 언제 팔려 갈지 모르는 닭 한 마리가 다리에 끈이 묶인 채로 물을 먹는 모습이 신기하다. 물그릇 위 가장자리에 버티고 올라서서 물먹는 닭을 처음 보았으니 얼마나 신기한가? 그런데 이번엔 발밑에서 발발 기어가는 개미가 또 눈길을 끈다. 자세히 보니 여럿이 힘을 합쳐 지렁이를 물고 가지 않는가? 꿈틀거리는 지렁이와 작은 개미가 또 신기해서 그 옆에 쪼그려 앉았다. 자세히 보니 참 재미있다. 작은 개미가 큰 지렁이를 물고 가다니……. 일어서 가려는데 고추잠자리가 획획 날아다닌다. 마치 '꼬마야, 나 좀 봐봐.' 하듯이. 정신없이 고추잠자리를 쫓아다니다 보니 집은 점점 멀어진다.

이를 어쩌나? 세상 구경을 하다 보니 집에서 좀 떨어진 들판으로 나왔다. 수수이삭들이 고개를 숙이고 난장이 채송화가 가지런히 피어 있는 길을 지나니 분꽃밭이 나온다. 이게 웬일인가? 고추잠자리가 바로 분꽃 위에 사뿐히 앉아 있는 것이 아닌가? 손가락을 모으고 살살 다가갔지만 어디 잠자리 잡기가 만만한가? 날아간 잠자리가 아쉽지만 이제 다시 '넉 점 반'을 되뇌며 집에 오려는데 분꽃이 너무 곱다.

아이는 이제 분꽃밭 속으로 들어가 꽃과 하나가 되었다. 아예 들어가 앉아 꽃잎놀이를 한다. 한아름 꽃이 치마 품에 쌓였다. 꽃 속에 앉으니 아이가 꽃인지 꽃이 아이인지 모를 정도로 곱다. 고운 꽃잎을 따서 꽃브로치를 만들어 저고리 깃에도 꽂아 보고 나팔처럼 불어 보기도 하고……. 시간이 많이 흘렀다. 분꽃밭 바깥길엔 퇴근하는 어른들과 하교하는 큰오빠들이 보인다. 고운 분꽃을 볼 때까지만 해도 '넉 점 반'은 아직 입속에 있었다. 하지만 이미 해는 꼴딱 졌으니 어쩌지? '넉 점 반(네시 반)'은 이미 한참이나 지났으니…….

한편, 엄마는 어떻게 하고 있을까?

저녁밥 지을 때가 되었는지 알아보려고 심부름을 보냈는데 아무리 기다려도 아이는 감감 무소식이다. 너무 어린애를 보냈나 보다고 가벼운 후회도 했을지 모른다. 분꽃이 벌어진 모양을 보니 저녁 지을 때가 된 것 같은데 얘는 어딜 가서 안 올까?

요즘 같으면 난리가 났을 상황이다. 심부름 시킨 아이가 예정된 시간에 나타나지 않으면 온 가족이 나가서 아이를 찾아다니고 경찰에 신고하고 불안에 떨었을 상황이다. 하지만 그림책 속은 아주 평화로운 시골마을이다. 아마도 엄마는 점방 할아버지네 방에 들어가서 노느라고 안 오겠지 하고 마음 편히 저녁밥을 지었을지도 모른다.

엄마가 기다리는 그 시간에 아이는 세상을 훨훨 탐색했다. 모처럼 혼자서. 엄마는 걱정했겠지만 아이에겐 절호의 기회였다. 엄마와 같이 다닐 땐 안 보이던 것들이 혼자서 갈 땐 보이게 된 것이다. 혼자서 경험해 보는 세상에서 자기도 독립적인 존재라는 것이 어렴풋이 확인도 되면서 뭔지 모를 만족감, 성취감, 뿌듯함으로 가슴이 벅찼을 수 있다.

갑자기 내 어린 시절의 한 장면이 떠오른다. 초등학교 1학년 때였다. 웬일인지 그날 난 혼자 운동장에서 놀았다. 혼자 노는 운동장이 왜 그리 넓었던지! 심심해서 이리 저리 돌아다니다 철봉근처에 머물렀다. 저기에 매달려 볼까? 아마 누가 보고 있었다면 슬쩍 지나갔을 것이다. 내 어렸을 적엔 내성적인 성향으로 지극히 소심했던 것으로 기억한다.

마침 아무도 보는 이가 없어서 조심스럽게 매달려 보았다. 혼자 철봉에 매달리는 것이 처음이라 가장 낮은 칸에서 철봉을 붙잡고 여러 동작을 해 보았다. 손을 감싸 쇠막대를 꼭 잡고 조금 뛰어올라 배를 걸쳤다가 조심스럽게 그리고 순간적으로 획 돌았다. 잠깐 어지러웠던 것 외엔 아무 일도 안 일어났다. 떨어지면 어떡하나 하는 불안감이 있었는데……. 신기하고 스스로가 대견했다.

'어? 안 떨어졌다!' 하고 외치고 싶은데 들어 줄 사람이 없어서 그 흥분을 혼자 삭여야 했다. 철봉만 꽉 잘 잡으면 떨어지지 않는다는 비결을 터득하고 나니 그 후로는 철봉에 대해서 내가 많이 아는 듯 자랑하고 싶어졌다. 스스로 익힌 기술이라 자신감이 생기고 우쭐해졌다. 다리를 걸고 거꾸로 세상을 보는 경험도 새로웠다.

힘이 빠질 듯하면 얼른 손으로 철봉을 잡아야 안전하다는 걸 말로 아닌 경험으로 배웠다. 누군가에게 이 비결을 가르쳐 주고 싶었다. 나중에 손바닥을 보니 손가락 뿌리 근처에 굳은살이 생겼다. 철봉을 많이 하면 손바닥도 이렇게 되는구나, 며칠 지나면 아무렇지도 않게 되는구나, 어른의 도움 없이도 혼자 할 수 있는 일들이 있구나 등 새로운 깨달음으로 며칠 동안 붕 뜬 기분이었다.

아마 이 책의 여자 아이도 비슷한 느낌을 갖지 않았을까? 비록 꾸중은 들을지라도 혼자서만 누릴 수 있는 스릴과 모험의 기쁨을 어찌 외면할 수 있었으랴!

여기서 잠깐!

발달지식

인간의 평생을 신생아기부터 노년기까지 심리사회적인 관점에서 8단계로 나누어 설명을 한 에릭슨이 떠오른다. 책 속의 여자 아이는 지금 유아기에 해당한다. 유아기에 꼭 이루어야 할 과업은 '주도성'이다. 주도성은 호기심이 바탕이 된다. 지금 이 아이는 호기심이 한창 일어날 때다. 혼자 심부름을 나왔으니 엄마가 자기를 믿고 심부름을 잘 할 것을 기대하고 있다는 자부심도 있을 것이고 심부름을 보란 듯이 잘 해서 칭찬받고 싶은 마음도 있을 것이다. 더욱이 위로 언니도 있고 오빠도 있다. 언니와 오빠 사이에서 무얼 어떻게 하면 칭찬을 받을 수 있을지 이미 다 파악하고 있는 아이이다. '넉 점 반'을 되뇌이는 모습에서 아이의 책임감도 싹이 트고 있는 것을 알 수 있다. 넘치는 호기심을 누르고 엄마에게 바로 돌아가기엔 모처럼 너무나 자유로운 시간이다. 바로 혼자서 세상을 탐색하는 것이다.

이렇게 혼자만의 첫 경험을 하는 것이 아이의 성장에선 절대적으로 필요하다. 새로운 경험에 성공하면 자신감이 쌓이고, 혹시 실패나 실수를 했더라도 교훈을 배운다. 이런 경험을 하면서 가정에서 마을로 그리고 이웃동네로 관심을 확장하게 되면 비로소 한 인간으로서 존재감도 커지는 것이다. 이렇게 세상도 알아 가면서 새로운 상황에서 자신이 어떻게 적응해야 하는지 터득하게 되면 한 인간으로서 독립적인 삶을 살아갈 기초를 쌓아 가는 셈이다.

그런데 주도적으로 시도해 볼 기회를 박탈당하거나 제지당하는 일이 자주 일어나다 보면 수치심과 죄책감을 느끼며 나중에는 아예 시도도 안 하려고 한다. 비록 실수를 하더라도 유아기엔 스스로 뭔가를 시도해 볼 기회를 자주 주는 것이 주도적인 성격을 형성하는 데에 도움이 된다.

원작자 윤석중 시인과 이영경 작가는 발달심리적인 배경지식이 매우 탄탄한 분들임을 알 수 있다. 나는 그림책을 보며 가끔 감탄을 할 때가 있다. 학자들의 이론이 함축적으로 녹아 있는 장면을 발견했을 때 나도 모르게 무릎을 탁 친다. 그러곤 감동에 젖어 먼 산을 한참 바라본다. 그림책의 매력은 이런 것이다. 작가가 담아낸 그 이상도 볼 수 있어서 행복하다.

이제 다시 책으로 돌아가 보자.

해가 이미 꼴딱 진 시간이다. 바로 옆집 가겟방에 갔다 오는 심부름인데 많은 시간이 흘렀다. 동네 가겟방 옆 전봇대엔 벌써 불이 켜져 있다. 아이가 가까이 오는 인기척을 느낀 강아지가 반갑게 꼬리를 흔들며 마중을 나왔다. 마당에 들어선 아이는 천연덕스럽게,

"엄마, 시방 넉 점 반이래." 하고 외친다. 그런데 집안 분위기가 약간 이상하다. 눈치 빠른 여자애라서 '내가 무얼 잘 못했나? 이상하다.' 하는 표정이다. '심부름 잘했구나.' 하며 칭찬받길 기대했건만 엄마의 눈빛이 이상하다. 그런 집안 분위기에 슬쩍 엄마 눈치를 보며 조심스럽게 마루 위로 올라선다. 방 안에선 언니와 오빠들이 벌써 저녁을 먹고 있다. 그제서야 아이도 배고픔을 느낀다.

살짝 눈 흘기며 아이를 바라보는 표정에 엄마의 마음이 담겨 있다.

"너 심부름 보낸 지가 언젠데 어디서 무얼하다 이제 온 거야? 엄마가 얼마나 걱정했는지 알아?" 말 안 해도 다 안다. 심부름 보낸 딸을 기다리다 할 수 없이 그냥 분꽃 벌어진 정도를 보고 저녁밥을 지었다. 심부름 간 아이가 아직 안 들어온 상황에서 엄마는 밥을 편

히 먹을 수 없다. 마루 끝에 걸터앉아 막내둥이를 안고 젖을 물리며 대문 밖만 바라보았을 것이다. "엄마, 시방 넉 점 반이래." 하며 들어오는 아이의 소릴 들으니 비로소 안심이 되고 반갑긴 했지만 한편 아이 꼬락서니를 보니 어이가 없다.

해가 꼴딱 져서야 집 안으로 들어가는 아이 모습을 옆집 가겟집 할아버지도 유심히 보고 있다. 할아버지는 이미 저녁밥을 끝내고 가게 앞에 나와 긴 여름 저녁 더위를 쫓기 위한 부채질을 하고 있다. 할아버지 표정에도 '아니, 쟤가 시간 물으러 온 게 이미 언젠데?' 가 나타나 있다.

옷매무새를 보니 온통 어디를 헤매고 다녔을지 짐작이 간다. 저고리와 치마엔 땀인지 흙인지 얼룩얼룩하다. 아이를 살짝 흘겨 보는 엄마의 눈은 아기 옷고름에 브로치처럼 꽂힌 분꽃과 양손에 들린 분꽃을 보고 안 물어봐도 다 알겠으니 어서 들어가서 저녁밥이나 먹어라 하는 표정이다. 심부름 보낼 때의 정갈한 모습은 아니지만 무사히 돌아온 것이 반갑고 고마웠을 것이다.

마루 위엔 밥솥이 통째로 그리고 아이의 몫으로 따로 퍼 놓은 밥그릇이 놓여 있다. 엄마의 마음이다. 방 안에선 언니 오빠들이 맛있게 저녁을 먹고 있다. 이 시절엔 밥이 힘인 시절이다. 한참 크는 아이들이 밥을 더 먹고 싶어도 다른 형제를 생각해서 양보해야 하는 시절이다. 요즘 밥을 안 먹으며 부모의 애를 태우는 분위기와는 천지 차이인 옛날의 이야기다. 아마도 그래서 아이 몫으로 따로 챙겨 놓았을 것이다. 아이가 돌아오면 얼마나 배고플까? 하는 엄마 마음이 밥그릇에 가득 담겨 있다. 엄마도 배가 고플 텐데 내가 배고픈 것쯤이야 아무것도 아니니 어서 돌아오기만 하거라 하는 생각을 하며 아기에게 젖을 물리고 있는 엄마. 우리들의 엄마는 이렇게 기다리고 기다리며 우릴 키웠었다.

안타깝게도 윤석중 시인은 이 시가 그림책으로 나온 것을 보지 못하고 세상을 뜨셨다. 생전에 보셨더라면 얼마나 좋았을까 생각하며 내 초등학교 4학년 시절의 어리숙했던 일이 갑자기 생각나서 푸훗 웃음이 터진다. 잠깐 곁길로 새본다.

옛날에는 학교도서관이 요즘처럼 잘 되어 있지 않았다.

웬일인지 그날은 학교 끝나고 바로 집엘 가지 않고 혼자서 도서실을 빼꼼 들여다보았다. 여자 한 분이 책을 빌려 주는 일을 하고 있었는데 그 창구 분위기가 시골 작은 구멍가게보다 더 작았던 듯싶다. 그때 내 눈길을 끈 책이 한 권 있었다. 여자분 등 뒤에 꽂혀 있는 『윤석중 시집』이었다.

윤석중 시인이 남자인 것으로 알고 있던 나는 '남자가 시집을 어떻게 가지? 이상하네.' 하며 단지 호기심 때문에 그 책을 빌렸다. 그러곤 책장을 넘기자마자 난 실망하고 말았다. 시집 가는 이야기가 펼쳐질 줄 알았는데 동시만 가득했다. 곧바로 반납할 수도 없고 실망과 동시에 난 나의 어리석음이 얼마나 부끄럽던지.

이왕 빌렸으니 동시나 읽어 보자고 마음을 먹고 집으로 가져왔다. 아마 끝까지 읽어 본 것 같기는 하다. 그중에 완전하지는 않지만 아직까지도 기억하고 있는 것이 있다.

모두 우리 일가다

입는 고리 저고리
거는 고리 문고리
(셋째 줄은 기억이 안 남)
모두 우리 일가다.

기는 제비 족제비
섰는 제비 허제비
먹는 제비 수제비
모두 우리 일가다.

제목도 자신 없고 순서도 자신 없고 더욱이 1절의 '고리'를 말하는 한 줄은 까맣게 생각이 안 난다. 하지만 그 동시를 읽으면서 어쩌면 이렇게 재미있는 말을 찾았을까 하고 감동했던 것은 기억이 난다.

윤석중 시인은 한국인이라면 모두의 가슴속에 아름다운 노래로 자리 잡고 계시는 분이다. 〈퐁당퐁당〉〈기찻길 옆 오막살이〉〈옹달샘〉〈낮에 나온 반달〉 등 수많은 노랫말을 지어 한국인의 정서에 큰 몫을 하신 분이시다. 1911년에 태어나시고 1925년에 동요를 처음으로 발표하신 분이니, 이후 태어난 이 땅의 모든 아이들은 이 노래들을 부르며 자라 왔다. 어디에선가 이 노래가 들려오면 아버지도 어머니도 아이도 자연스럽게 따라 부르게 된다. 노래는 이렇게 세대를 뛰어넘어 소통의 역할을 하니 참으로 귀한 역할을 한다.

원작자를 생각하다 잠시 옛일을 떠올려 보았다.

언니 칠순 여행을 간 우리 세 자매는 함께 이 책을 읽으며 우리를 우애 있게 지내도록 키워 주신 친정 엄마 이야기, 책 속의 다섯 아이와 같은 우리 오남매 이야기, 그리고 주인공 엉뚱한 꼬마 여자아이 등에 대해 수다를 떨며 어린 시절로 시간여행을 하고 있었다.

어쩐지 우리가 클 때 풍경과 비슷한 것 같았다. 그리고 엄마 마음도 함께 느껴졌다.

각자 느끼는 것이 조금씩 차이는 있었겠지만 나는 이 꼬마에게 '잘했어, 잘했어.'라며 박수를 보내고 싶었다. 왜냐하면 나도 가끔 딴짓을 잘하기에 심부름 길 떠났다가 세상을 돌아다니던 꼬마의 심정이 충분히 이해가 가서다.

엄마 이야기를 나누다보니, 내가 지금 육아과정에서 그림책과 옛날이야기에 관심을 가지게 된 것은 우연이 아님을 새삼 확인한 소중한 추억이 떠오른다.

중학교 1학년 어느 비 오는 날이었다. 바느질하시던 엄마 곁에 앉아 있던 내가 옛날이야기를 해 달라고 엄마를 졸랐다. 중학생과 옛날이야기가 어울리지 않지만 아무튼 좀 한가한 낮이었던 듯싶다. 늘 살림살이가 고달팠던 엄마가 여유 있게 바느질하시던 모습을 보는 것이 나로서는 드문 일이어서 그랬던 것이 아니었나 생각된다. 엄마는 엉뚱한 내 청을 거절하지 않고 마침 기다렸다는 듯이 이야기 주머니를 풀으셨다.

그날 나는 두 가지 이야기를 들었는데 아직까지 기억하고 있는 것을 보면 꽤 인상 깊었던 것이 틀림없다.

엄마의 옛날 이야기

옛날 이야기 1

어느 비 오던 날, 엄마에게 들었던 옛날이야기는 이영경의 『넉 점 반』이 연상되는 이야기였다.

옛날에 한 반푼이가 엄마 심부름을 가는 길이었다.

윗마을 큰댁에 가서 꿀종지를 빌려 오라는 말에 그 말을 잃어버릴까 봐 걸음을 뗄 때마다"꿀종지 꿀종지." 하며 한참을 갔다. 가다 보니 중간에 작은 도랑이 있지 않은가. 도랑물에 빠지지 않으려고 펄쩍 건너다가 그만 그 말을 잃어버렸다.

그래서 이리저리 돌아보며 두리번두리번 찾고 또 찾았다. 올라가며 찾고 내려가며 찾고 아무리 찾아도 보이지 않으니 걱정이 태산 같았다. 그러던 차에 마침 그 길을 지나가던 한 선비가 그런 모습의 반푼이를 보고 "아니, 자넨 뭘 그렇게 찾나? 눈은 꿀종지만 해 가지고……." 이 말에 반푼이는 "아 참, 그렇지. 꿀종지, 꿀종이." 하며 가던 길을 다시 갔더란 이야기다. 넉 점 반… 넉 점 반… 하며 심부름 가던 꼬마 여자 아이가 오버랩되는 이야기였다.

옛날 이야기 2

다른 한 가지는 좀 무서운 이야기였다.

어느 마을에 한 방물장수가 살았었다. 하루는 깊은 산골 마을로 물건을 팔러 갔다가 밤이 깊어 묵을 곳을 찾는데 마침 저 멀리서 희미한 불이 깜빡깜빡하는 것이 보였다. 부지런히 산길을 넘어 낯선 오두막에 들어가 하룻밤 묵고 가게 해 달라고 부탁을 했다. 다행히도 흔쾌히 부탁을 들어준 덕에 저녁밥을 얻어먹고는 자리에 곯아떨어졌다.

한참을 자다가 보니 잠결에 들리는 소리가 심상찮았다.

"슥슥 슥슥, 아주 잘 걸렸지?"

"조용히 해, 깨어나면 모든 게 낭패라구."

이게 뭔 소리지? 살살 다가가 문틈으로 밖을 내다보곤 깜짝 놀랐다. 그 집은 바로 문둥이(나병 환자) 소굴이었다. 문둥이들이 자기를 잡아먹으려고 칼을 갈고 있는 장면을 본 것이다.

방물장수는 기겁을 하고 놀랐으나 집에 남은 자식들이 생각나서 여기서 죽을 수는 없다 생각하고 살아서 나갈 궁리를 했다. 궁여지책으로 흙벽인 방의 한구석을 적셔 손으로 부지런히 파내었다. 자다가 목마르면 마시려고 떠다 둔 물과 자기 오줌으로 흙벽을 적시고 손으로 밤새 흙을 파내니 작은 구멍이 생겼다. 그 구멍으로 간신히 몸을 내밀어 몰래 도망 나왔다는 이야기였다.

문둥이 소굴에 그만 잘못 들어갔다가 위기를 넘기고 간신히 살아났다는 이야기를 듣고 안심이 되었지만 난 이야기 듣는 내내 긴장했던 그때의 분위기가 지금도 생생하다. 그리고 무서웠던 기분까지도. 엄마는 오로지 바느질하시던 옷감에만 집중하여 이야길 했었는데 눈빛의 교류는 없었어도 그때의 분위기는 아직도 이렇게 실감이 난다.

몇 달 전, 그림책 『딸랑새』를 볼 때 어쩐지 오래전 나의 엄마에게 들었던 이야기와 비슷하다는 느낌이 들었다.

깜빡이는 불빛의 오두막, 산속에서 하룻밤 묵은 소금장수, 사람을 잡아먹으려고 변장한 호랑이, 그리고 그러한 위험 속에서도 소금장수의 슬기와 재치로 위기를 극복하고 살아나게 되었다는 이야기가 엄마에게 들었던 방물장수 이야기와 비슷했다. 50년도 더 지난 이야기인데 이렇게 오래도록 기억나는 것을 보면 이런 게 이야기의 힘인가 보다.

문병 가서 읽어 드린 그림책 이야기

3년 전 나는 『넉 점 반』을 친구 어머니 병문안 갈 때 들고 갔다. 집 안에서 낙상을 하셔서 온몸이 통증으로 매우 불편한 상태셨다. 사춘기 시절 내가 아버지를 여의고 막막했을 때 나를 위해 기도를 많이 해 주셨던 기도의 어머니셨다.

책을 펼쳐 보여 드리자 주인공인 고운 여자 아이를 보고는 미소가 번지셨다. 그리고 그림에 그려져 있는 물건들 하나하나에 관심을 보이셨다. 벽에 걸린 흑백 사진액자, 가겟집 앞의 아이스케이크 통, 방바닥에 있는 유엔 성냥갑, 검정 고무신, 아기의 고운 한복, 가겟집 천정에 매달린 미원봉지, 빈 분유통, 주판, 유리병 안의 알록달록 눈깔사탕 이런 것들 하나하나를 유심히 보시며 흘러간 옛 시절을 추억하시던 모습이 떠오른다.

내가 놀란 것은 면지 안쪽의 작은 괘종시계가 네 시 반을 가리키고 있는 것을 그분이 발견하신 것이다. 그 작은 괘종시계가 가리키는 것은 이 책에서 매우 의미가 깊은 것이었다. 바로 제목을 나타낸 것. 또한 거기에는 저자가 이 책을 부모님께 바친다는 헌사도 적혀 있었는데, 내가 놓친 것을 발견하시곤 태연하게 말씀하시는 모습이 오히려 유머스러운 분위기를 만들었다.

마치 '내가 더 고수야.' 하시는 것 같았다. 난 허술한 구석이 많아서 미처 관심 두지 못했던 시계그림이다. 그런데 친구 어머니께서는 그림책을 처음 보셨음에도 불구하고 그런 세세한 부분까지 찾아내신 것이다. 그 섬세함이 놀라웠다.

90대 중반의 고령이셨는데도 그림책을 함께 볼 땐 고령이 전혀 느껴지지 않았었다. 나중에 돌아보니 그때 『나 화가가 되고 싶어!: 화가 윤석남 이야기』 책을 읽어 드렸더라면 더 좋았을 텐데 하는 아쉬움이 남았다. 왜냐하면 배움의 욕구가 강하셨던 분이라서 그 책을 읽으면 뭔가 더 의욕을 가질 수 있는 동기부여가 되지 않았었을까 하는 생각이 들어서다. 내가 그림책을 좀 더 일찍 알았더라면 하는 아쉬움을 갖게 된 경험이다.

그날, 『뛰어라 메뚜기』와 이 책 두 권을 가져갔는데 『뛰어라 메뚜기』는 그 자리에 합석했던 다른 분이 더 많은 관심을 갖고 이야기를 나누었다. 처음 만난 그분은 책을 읽고 난 후, 자신도 젊었을 때 그림을 그려서 아이들에게 이야기해 주었던 기억을 끄집어 내셨다. 그러면서 비록 지금은 나이가 들었지만 그림책을 보니 메뚜기처럼 아직도 마음속에 의욕이 생긴다며 자신감을 갖고 뛰어오를 다른 일을 찾아봐야겠다는 말씀까지 하셨다.

그림책은 이렇게 처음 만나는 사람과도 금방 마음을 열고 이야기를 나눌 수 있게 하는 소중한 도구다. 오랜만에 만나는 분들이나 처음 만난 분들과도 금방 가까워지게 하는 매력이 있는 그림책이 고맙고 사랑스럽다.

그림책과 함께 한 군산여행

형부가 여러 달 가까이 병원신세를 져서 몸도 많이 쇠하고 고생을 많이 하셨다. 언니도 간호하느라 고달팠을 텐데 멀리 살아서 방문이 쉽지 않았다. 별러서 여동생과 같이 1박 2일로 다녀왔다. 내 가방 속엔 그림책 네 권을 챙겨 넣었다.

『엄마의 품』『하지만 하지만 할머니』『오소리네 집 꽃 밭』, 그리고 『나, 화가가 되고 싶어!: 화가 윤석남 이야기』.

그림책을 읽어 드리기 위해 왔다고 하니 젊은 시절 교사였던 형부도 '애들이나 보는 책을 왜 나한테?'라는 분위기였다. 99세 생일을 5세 아이로 둔갑시킨 고양이의 아이디어가 돋보이는 『하지만 하지만 할머니』에 이어 『엄마의 품』을 읽어 드렸다. 기운이 없는 분이 일어나 앉아서 들어 주시는 것만도 다행이었다.

『엄마의 품』을 읽어 드렸을 땐 어른으로 살아오느라 잊었던 당신의 어머니 이야기를 꺼내셨다.

'그 양반이 나를 공부시켰다.'를 시작으로 공부하는 과정에서 겪었던 어려움들을 처음으로 풀어놓으셨다. 학비를 마련하기 위해 온갖 고생을 했던 어머니와 달리, 어떤 해는 어머니가 애써 모아 아버지께 아들 등록시키라고 부탁한 학비를 몽땅 유흥에 썼다는 철없던 아버지 이야기를 담담하게 풀어놓으셨다.

그림책이 아니었다면 들을 수 없는 80대 노인의 옛날 이야기였다. 우리는 누구나 아이였고 엄마가 있었고 세월과 함께 이렇게 어른이 되었다. 어른이 되어서는 어른 노릇 하며 사느라고 아이였을 때의 일을 추억할 겨를이 없다. 그야말로 어쩌다 어른이 된 것인데…….

그런데 이렇게 그림책을 통해 80대 노인도 어린 시절로 금방 돌아갈 수 있다는 것이 새로웠다. 두 권을 읽을 때까지 잘 듣던 형부는 잠시 쉬겠다면서 다시 누우셨다. 건강이 안 좋을 때는 작은 일도 쉽게 피로해질 수 있다. 나머지 두 권을 오후에 더 읽어 드리겠다고 했더니 별로 관심 없어 하시는 것 같기에 내 욕심을 접었다. 앞서 읽은 두 권으로 족하게 생각하고 마무리했다.

가져간 책을 다 읽어 드리지 못한 것이 아쉬웠지만 대신 돌아오는 길에 기분 좋은 일이 있었다. 택시를 불렀는데 기사 옆에 류시화 작가의 책이 놓여 있는 것이다. 책을 곁에 놓아 둔 기사는 처음 만났기에,

"책을 좋아하시나 보군요."라는 말에 시작된 그 기사님의 이야기가 나의 관심을 끌었다.

그분은 딸을 낳은 후 딸을 위해서 무엇을 해 줄까 생각하다 딸을 무릎에 앉히고 동화책을 읽어 주기 시작했단다. 읽어 주다 보니 아버지인 본인에게 더 도움이 많이 되더라는 것이다. 사람이 어떻게 살아야 하는지 책 속에 다 있더라는 것. 그래서 손님이 없이 혼자 있을 때 더 많은 책을 찾아보고 읽기 시작했단다.

학창시절에 책을 멀리했던 일이 후회로 남는데 자식을 낳고 보니 어떻게 하면 좋은 아버지가 될 수 있을까에 신경이 많이 쓰였다고 한다. 그래서 역사, 철학, 심리학 등 다양한 책을 많이 읽다 보니 유대인들의 자녀교육에서 확신을 얻게 되더란다. 그런 깨달음 이후 계속 책 읽기를 실천하는 가정교육을 하게 되었단다. 그러면서 두 가지를 자녀양육의 실천지침으로 삼았단다.

첫째, 책을 많이 읽히자.

둘째, 자녀를 내 소유로 생각하지 말자. 자녀의 인격을 존중하여 내 소유가 아닌 내게 온 손님으로 대하자.

이 두 가지를 원칙으로 삼으며 길렀다는 것이다. 쉽지 않은 일이었지만 집 안에서는 텔레비전도 안 보고 온 가족이 함께 책 읽는 시간을 늘 가졌다고 한다. 그렇게 키운 큰딸이 올해 26세인데 그러한 가정교육방식으로 자라서인지 지금 자신의 일을 혼자 계획하고 결정하는 데 있어서 성인역할을 잘한다고 했다. 온 가족이 그러한 신념으로 살고 있는데 후회되는 일이 거의 없고 집안 분위기가 좋다고 한다. 학원도 아예 안 보내고 학교교육과 책읽기만으로 길렀는데 잘 커 준 것 같다고 했다.

아내도 동의하였느냐, 부부가 의견이 일치했었느냐고 내가 물었다. 다행히 아내도 남편의 뜻을 이해하고 협조하여 어려움이 없었다고 했다. 경제적인 문제도 유대인의 경제생활에서 아이디어를 얻어서 각자 자기가 번 것은 스스로 돈관리를 하면서 그 범위 안에서 서로 간섭 안 하고 쓴다고 했다.

이렇게 지내다 보니 손님이 있으면 있는 대로 즐겁고 손님이 없이 기다리는 시간에는 책을 많이 볼 수 있으니 행복하다고 했다. 군산 고속버스 터미널에 올 때까지 그분의 이야기는 끝이 없었다. 더 듣고 싶었으나 일정상 아쉬움을 갖고 내릴 수밖에 없었다. 내릴 때 기념사진도 같이 찍고 연락처도 받아 두었다.

병문안 가서 그림책을 읽어 드린 것과 책 읽어 주기로 자녀를 만족스럽게 키웠다는 택시 기사님의 이야기 덕분에 더 특별하고 의미 있는 군산여행이었다.

여자의 일생을 단 두 단어로!

나의 엄마

강경수 글 · 그림/그림책공작소/2016

이 그림책의 지은이 강경수 작가는 원래 만화가였다. 만화를 좋아해서 10년 동안 만화가로 활동하다가 그림책의 매력에 빠져 지금은 어린이를 위한 그림책을 여러 권 펴낸 분이다. 이 책은 작가가 글도 그림도 모두 직접 구성한 책인데 읽어 보면 알겠지만 단 두 단어, 즉 '맘마'와 '엄마'란 두 낱말로 이루어진 그림책이다. 많은 것을 생각하게 해 준다.

아기가 태어났다. 그 아기가 자라는 데 무엇이 필요할까? 행복한 표정의 아기 주변엔 성장과정에서 필요한 온갖 장난감들이 발달수준별로 늘어져 있다. 그러나 태어나서 가장 먼저 하는 말 '맘마'는 살아남기 위해 가장 먼저 발화되는 원초어라고 할 수 있다. 맘마 먹고 쑥쑥 자란 아기는 '엄마'를 부르며 엄마 사랑의 힘으로 큰다. 아마도 한 인간이 성장하는 동안 입에서 나오는 빈도수로는 단연 '엄마'가 최고가 아닐까?

페이지를 넘길 때마다 달랑 한 단어만 보인다. 그것은 바로 '엄마'. 그것만 가지고도 충분히 내용 전달이 된다. 설명이 필요 없다.

두세 살쯤 된 딸이 빈방에서 장난감에 몰입한다. 엄마 기척이 나니 장난감을 팽개치고 '엄마'에게 달려간다.

유치원에 다닌다. 친구를 사귀었다. 친구와 다정하게 손잡고 길을 가는데 건너편에 엄마가 보인다. 시장에 다녀오는 엄마를 보니 얼마나 반가운지! 목소리 높여 엄마를 부른다. 마치 우리 엄마야 하고 친구에게 자랑하듯이. 친구들 속에서 즐거워도 '엄마'는 여전히 자랑하고 싶은 이름이다.

낮에 공포만화나 요괴 관련 소설을 읽었던 밤이다. 무서운 꿈을

꾸었다. 문이 스르르 열리고 유령이 들어온다. 몸이 오싹오싹 소름이 끼친다. 그런 날 밤에도 여전히 엄마! 침대에서 꼼짝할 수 없다. 할 수 있는 일은 엄마를 부르며 크게 울어 버리는 일이다. 그런데 목소리가 떨린다. 정말 무서우면 목소리도 얼어붙어서 잘 안 나온다.

아침 식사시간이다. 학교 갈 준비로 머리를 곱게 땋고 식탁에 앉았다. '엄마, 더 먹을게요.' 하고 국그릇을 내민다. 엄마는 이런 순간이 제일 행복하다. 자녀가 '더 먹을게요. 더 주세요.' 할 때. 엄마는 얼마나 신나던가? 여기에도 엄마의 쭉 뻗은 손이 말하고 있다. '그래그래. 어서어서 많이 먹고 쑥쑥 커라. 우리 딸.' 하고.

엄마는 식탁에 함께 앉지도 못하고 식구들을 위한 준비와 돌봄에만 열심이다. 그런데 이상한 것은 아빠가 뒷모습을 보이고 앉아 있는 것이다. 뭔가 아빠의 정체성을 함축하고 있는 것 같다. 작가가 무얼 말하려는 것일까? 의미 없이 그린 걸 혹시 내가 오버하고 있나?

다음 페이지는 딸이 커 가는 과정에서 엄마를 부르는 여러 상황들이 나온다. 엄마는 모든 상황마다 가장 확실하고 안전한 해결사다.

드디어 사춘기! 비밀이 많아지는 시기다. 부모와 자녀 사이에 팽팽한 긴장감으로 모녀관계가 편치 않은 시기다. 방청소 하러 들어온 엄마가 딸의 서랍에서 몰래 일기장에 손대는 순간, 어쩌나? 딸에게 들켰다. 엄마가 왜 일기장을 보고 싶어 했을지 딸을 키워 본 엄마는 그 심정을 이해할 것이다. 손대지 마시오라는 경고까지 있는 일기장인데……. '엄마!' 아마도 이제까지 부른 어조 중 가장 거칠고 화가 난 목소리일 것이다. 화가 난 딸의 표정과 당황하는 엄마의 표정이 역력하다.

딸은 이제 사춘기를 지나 2차 성징이 나타나고 여자가 되는 시기가 되었다. 부쩍 외모와 이성에 관심을 갖는다. 외출을 한번 하려면 란제리부터 외출복까지 방안 가득 늘어놓곤 맘에 드는 옷이 없다며 엄마에게 또 투정이다.

온갖 투정을 받는 동안 어느새 엄마는 점점 늙어 간다.

곱고 곧던 등도 이젠 힘이 없고 얼굴엔 수심이 가득하다. 딸의 앞날을 생각하니 걱정이 늘어 간다. 좋은 남자를 만나 곱게 시집을 가야 할 텐데……. 딸은 엄마의 그런 깊은 속을 아는지 모르는지, 아랑곳없이 한 남자에게 시집을 간다. 반대하는 결혼일지도 모른다.

결혼식장이다. 엄마를 떠나야 하는 순간 비로소 눈물을 떨군다. 시집을 가니 친정 엄마 생각이 더욱 간절해진다. 가끔 찾아뵙긴 하지만 점점 노쇠해져 가는 엄마의 젊음을 되돌릴 순 없다.

이제 병상을 지키는 딸.

드디어 아무도 막을 수 없는 길을 영원히 떠난 엄마! 이젠 보고 싶어도 볼 수 없다. 엄마! 살아 계실 때 좀 더 잘할 걸……. 후회해 봐도 때는 늦었다. 딸은 생각하고 또 생각하고 또 생각하며 지낸다. 세월이 흘러 손자가 태어났다. 손자가 기어 다닐 때가 되었어도 엄마 생각에만 잠겨 있다.

결국 손자가 할머니 치맛자락을 잡아끈다.

마치 '할머니 이제 나를 돌봐 주세요.' 하는 듯이. 마지막장에 손자가 활짝 웃는 것으로 보아 드디어 할머니 돌봄을 받는 듯하다. 첫 장과 끝 장이 '맘마'다. 여러 가지를 생각하게 한다.

'맘마'와 '엄마' 단 두 단어로 두 여자의 일생을 잘 그려 냈다. 친정 엄마와 딸을 통해.

이 책은 아이보다는 어른을 위한 그림책에 더 가깝다.

세상에 태어난 모든 이들은 엄마가 있다. 아직 현실에 살아 계시는 복 있는 분도 있고 애석하게도 하늘나라로 먼저 떠나 보낸 분도 있다. 힘들고 지칠 때마다 우리는 엄마를 부른다. 엄마는 힘도 주고 위로도 주고 삶의 방향도 안내해 준다. 엄마가 있어서 우리는 행복하다.

이 책을 서울의 어느 초등학교 학부모 모임에서 읽어 줄 기회가 있었다. 분위기가 숙연해지더니 갑자기 어떤 학부모가 끝까지 다 듣지 못하고 중간에 나갔다 들어왔다. 눈물을 훔치고 들어온 듯 눈가가 빨개졌다.

만화가였던 작가라서 그림이 만화스러운 것이 이 책의 특징이다. 표정과 행동 특성을 풍성하게 그린 그림의 내용과 분위기에 집중해서 읽다 보면 개인의 상황에 따라 나름의 치유도 일어날 수 있어서 귀한 책으로 생각된다.

이 책을 처음 접했을 때 아이가 이해를 할 수 있을까 하는 우려로 손자에겐 읽어 줄 생각을 안 했었다. 그런데 제목을 보더니 아침 밥상에서 읽어 달라는 것이다. 동생까지 깨워 와서 같이 읽어 달란다. 읽는 중간에 엄마가 출근해도 책에 집중하느라 출근 인사도 안 한다. 동생도 어쩐지 울지 않는다. 동생을 내 무릎에 앉히고 함께 읽는데 내가 앞서 읽을 때 잘 이해가 안 되던 장면이 나왔다.

"그런데 규홍아, 이 딸은 왜 엄마 등에 이렇게 걸터앉아 있을까?"

"할머니이, 삐친 거네."

그날 아침, 난 이 책의 내용 이해에 또 손자의 도움을 받았다. 손자는 또 나를 놀래킨다. 시집 가기 전 엄마를 깊은 시름에 잠기게 하는 장면을 난 간단히 넘어갔었는데 손자로부터 설명을 들으니 한순간에 답답함이 뻥 뚫렸다.

시집 갈 때가 되면 대부분의 모녀관계에서 겪어야 할 특별한 갈등이 있다. 그러한 상황들이 한 페이지 가득 채워져 있다. 의견충돌로 삐친 채 엄마를 등지고 있는 딸, 엄마에게 반항하며 큰 소리 치는 딸, 이젠 혼술을 즐기지 않나 이성을 만나 사랑행각을 벌이지 않나 결국 딸은 사랑하는 남자와 함께 집을 나섰다. 엄마는 그저 딸의 앞날이 행복하기만을 바라지만 불투명한 미래를 생각하며 시름에 잠겨 있다. 그런 엄마의 심정이 이 페이지에 가득 흐르고 있다.

이해를 깊게 하도록 도움을 준 손자의 말 한마디는 '삐쳤다'는 것이었다. 그 한마디가 내 이해를 도왔다. 오늘 아침도 내가 손자에게 도움을 준 것 보다 어린 손자가 내게 준 도움이 더 컸다.

"고맙다. 규홍아."

산행 가서 읽은 그림책

2017년 9월 어느 날, 오랜만에 남편과 함께 산행을 했다. 가온누리 산악회에서 아차산을 시작으로 용마산을 거쳐 망우산으로 마감하는 산행이 소개되었기에 신청을 했다. 처음 온 사람이라고 어찌나 친절하게 대해 주던지 먹거리도 푸짐하게 나누어 주었다. 내 가방 안에는 사과와 포도만 약간 있었는데 산행 도중에, 점심 때, 그리고 산행을 마친 후까지 먹을 것이 끊이지 않고 공급된 넉넉한 산악회였다.

점심을 먹고 잠시 쉬는 분위기이기에 내가 가져간 『나의 엄마』를 꺼내서 읽어 드렸다. 처음엔 나도 산에서 책을? 이란 생각을 하며 읽을까 말까 했었는데 전체적인 분위기가 소박하고 순수하고 정스럽고 친절하기에 용기를 내었다. 듣고 보는 분위기가 괜찮았다. 그중에 한 분은 따로 그림책을 달래서 한참 읽어 보더니 자기도 그런 책을 쓰고 싶다며 의미 있는 관심을 보여 주었다. 그러곤 그분이 운영하는 글쓰기 관련 밴드까지 소개해 주었다.

이런 시도를 처음 해 보고 나니 앞으로는 산행 때마다 그림책 한두 권 정도는 넣어 가야겠다고 생각했다. 그날 산행을 마친 후 후기를 쓴 최 작가님의 산행 후기 중 그림책 관련 부분을 올려 본다.

감동의 책, 『나의 엄마』

최은희

밥을 먹고 분위기가 어느 정도 무르익자 한영진 님이 한 권의 책을 꺼내 들었다. 손에 들려 있는 책은 '아이와 함께 보는 어른동화책' 『나의 엄마』였다. '이 책을 읽고 세상에서 가장 따뜻한 목소리로 그 이름을 불러 보세요.'라고 적혀 있다. 그림 하나에 단어 하나, '맘마, 엄마– 엄마!'

한영진 님은 한 장 한 장 넘기면서 진지하게 설명을 곁들여 나갔다. 사실은 말이 필요치 않는 신기한 책이다. 글자 크기와 이미지로 내용을 표현해 누구나 다 알 수 있다. 모두가 감동의 도가니에 빠졌다. 살면서 수천 번 부르는 말이 '엄마' 아닌가. 가슴이 뭉클하고 그 이름, 엄마를 더 불러 보게 했다. 윤재훈 님은 나중에 혼자서 유심히 책을 읽었다. 아직 안 읽은 사람은 손수건을 준비할 것!

요즘 손주 육아에 재미를 붙인 한영진 님은 그림책을 아주 가까이한다. 밭에 나가 일하는 것보다 힘들다는 황혼 육아, 두둑한 용돈을 준다 해도 힘들어서 다들 마다하는데 자식농사를 지은 경험을 토대로 하여 신바람 나게 손주를 돌본다. 그러면서 굉장히 큰 보람을 느끼고 있다. 3대가 행복해!

-가온누리 산악회 산행후기 중-

할머니의 주름은 훈장이란다

고릴라 할머니

윤진현 글 · 그림/웅진주니어/2012

이 책은 할머니 사랑을 듬뿍 받은 작가가 자신의 할머니를 생각하며 만든 그림책이다. 할머니가 있어서 정말 행복했다는 작가. 한 평생을 살아온 할머니의 얼굴에 남은 주름살은 삶의 훈장이다. 그 주름살을 보면서 고릴라를 떠올린 손녀! 그래서 별명이 고릴라 할머니다.

고릴라 할머니의 푸근한 사랑을 잊을 수 없는 작가가 그림책을 만들었다. 손녀가 만든 그림책의 주인공이 되신 할머니는 참 복된 분이시다. 표지그림이 도시의 일반 할머니들 이미지와는 많이 다르지만 작가가 자신의 할머니를 곱고 인자하게 그리고자 하는 의도는 충분히 잘 살렸다.

나는 책의 뒤표지부터 보았다. 고운 양산 속에 연분홍 원피스를 입고 계신 분은 누구일까? 어떻게 생긴 분일까? 궁금증을 갖고 짠! 앞표지로 가면 표정은 한없이 인자하고 착하디 착하게 생긴 밝은 얼굴의 할머니가 한 분 계신다. 고릴라란 제목을 왜 붙였는지 금방 이해가 간다.

이 책은 면지부터 내용이 전개된다.

앞면지는 온통 꽃이 만발한 들과 산의 꽃길이다. 신랑이 단정한 옷차림으로 말을 타고 간다. 아마도 신부를 맞으러 가는 길일 것이다. 구불구불 산골마을에 새각시가 연지 찍고 곤지 찍고 시집을 왔다. 새각시는 복숭아처럼 곱디고왔다. 대청마루에 식구들이 꼬르륵꼬르륵 밥을 기다리는데 낯선 살림살이에 물 긷고 반찬하고 불 때서 밥 짓느라고 이리종종 저리종종 발이 마음 같지 않다.

땀범벅 되며 지은 밥 한 상! 시부모님과 시동생 시누이 모두 냠냠 맛있게 먹는다. 그런데 새각시는 먹는 모습이 안 보인다. 산더미처럼 높이 쌓인 빈 그릇 들고 나오는 새각시는 힘들어도 하소연할 데가 없다. 그 틈에 주름이 조글조글 늘어나는 새각시다.

쉴 틈도 없이 광주리에 빨래 가득 이고 와서 냇가에서 팡팡 빨고 빨랫줄에 걸어 말리고 걷고 접는 동안 곱디고운 새각시는 주름이 또 조글조글 늘어 간다. 그렇게 한 해 두 해 가는 동안 새각시 손도 거칠거칠해진다.

집안일 바빠 잠시도 쉴 틈이 없었어도 아기는 태어났다. 똥 쌌다고 졸립다고 젖 달라고 응애응애 우는 아기를 업고 안고 일한다. 아기를 안고 실컷 낮잠 한번 자 봤으면, 아장아장 걷는 아기 손잡고 나들이 좀 가 봤으면, 아기와 함께 재미있게 놀아 주었으면, 하지만 마음뿐이다.

쌓여 가는 집안일과 시부모 봉양 때문에 아기는 밀려난다. 몇 번 칭얼거려 봤지만 종종거리는 엄마를 보니 더 이상 조르면 안 되겠다 생각하여 아이들도 쉽게 체념할 줄 안다. 철이 일찍 든다. 저절로 알아서 자기 문제를 해결하는 것은 고마운데 함께해 주지 못한 일들을 생각하면 딱하고 안쓰럽다.

그러는 통에 곱디고운 새각시는 등이 굽는다. 그래도 들로 밭으로 다니며 고추농사 실하게 지어 내다 파는 즐거움에 힘이 솟는다. 외양간 송아지 먹이느라 풀지게도 지고 여물 썰고 소죽 끓이느라 잠시도 쉴 틈이 없다. 포동포동 살찌는 송아지 돌보느라 자식은 멀찌감치서 눈으로 돌본다.

엄마 품 그리워 보채는 아기 떼어 놓고 일하러 가야 한다. 하루 일

쉬면 산더미처럼 쌓이는 집안일. 자식들 모두 제 알아서 커야 한다. 그렇게 한평생 지내다 보니 고맙게도 아들딸 모두 잘 컸다. 벽에 걸어 놓은 사진액자가 할머니의 수고에 따라온 복을 다 말해 주고 있다. 제법 잘 살게 된 것은 모두 바지런했던 할머니 덕분이었다.

명절이 되어 자손들 찾아온다. 제법 풍성한 할머니네 집에 후손들이 달려 온다. 할머니 입꼬리가 마냥 올라간다.

"아유, 내 새끼 어서 오너라." 반갑게 달려가 끌어안는다. 손녀딸이 고릴라 할머니라고 불러도 그저 행복하기만 하다. 뒤 면지엔 고릴라 할머니가 한껏 멋을 내고 행복하게 꽃길을 걷는 장면으로 마감했다. 꽃무늬 양산, 굽 낮은 구두, 핸드백, 주름치마와 블라우스 등 양장을 한 당당한 모습은 삶의 수고가 모두 보상된 듯한 행복감이 넉넉하게 서려 있다. 영감은 아마도 하늘나라로 일찍 먼저 가셨나 보다. 이 꽃길은 새신랑이 새색시를 데리러 오던 길인데…….

'영가암. 나 혼자서 이런 복을 누려도 되나요? 좀 더 오래 사시지 않고 뭐 급하다고 그리 일찍 떠났나요?' 하고 속말을 하시는 것 같다. 그래도 의젓하게 잘 큰 자식들 바라보는 든든함으로 이제 할머니는 당당하다.

고릴라 할머니의 입이 다물어지지 않는다. 눈 아래 검버섯은 볼연지라 해도 괜찮을 듯하다. 웃음주름과 어울려 복덩이 할머니처럼 변했다. 지은이는 고릴라 할머니로 불렀지만 나는 복덩이 할머니로 부르고 싶다.

난 이 책을 읽을 때 좀 화가 나는 장면이 몇 군데 있었다.

곱디고운 새각시는 오로지 신랑 한 사람만 믿고 구불구불 산길을 넘어 시골 오지로 시집을 왔다. 시부모, 신랑, 어린 시동생이 둘, 시누이가 둘인 대가족이다. 일곱 식구가 오로지 새각시만 바라보고 밥을 기다리고 있다. 새각시 낯선 부엌살림 하느라 이리 종종 저리 종종거려도 누구 하나 도와주는 사람 없다.

부엌일은 며느리가, 형수가, 마누라가, 새언니가 하는 것이란 관념이 뿌리깊이 박힌 탓인지, 배려가 부족한 탓인지, 남자가 부엌에 들어가면 어쩌고저쩌고…… 하는 핑계 탓인지, 무지한 탓인지 모르지만 새각시가 너무나 안 돼 보였다.

책이 끝나도록 이 대가족 중 누구도 도와주는 이는 한 명도 없다. 딱하고 안쓰러운데 새각시는 끝까지 인내하며 잘 견뎌 내었다. 덕분에 말년에 자식들 복을 누리게 되었지만 그래도 같은 여자로서 속상했다. 서로 이해하고 돕는 게 가족인데……. 고릴라 얼굴은 평생을 종종거리며 참고 지낸 훈장이다.

남존여비사상으로 피해를 본 여자와 며느리, 곳간 열쇠 꾸러미를 쥐고 행세하던 무서운 시어머니, 새언니를 못살게 구는 못된 시누이가 있던 시대에나 고릴라 할머니가 있을 수 있지 요즘 같으면 택도 없는 소리다. 그 인고의 세월을 잘 견뎌 낸 한국의 수많은 고릴라 할머니들에게도 큰 박수를 보내고 싶다. 말년에라도 고운 나들이를 하도록 구성하여 고릴라 할머니들의 수고를 기리도록 한 이 그림책의 작가에게도 고마운 마음이 든다.

나도 어린 시절 할머니가 있어서 행복했었는데……. 할머니 치맛자락 붙잡고 마실에 따라다니던 그 시절이 새삼 그리워진다. 성장 시절 난 늘 할머니 옆에서 자면서 할머니 젖을 주무르며 잤었다. 부끄럽지만 난 대학생이 되어 시골에 내려갔을 때도 할머니 옆에서 할머니의 쭈글쭈글한 젖을 만지며 잤던 기억이 있다. 할머니를 생각하면 아직도 '으이그, 일어나서 깡통 가져와. 어여. 이 젖을 떼서 담아 줄 테니 들고 다니면서 실컷 주물러라. 근지러워 못살겠네.' 하시던 목소리가 들려오는 듯하다.

다 큰 손녀가 '할머니이~' 하고 파고들어도 내치지 않던 우리 할머니!

그랬던 나도 이제 할머니가 되었다. 하지만 내가 느꼈던 추억 속 우리 할머니의 구수함은 내게서 찾아볼 수 없고 셈하고 서두르고 밀당 하고 단호함만 남아 있지 않나 되돌아본다. 그나마 그림책마저 없었다면 무엇으로 손자들과 소통할 수 있었을까? 내 방식대로만 할머니 역할을 하려 했을 텐데 천만다행이다.

이 책을 읽고 나니 시골에 사는 사촌 언니가 떠올랐다.

어렸던 나를 '아가씨, 아가씨' 하고 불러 주던 새언니! 그 아가씨 소리가 왜 그렇게 좋았던지!

그 언니도 아마 지금쯤 80세 가까이 되었을 것이다. 여흥 민씨 집안의 외아들이었던 사촌오빠가 결혼할 때 고르고 골라서 맞이한 새언니였다. 그야말로 연지 찍고 곤지 찍고 시집온 새색시였는데 그동안 농삿일과 집안 살림을 맡아 하느라고 곱디고왔던 모습이 지금쯤 어떻게 변했을지 궁금하다.

그림책은 오랜 세월도 훌쩍!

오랜만에 벼르고 별러 시골엘 다녀왔다. 마침 동생부부가 바람도 쐴 겸 내려간다고 해서 나도 동승을 하게 되었다.

가방 속에 역시 그림책을 챙겨 넣은 것은 당연하다.

장호원의 외숙모와 여주의 고종사촌 올케언니를 위해선 『고릴라 할머니』를, 고종사촌 오빠를 위해선 『세상에서 제일 힘센 수탉』과 『엄마의 품』을 챙겼다.

장호원을 먼저 들러 외숙모를 뵈었다. 외숙모는 어느새 80세가 넘으셨다. 외숙모하면 횃댓보가 먼저 떠오른다. 왜 그랬는지 6~7세 무렵의 나는 갓 시집온 외숙모 방에서 가끔 잠을 잤었다. 외숙모 방의 벽에 걸려 있던 고운 횃댓보는 이야기가 많이 들어 있는 듯 했었다. 잘 다려진 새하얀 옥양목 천에 아름다운 수를 놓아 벽에 걸린 옷가지 등을 가리는 용도였던 횃댓보인데 요즘은 보기 힘들다. 고운 무늬로 수놓은 꽃과 나비 등이 기억난다고 하니 시집올 때 가져오려고 한 땀 한 땀 십자수를 직접 놓았던 것이라고 말씀하셨다.

사느라고 바빠서 외숙모를 못 찾아뵌 지가 10년이 넘은 것 같았는데 책 한 권으로 이야기가 술술 풀렸다. 『고릴라 할머니』책을 꺼내 읽어 드리니 모두 자신이 살아온 이야기 같다며 그 내용에 공감을 하신다. 그러면서 그림책의 장면과 관련하여 살아온 생활경험을 자연스럽게 회고하셨다. 과거, 나는 어려서 미처 몰랐던 이야기들을 털어놓으신다.

올해 82세 되신 외숙모는 새댁시절에 윗동서 시집살이가 심했었나 보다. 파마머리도 못하게 해서 힘들었고 늦잠이 많던 큰외숙모 때문에 아침식사 준비를 혼자 하느라고 종종거릴 때가 있었는데 외숙모의 시누이인 우리 엄마가 오면 아침 일찍 같이 부엌에 나와서 밥 짓기도 도와주고 주변정리를 잘해 주어서 고마웠다고 하신다.

엄마가 외가댁 갈 때마다 날 데리고 가서 외가댁에 얽힌 추억들이 지금도 많은데 새댁이었던 외숙모가 유난히 나를 예뻐해 주셨던 이유를 조금은 알 것 같았다. 우리 엄마를 좋게 추억하며 엄마를 그리워하시는 모습에서 나도 함께 흐뭇하게 어머니를 회상해 본 그림책 읽기 시간이었다.

겨우 30분 정도 머물렀다가 곧 여주의 고종사촌 언니에게 갔다. 그야말로 곱디고운 새색시였던 언니는 72세가 되었다고 한다. 거실에 앉아 이 얘기 저 얘기 나누다가 책을 꺼내 들었다.

"언니, 요즘 내가 그림책 공부를 하는데 이 책을 읽다 보니 언니 생각이 났어요."

언니는 그림을 진지하게 보다가 "이거 모두 내 얘기네." 한다. 얼굴도 까맣고 손도 거칠거칠하고 허리도 불편한 듯하고……. 갑자기 얼굴을 만지며 검버섯 이야기를 한다. 내겐 보이지 않더만 언니는 검버섯을 만지며 손녀딸이 했다는 말을 의미 있게 강조한다.

"할머니! 이 점은 할머니가 늙는 것이 아니라 익어 가는 것이에요." 했다고.

이렇게 늙었으니 사진은 안 찍겠다며 손사래를 치던 고종사촌 언니! 내겐 언니의 곱디고운 새각시 시절의 모습만 기억이 난다고 해도 현재의 늙은 모습을 속상해 하는 말에서 여자는 늙어도 여자란 말이 실감 났다.

그 바쁜 통에도 언니는 부녀회와 마을 일을 열심히 해서 그동안 대통령상만 못타고 군수상부터 국무총리상까지 다 탔다는 것을 곁에 앉았던 오빠가 살짝 곁들인다. 존경할 만한 오빠 부부가 참으로 자랑스럽다.

사촌오빠를 위해 준비했던 두 권은 아쉽게도 읽어 드리지 못했다. 농촌엔 깨 털고 고추 따고 가을걷이하는 일로 바빠서 한가하게 그림책을 본다는 것은 엄두도 못 낼 분위기이다. 그나마 한 권이라도 함께 읽은 것이 다행이었다.

사촌오빠는 그림책을 읽는 것보다 모처럼 온 동생에게 농산물을 하나라도 더 챙겨 주느라고 바쁘셨다. 가족용으로 따로 찧어 놓은 햅쌀, 파, 들기름, 무, 콩과 옥수수, 총각김치까지 트렁크가 꽉 차도록 잔뜩 실어 주시곤 흐뭇해 하신다. 올케언니와 오빠가 경쟁하듯이 하나라도 더 실어 주려는 후덕한 마음은 어디서도 보기 힘든 따뜻한 정이다.

나는 그림책을 읽어 드리러 갔는데 잠깐 들른 동안에 그림책을 통해 마음속에 있던 이야기들을 나누었고 특히 기분이 좋았던 것은 두 분 모두 우리 엄마에 대한 좋은 기억들을 이야기해 준 것이었다. 우리 엄마는 외숙모에겐 시누이가 되고, 고종사촌 언니에겐 시외숙모인데 엄마의 인품과 알뜰하던 살림솜씨 등 정 많고 긍정적이었다는 일화 등을 들으며 뿌듯한 마음이었다. 참으로 본이 되는 분이었다는 이야기를 들으며 한편으로는 기분이 좋았는데 한편으론 부끄럽기도 했다. 나는 그런 엄마를 얼마나 닮았나 하는 생각으로.

문득 고릴라 할머니의 주름살과 관련하여 신현득 작가의 동시 〈할머니의 주름살〉이 떠오른다.

할머니의 주름살

할머니 고생 흔적을
얼굴 주름이 감추고 있다.
아빠를 키우며 생긴 주름
삼촌을 키우며 생긴 주름에
우리 형제 크면서 주름을 보탠다.

아빠도 그때는 떼를 썼다지.
고모도 악을 쓰며 운 일이 있대.
보릿고개라는 가난도 있고,
할아버지 다치신 전쟁도 있었지.

그러했던 세상 탓하지 않고
참고 참고만 살다 보니
그것이 주름으로 자리 잡혔지.
할머니 넘고 넘은 인생살이를
세월이 그렇게 표해 둔 거래.

할머니 주름살과 관련된 동시가 또 있다. 바로 섬진강 시인 김용택 작가의 〈할머니 마음〉이다.

할머니 마음

할머니 얼굴 주름
파란 콩들이 자라는
밭고랑 닮았어요.
할머니 손잡으면
감이 주렁주렁 열리는
감나무 껍질 같아요.

할머니 마음속에 들어가면
이 세상 다 잠재울
비단 이불처럼 부드러워요.

밭고랑처럼 파인 할머니 얼굴 주름, 감나무 껍질처럼 거친 할머니 손, 하지만 비단이불처럼 부드러운 할머니 마음! 이런 할머니들 덕분에 손자 손녀들이 인자함을 배우고 너그러움도 배우고 깊은 이해심도 배우고 끝없는 용서도 배우면서 인성을 형성했으리라.

할머니 주름은 거룩한 훈장이다.

내가 할머니가 되어 보니 엄마였을 때와는 다른 마음으로 손자를 보게 된다. 손자는 그저 무럭무럭 잘 자라 주는 것만으로도 고맙다. 똥을 싸도, 울어도, 떼를 써도, 깨물어도, 커 가는 손자의 힘에 밀려 넘어져도 그저 예쁘기만 하다. 조손관계는 이 세상의 모든 인간관계 중에서 가장 푸근한 관계다.

할머니의 돌봄을 받으며 자란 손자 손녀들은 성장기 추억 속에 보석주머니 하나 매달고 있다고 생각한다. 그 보석주머니는 달랑달랑 흔들며 여러 사람들에게 자랑하고 다닐 만하다. 이런 보석주머니를 열어 자신을 돌봐주었던 할머니라는 존재 자체를 세상에 알려주는 할머니 관련 그림책들이 여럿 있다.

이지은 작가의 『할머니 엄마』는 책의 그림을 그리면서 어떤 땐 울고 어떤 땐 웃으면서 할머니와 함께했던 기억을 떠올렸다고 하는 지은이의 헌사가 뭉클하다. 그 외에 『할머니의 주름살이 좋아요』 『우리 할머니가 이상해요』 『우리 할머니는 나를 모릅니다』 『내가 돌봐 드릴래요 우리 할머니』 『내가 돌봐 드릴래요 우리 할아버지』 『잠자는 할머니』 『책 읽기 좋아하는 할머니』 등이다.

현재 할머니이거나 앞으로 할머니, 할아버지가 될 모든 분들이 관심을 갖고 읽어 보면 좋을 듯하다.

할머니나 할아버지는 손자들에게 사랑을 듬뿍 주었어도 늘 여벌 사랑으로 여겨지고 중요한 가족관계에서 비켜나 있었다. 하지만 돌봄을 받은 손자 손녀들에게 녹아 있는 소중한 경험들이 이렇게 책으로 나와 세상에 소개되고 보니 이젠 할머니 할아버지들의 존재와 삶이 당당하게 드러나도 되겠다는 생각이 든다. 더욱이 몇몇 책들은 손녀의 입장에서 치매에 걸린 할머니를 안타까워하는 상황을 그린 것임을 짐작하게 하는 것들도 있다.

이런 책들을 읽다 보면 생을 마감하는 죽음으로 가기 전 노년기를 어떻게 건강하게 보내야 될까를 생각하게 한다. 내게 있어 그림책의 발견은 장수시대를 살아가는 할머니 할아버지들의 정서적 건강관리까지도 생각하게 되는 계기가 되었다.

현재 손자들을 돌보든 그렇지 않든 모든 할머니들에게 『고릴라 할머니』와 더불어 여기서 소개한 책들에 관심을 가져 볼 것을 권하고 싶다. 아마도 내가 어른들에게 가장 많이 읽어 드린 책은 이 『고릴라 할머니』일 것이다. 앞으로도 할머니나 예비할머니들을 만나면 이 책을 꼭 들고 갈 것이다.

젊었을 때는 그렇지 않았는데 손자들을 돌볼 때 유난히 더 힘들고 피곤한 날이 있다. 그렇게 힘이 부칠 때에 이런 그림책 한 권을 읽고 나면 소망도 생기고 또 다른 보람과 기대로 뿌듯함을 느낄 수 있다. 하루하루 돌보는 정성으로 어느새 커 가는 손자들을 볼 때 오늘의 노력이 결코 헛되지 않으리란 확신을 갖게 되면 힘이 솟고 그 힘으로 버틸 수 있다.

가끔 할머니들을 만날 때 흔히 듣던 말이 있다.

'애써 키워 줘도 소용없다.'

'저녁에 제 엄마만 오면 할머닌 뒤도 안 돌아본다.'

'할머니는 이제 가.'라고 말하는 소릴 들으면 섭섭하다고.

하루 종일 힘들게 봐 주었는데 저녁에 제 엄마가 오면 쏜살같이 달려가서 할머니를 모른 척하는 손자를 볼 때 살짝 서운한 마음이 왜 없겠는가? 하지만 다시 한 번 생각해 보면 이것은 참으로 다행스런 일이다. 만일 제 엄마가 왔는데도 할머니 품에서 안 떨어지려 하면 이 얼마나 곤란한 일인가?

엄마와의 애착관계가 좋아야 아이가 정서적으로 안정되게 자랄 수 있다. 할머니는 어디까지나 보조로 남아야 한다. 만만하고 안심되고 기대고 싶은 보조역할! 젊은 부부가 미처 놓치는 양육의 지혜를 조금 보태 주거나 손자가 어딘가 푹 숨고 싶을 때 숨을 곳이 되어 주는 역할!

그런데 요즘 젊은 부부는 그럴 틈이 없을 정도로 아이들도 잘 돌본다. 우리네보다 지혜롭다는 생각이 든다. 우리보다 윗세대는 자녀와 부모가 있을 때 부모가 우선이었다. 한데 요즘은 당연히 자녀가 우선이다.

그러다 보니 아이들이 특별히 부족한 것이 없어 보인다. 때론 부족함을 느끼는 것이 자기발전의 동기도 되는 것을 생각하면 불편함이나 부족함을 적절히 느끼도록 양육하는 것이 지혜일 듯싶다.

우리네 할머니 세대는 이제 홀로서기를 잘해야 한다. 요즘 시대의 분위기는 아들며느리 세대들에게 기대를 할 수도 없거니와 해서도 안 된다. 젊은 사람들이 사느라고 허덕이는 것을 보면 참 안 됐다. 젊은 세대들에게 기대하게 되면 섭섭함을 느끼게 되고 섭섭함을 빨리 풀지 않으면 내 마음이 기쁘지 않다.

나는 이런 기분이 들 때 오래가지 않도록 내 마음을 다스리는 기도가 있다.

'예수님, 지금 내 마음이 슬프고 화도 나고 섭섭하고 뒤죽박죽입니다. 이것은 저의 육적인 모습입니다. 그런데 내 안에 계시는 예수님은 기쁨이시고 끝까지 인내하시고 용서이시고 화평이십니다. 그런 예수님, 지금 내 안에서 역사하소서.'라고 기도하면 복잡한 마음이 언제 그랬냐는 듯 가라앉는다. 참 신기하다. 이렇게 평안을 유지할 수 있는 비결을 알고 있는 것이 감사하다.

저녁에 며느리가 퇴근해 들어오면 '나 이제 퇴근한다.'라며 내 방으로 들어와 쉰다. 눈에 안 보이면 참견의 실수도 안 하게 된다. 젊은 부부와 아이들만의 공간이 되도록 배려해 주는 기회도 되고 나도 편안히 쉴 수 있음이다.

태교를 위한 그림책 읽기
–며느리에게 읽어 주다

둘째 며느리가 임신을 하게 되면 그림책을 읽어 주고 싶었다. 큰며느리가 임신을 했을 때는 그림책의 매력을 몰랐던 때라 생각도 못했던 일이다. 2018년 1월 초에 둘째 아들로부터 고대했던 잉태소식을 듣게 되었다. 결혼 6년 만의 경사다. 얼마나 기쁘고 감사했던지. 반가운 마음에 태교에 도움이 될 만한 책을 몇 권 사 보내고 매일매일 읽으며 아기와 대화하라고 부탁했다.

그런데 임신의 기쁜 소식도 잠깐, 극심한 입덧으로 며느리는 무척 힘들어 했다. 어찌나 입덧이 심한지 먹는 족족 다 토하는 고통을 견딜 수 없어서 중국의 친정에 가 있게 되었다. 친정어머니의 극진한 보살핌을 받아도 여전히 잘 먹지 못하면서 토하는 일이 반복되니 두 달 만에 며느리의 체중이 10킬로그램이나 줄었다는 소식이 들려왔다. 거기다 혈압도 떨어지고 임신성 당뇨 증상까지 겹쳐서 병원에 입원을 반복한다는 소식이 들리니 안타깝기 짝이 없는데 사돈네와는 언어도 통하지 않으니 시부모로서 참 난감했다. 나중엔 며느리의 건강이 더 걱정되었다.

할 수 있는 일은 기도밖에 없었다.

중보기도팀의 합십기도가 큰 힘과 위로가 되어 든든했다. 그저 좋은 소식이 오기만을 기다리는 수밖에.

그러던 며느리가 6월 초순께 한국에 돌아왔다. 2월 초에 갔으니 넉 달 만에 온 것이다. 입덧이 가라앉고 컨디션이 좀 나아졌다고 해도 워낙 먹지를 못해서 몇 달 새에 훌쭉해졌다. 함께 살고 있는 큰아들 내외가 제수씨 환영메뉴로 특별음식을 준비했다. 빠에야! 언젠가도 한번 가족에게 만들어주었던 메뉴인데 형제간의 그런 마음씀씀이가 그저 고맙기만 했다.

식사 후 그동안 지낸 이야기를 나누면서 자연스럽게 그림책을 읽게 되었다.

시아버지가 『누구게?』를, 내가 『아기가 아장아장』을 읽어 주었다.

뱃속의 태아도 들으라고 아주 천천히 낮은 소리로 읽어 주고 나서 몇 권은 집에 가져가 아들이 직접 읽어 주라고 했다.

본인이 직접 읽는 것과 남이 읽어 주는 것을 듣는 것은 많은 차이가 있다. 남이 읽어 주는 것을 들을 때는 또 다른 감동이 있다. 들으면서 그림을 더 자세히 볼 수 있게 된다. 그림을 자세히 보다 보면 그 안에서 숨겨진 스토리를 더 많이 찾아낼 수 있다. 그림책은 심리적인 성격이 다분함이 그 이유다.

중국 고향(장자끄)에서 고생했던 이야기를 들으니 며느리도 나도 눈물이 글썽글썽해졌다. 함께 병실에 입원했던 다른 임산부들이 아기에 대한 희망을 결국 놓치고 슬프게 퇴원하는 모습을 보면서 불안했다는 이야기, 그런 분위기 속에서도 며느리는 태아가 자라는 자기의 배를 쓰다듬으면서 '에몽아, 괜찮을거야!'를 되뇌었다는 이야기를 했다. 어린 며느리인 줄 알았는데 이렇게 엄마가 될 마음의 준비를 잘 하고 있었구나 생각하니 고맙고 기특했다.

중국에서의 병원생활이 4개월 정도 지났을 무렵 뭔가 컨디션이 달라짐을 느꼈다는 이야기를 할 때는 '그렇지, 그때가 바로 중보기도팀이 간절하게 합심기도를 할 때였지. 역시 우리 하나님 멋진 분이서' 감동이 저절로 나왔다.

출산 때까지 그림책을 읽어 줄 수 있어 할머니도 태교에 조금이나마 동참할 수 있다는 것이 감사하다. 에몽이(태명)를 위해 아들도 만삭의 며느리에게 그림책을 읽어 준다고 하니 그저 고마울 뿐이다.

한 생명이 잉태되기가 얼마나 어려운지!

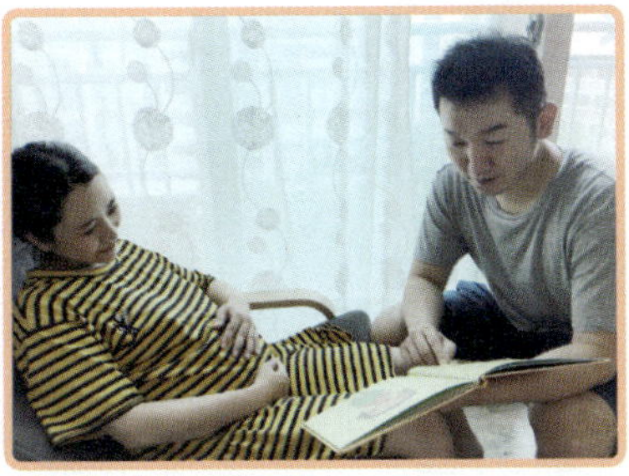

잉태한 후 열 달 동안 숱한 어려움을 참고 견디는 과정도 인고의 과정이다. 지난한 참을성이 요구되는 훈련 기간이다. 이렇듯 엄마가 되는 과정이 결코 쉽지 않다. 생명탄생에 대한 기대와 감사가 이런 어려움을 견딜 수 있도록 해 주는 것이리라.

'주께서 내 장부를 지으시며 나의 모태에서 나를 조직하셨나이다.
내가 주께 감사하옴은 나를 지으심이 신묘막측하심이라.
주의 행사가 기이함을 내 영혼이 잘 아나이다'

시편의 말씀이다.

'주께서, 장부, 조직, 신묘막측, 기이함'이란 단어가 내 마음을 흔든다.

새삼, 최숙희 작가의 『너는 기적이야』도 생각난다.

태교를 위한 그림책 읽기
–친지에게 읽어 주다

우리 둘째 며느리보다 더 힘들게 임신한 자매가 있다.

남편은 현재 인도네시아 한인교회의 목사님으로 나가있다. 보통은 사모님이라 부르지만 자매님 호칭이 난 더 정스럽다. 결혼 9년 만에, 참으로 어렵게 잉태가 되어서 얼마나 기쁘고 감사했던지! 2017년 12월! 임신 소식을 전하면서 자매의 부모님이 감격의 눈물을 흘리던 모습이 눈에 선하다. 그 자매가 임신이 되기를 함께 간절히 기도했던 우리에게도 큰 기쁨의 선물이었다.

가끔 자매의 어머니를 통해 듣는 경건하고 신실한 태교는 매우 부러웠다. 과연 목사님 가정답구나하며 든든했었다. 뿐만 아니라 수술을 통한 분만과정에서 특별한 어려움이 예견되어 있는데도 어찌나 평온한 모습으로 걱정 없이 하나님을 신뢰하며 지내는지 보는 모습만으로도 은혜로웠다.

8월에 출산예정이라는 말을 듣고 그 자매를 찾아가 그림책을 읽어 주려고 벼르고 있었다. 그런데 7월로 앞당겨서 수술 날짜를 잡았다는 말을 듣고 갑자기 내 마음도 바빠졌다. 당장 그 주간에 방문 약속을 정하고 나니, 어떤 그림책을 들고 가는 것이 좋을지 저절로 기도가 나왔다.

최숙희 작가의 『너는 기적이야』 권정생 작가의 『엄마 까투리』 사랑스런 마음이 솔솔 풍기는 권사우 작가의 『아기가 아장아장』, 강경수 작가의 『나의 엄마』, 그리고 박철 시, 김재홍 그림의 『엄마의 품』, 마지막으로 좀 무거운 주제로 번역서인『베어』를 차례로 읽어 주었다. 한 권 한 권 읽고 느낌을 나누는 자리의 분위기가 풍성했다. 그 자매의 어머니도 함께 자리해서 더욱 그랬다.

그 자매와 남동생을 키울 때 사업이 힘들어서 고생스럽던 이야기, 빚을 갚기 위해 허리띠를 졸라 매며 마음 졸였던 이야기, 그래도 커가는 아이들을 보며 고생을 고생스럽다고 생각지 않았다는 이야기, 덕분에 두 남매가 속썩이지 않고 잘 커주었다는 이야기 등을 나누며 조용한 거실에 그림책을 중심으로 한 이야기꽃이 가득 피어올랐다.

자매는 전체 소감으로 두 가지를 나누었던 것으로 기억한다.

첫째는 엄마가 되는 과정이 무척 소중하고 무거운 책임과 훈련의 과정이 필요함을 새삼 느꼈다는 이야기와, 둘째는『베어』를 통해 자매의 친정아버지를 생각하게 되었다는 이야기를 덧붙였다. 그림책의 내용은 엄마를 잃은 베어가 홀로서기 하는 절박한 과정이 중심 내용이었다. 결국은 험난한 과정을 극복하고 베어가 자기

정체성을 찾아 우뚝 서게 되었다는 결말로 마무리 된 이야기다.

자매는 친정아버지가 성장과정에서 얼마나 힘들고 어려운 일이 많았을까를 인간적으로 더 깊이 이해하게 되었다고 했다. 자매가 어렸을 때 사업을 시작하신 아버지가 몇 차례 부침을 겪으셨던 이야기를 구역모임에서 익히 들었던 터라 나도 마음이 짠했다.

오늘이 있기까지 자매가 부모님을 신앙의 길로 인도하기 위해 흘렸던 애타는 눈물이야기가 기억난다. 이제는 온 가족이 한 믿음으로 똘똘 뭉쳐 살아가는 모습을 보여 주면서 주변에 은혜를 끼치고 있다. 열흘 후에 다시 만나자는 이야기를 남기고서 돌아오는 발걸음이 새처럼 가뿐했다.

오늘의 분위기를 태중의 아기도 감지했으리라. 그리고 그 아기 역시 신실하고 사려 깊고 지혜로운 성품을 지닐 것 같다.

6장

그림책은 노년의 행복에너지

길고 긴 노년기!

그림책 곁에 두면 마음은 벌써 부자!

그림책 담은 보석주머니 달랑달랑 흔들며 설렘 맛보기!

긴 노년기!
그림책으로 행복 찾세!

노년은 길고 즐거움은 짧다.

노년은 길고 소망은 짧다.

노년은 길고 외로움도 길다.

노년은 길고 혜택도 많다.

점점 길어지는 노년기다.

지금부터 17년 후에는 셋 중 한 명이 65세가 넘는 할머니 대국이 예상된다는 걱정스런 기사도 있다(2018. 3. 25. 조선일보).

이 긴 노년기를 어떻게 보내야 하는가가 개인과 사회와 국가의 과제다.

날씨가 따뜻해지면서 내가 사는 근처의 솔밭공원 의자에도 한가로이 앉아서 담소 나누는 노인이 늘어나고 있다. 이른 아침인데도 일찍 산책을 나오신 부지런한 분들이다. 요즘은 새벽에도 운동 나오는 분들을 심심치 않게 볼 수 있다. 지자체에서 곳곳마다 설치해 놓은 운동 시설을 이용하여 근력 운동을 열심히 하는 노인도 늘어 간다. 이제 평균수명은 기하급수적으로 늘어날 것이 예상된다.

집안에서 스트레스 받을 일은 줄어들지, 건강 유지를 위한 운동 시설은 늘어나지, 의료보험공단에선 정기적으로 검진을 받으라고 친절하게 연락하지, 치매예방 및 지원 센터에서 서비스도 잘 해 주지, 복지관에선 노인들을 위해 다양한 프로그램을 개설해서 제때 신청만 하면 거의 무료로 수강 혜택을 주지, 거기다 65세 이상이 되면 지하철 무료 이용권까지 주지…….

이 많은 복지서비스를 해 주려면 나라예산이 얼마나 많이 들어갈지 궁금해 하다가 오지랖 같은 생각이 들어서 그만둔다. 젊은이들에게 미안하단 생각이 들기도 하고 그들이 안쓰럽기도 하다.

대체로 65세만 잘 넘기고 건강관리를 잘하면 100세 이상 장수하는 것은 어렵지 않다고 생각한다.

한동안 9988234란 말이 유행할 때가 있었다. 99세까지 88하게 살다가 2~3일 정도만 가볍게 자리에 누웠다가 죽기를 바라는 마음이 담긴 말이다. 그 2~3일 동안에 보고 싶은 자식들을 만나 보고 4일 째에 편히 눈감자는 말이다. 2000년대 초반에 유행했었는데 지금 이 말은 이미 퇴색되고 있다. 99세가 되는 것은 이젠 흔히 볼 수 있는 일이기 때문이다.

이 긴 노년기에 그림책을 읽어 드리며 봉사할 기회가 있었으면 좋겠다고 생각해 왔었는데 드디어 그 기회가 왔다. 내가 사는 곳에서 가까운 지역의 도시재생희망지로 선정된 인수동 어진이 마을 사랑방에서 연락을 해 왔다. 할머니들에게 그림책을 읽어 달라고.

얼씨구나 좋아라며 첫날 서둘러 일찍 갔다.

모두 다섯 분이 오시기로 되어 있다는데 시간이 지나도 아무도 안 오신다. 담당자는 민망해 하며 다시 여기저기 연락을 해 보는데 저쪽에서 들려온 내용들이다. 갑자기 딸네 집에 가게 생겼다, 볼일이 생겨서 멀리 와 있다, 물리치료를 받으러 갔다 등 모두 일이 있었다. 오시기로 약속은 했지만 갑자기 생긴 일에 그림책 읽기가 밀린 것이다. 마음을 비우고 기다려 보는데 20분쯤 지나니 한 분이 들어오셨다. 어찌나 반갑던지!

하실 이야기가 많아서인지 늦게 오셨어도 한 15분은 일상적인 이야기에 이어 학교 공부는 기회가 없어서 못했지만 아버지에겐 인정받는 딸이었다면서 육남매 자식들 키운 이야기로 끝이 없었다. 또 마음을 비우고 들어 주다가 겨우 그림책으로 관심을 돌려 『고릴라 할머니』와 『별이 되기 전 머무는 집』을 읽어 드렸다. 첫 번째 책은 농사를 지어 본 경험이 없다고 하시며 담담하게 들으셨다.

그런데 두 번째 책을 읽을 때는 눈물이 그렁그렁하시다. 그분은 82세셨다. 2남 4녀를 두셔서 매우 다복하신 노년기를 보내시고 있는 듯했다. 눈빛이나 표정이 매우 건강하고 생기가 있어 보인다. 딸이 넷이다 보니 혼자 사는 데 아무 불편함이 없도록 딸들이 잘 보살펴 준다고 했다.

한글로 이름을 쓰시는데 늦게 한글을 깨친 듯 한 자 한 자 정성 들여 쓰신다. 자식들 다 출가시킨 후 뒤늦게 공부를 하려고 학원에 등록을 했는데 시집간 딸이 아기를 키워 달라고 덜컥 맡기는 바람에 꿈이 다 달아났다고 아쉬워하신다. 손녀들을 키워 주다 보니 좋은 세월이 다 갔다고, 배울 기회도 다 날아갔다며 그래도 이런 사랑방이 있어서 좋다고 하신다.

오늘 알았다.

노인들에게 그림책을 읽어 주려면 일단 이야기를 많이 들어 드려야 한다는 것을. 그림책을 읽다가도 관련 이야기를 풀어내기 시작하면 그것도 다 들어 드려야 하고 두서없이 풀쑥풀쑥 하는 이야기도 매우 소중하게 귀를 기울여 들어 주는 것이 중요하다는 것을.

그분들은 어른으로 존중받고 싶어 한다. 한 집안의 어른이고 한 마을에서도 어른이다. 어른으로 존중받는 느낌이 들도록 대해 드려야 그림책도 가까이할 수 있다. 어른들이 그림책을 읽는 것이 의무도 아니고 숙제도 아닌데 뭘 그리 서두를 것이 있겠나? 세월아 네월아 흘려보내는 인생인데……. 그 흘러가는 인생 속에 그림책 한 권이 의미가 있으려면 많이 기다릴 줄 알아야 된다는 것을, 절대 부담을 드리면 안 된다는 것을, 이런 사실을 첫날 알게 된 것 만으로도 내겐 큰 수확이다.

다음에 갈 때는 좀 더 편안한 마음으로 가게 될 것 같다.

노인들에게 친근하게 다가갈 수 있는 책 몇 권을 소개해 본다.

별이 되기 전 머무는 집

함영연 글, 김휘리 그림/나한기획/2017

그림책을 읽다 보면 노인들에게 꼭 읽어 드리고 싶은 책들이 있는데 이 책도 바로 그랬다.

누구나 한평생을 건강하게 살다가 자연수명이 다했을 때 슬그머니 운명하기를 기대하지만 그게 어디 맘대로 되는 일인가? 어쩔 수 없이 요양원 신세를 지는 노인들이 점점 늘어 가고 있다.

지난주, 손자에게 읽어 줄 책을 고르다 보니 『별이 되기 전 머무는 집』이란 제목이 눈에 들어왔다. 제목만 봐서는 내용을 전혀 짐작하기 힘들었다. 읽어 보니 가슴 한쪽이 먹먹해지기도 하고 따스해지기도 했다. 이 책은 초등학생부터 중년기와 노년기 모두가 공감할 수 있는 책인데 바로 요즘 늘어가는 요양원을 배경으로 한 책이자 가족이야기와 관련된 것이라 공감 연령대의 폭이 넓다.

아빠의 권유에 따라 요양원을 찾아간 윤성이는 처음엔 별로 내키지 않아서 툴툴거렸다. 온통 할머니 할아버지들 틈에 어떤 할머니가 눈에 들어왔다. 그 할머니는 윤성이 입속으로 사탕 한 개를 쑥 넣어주었다. "아가, 밥은 먹은 겨?"하시면서.

놀라서 퉤퉤 뱉어 낸 사탕을 다시 주워 쓱쓱 닦아 도로 내미는 할머니는 여전히

"아가, 이거 먹어. 어여" 하신다. 찜찜해 하는 윤성이 마음도 모르고서.

마침 지나가다 이 광경을 본 요양보호사가 이쁜 할머니에게 말벗해 주려는 줄 오해하고 윤성이를 착하다고 칭찬해 준다. 하나도 안 이쁜데 요양보호사도 아빠도 이쁜 할머니라고 부르는 이입분

할머니! 며칠 후, 다시 찾아간 윤성에게 딸에게 보내는 편지를 대신 써 달라며 내용을 불러 준다.

'어디 있니? 보고 싶다. 아가. 사랑한다!'

다 큰 딸이지만 할머니에겐 아직도 아기다.

치매에 걸려 모든 기억을 잊었어도 은하마을에 사는 사랑하는 딸은 잊지 않는다.

그러던 어느 날, 입분 할머니가 사라졌다. 요양보호사, 자원봉사자, 윤성이까지 할머니를 부르며 찾아 나섰는데 어디로 가셨는지 보이질 않는다. 그때 윤성에게 퍼뜩 한 생각이 떠오른다. 아니나 다를까? 은하마을 가는 버스 정류장으로 달려간 윤성이 눈에 들어온 입분 할머니! 천만 다행이다. 오지 않는 딸을 기다리며 하염없이 버스를 기다리는 할머니가 측은하여 윤성이는 요양원 가는 일이 이전처럼 부담스럽지 않다.

며칠 후, 요양원에서 걸려 온 전화를 받은 아빠의 얼굴이 심각하다. 입분 할머니를 만날 수 있을까 기대하며 따라갔는데 입분 할머니는 더 이상 만날 수도 볼 수도 없다. 대신 꽃 속에서 환하게 웃고 있는 사진으로만 볼 수 있었다. 할머니 딸이 찾아왔냐고 묻는 윤성에게 요양보호사 선생님은 고개를 가로젓는다. 그리곤 할머니가 돌아가시던 모습을 알려 준다.

눈을 감기 전에 별이 되고 싶다고, 별이 되어 보고 싶은 사람을 날마다 내려다보고 싶다고 하셨다면서 입분 할머니가 별이 되기 전에 잠깐 머무셨던 곳이 이 집(요양원)이라고 설명한다. 요양보호사가 전해 주는 입분 할머니의 편지를 펼친 윤성이 눈에 들어온 글자는 바로 윤성이가 대신 써 드렸던 편지였다.

바로 딸에게 대신 써 드렸던 글.

'어디 있니? 보고 싶다, 아가. 사랑한다!' 그리고 그 맨 나중에 쓰여 있는 낯선 필체,

우서라 아가

윤성이는 할머니 말씀대로 웃음을 지었지만 눈에선 자꾸 눈물이 흘러내린다.

'별이 되기 전 잠시 이곳에 머물다 가신 이쁜 할머니, 별이 되어져 보고 계신 거죠?' 하면서.

치매에 걸려 요양원에 버려진 이입분 할머니와 아빠 따라 봉사하러 간 한 소년의 감동적인 사랑과 훈훈한 우정(?)이야기다.

잔잔한 감동에 뒤이어 내 기분도 울적해지는 것은 왜일까?

남의 일 같지가 않다. 고령화 사회로 진입하면서 이런 문제들은 이제 다반사로 일어날 것 같다.

'별이 되기 전 머무는 집'이란 제목이 아름답다. 우리 모두는 별이 되기 위해 열심히 살아간다. 죽기 전에 머무는 집이 내 집일 수도 있고, 병원일 수도 있고, 입분 할머니처럼 요양원일수도 있고, 길거리일 수도 있지 않는가? 마음을 비우고 살아야겠다는 생각을 해 본다.

요즘은 자주 부고 문자를 받는다.

어떤 경우는 '어? 이분 며칠 전에도 만났는데?' 할 정도로 급작스런 비보도 듣는다.

가장 최근의 부고 문자야말로 많은 생각을 하게 했다. 80년대부터 보아 온 교회 어르신으로 바로 며칠 전에도 뵌 분이었다. 점심 드시고 나서 아내에게 잠시 눕겠다는 말씀이 생전에 마지막으로 남기신 육성이란다. 신기하게도 운명하신 날이 그분의 생신날이셨다. 세상에 온 날 다시 떠나신 것이다.

더욱이 미리 자신의 신체를 다 기증하고 장례절차까지도 다른 사람들에게 폐가 되지 않도록 매우 세심하게 유언으로 남기고 가셨다니 마치 천국으로 순간이동을 하신 것이 아닌가 생각이 들 정도였다. 한평생 기도하시던 분이라 세상을 떠날 때도 머물던 자리를 깔끔히 정리하시고 친지들에게 아름다운 자취를 남기셨다. 쉽지 않은 일인데 어떻게 죽어야 할지에 대해 많은 생각을 하게 된다. 죽음과 관련해 많은 생각이 드는 요즈음이다.

손자는 이 책을 읽고 별다른 감동은 없었겠지만 함께 읽은 나는 죽음에 대한 여러 생각으로 한편 무겁기도 하고 한편 가볍기도 하다. 마무리조차도 자식들에게 부담이 안 되게 하려면 미리미리 준비를 해야겠다는 생각이 든다.

쑥갓 꽃을 그렸어

유춘하 · 유현미 지음/낮은산/2016

연세가 많이 드신 후, 뒤늦게 자신의 재능을 발휘하며 의외의 솜씨가 드러나는 경우를 가끔 본다.

『쑥갓 꽃을 그렸어』는 나이 아흔이 되어 처음으로 그림을 그리기 시작한 할아버지의 작품으로 구성된 그림책이다.

내가 구십이라니, 어마어마하다.

그렇지?

이제는 잘 걷지도 못해.

누워서 쉬는 것이 제일 편해.

이렇게 시작하는 첫 장이다. 할아버지에게 그림을 그리도록 강권한 셋째 딸을 성가시다고 표현한 부분이 나오지만 속마음은 아닌 것 같다. 그림이라곤 전혀 모르던 분이 심심풀이 삼아 크레파스 칠을 해 보고 주말농장에서 주워 온 자두를 그려 보고 베란다의 군

자란 화분도 그렸는데 그 솜씨가 아주 근사하다.

보통 문제가 아니라며 그리기 힘들 정도로 복잡해 보였던 쑥갓 꽃은 이 책의 제목이 되었다. 쑥갓 꽃을 누가 관상용 꽃으로 치는가? 하지만 나도 노란 쑥갓 꽃을 좋아한다. 쑥갓의 강한 향기가 글을 쓰는 지금도 풍겨 나오는 듯하다.

할아버지가 정갈한 자태로 그림을 그리는 모습을 딸이 그려 넣었다. 곳곳의 여백에 할아버지가 손녀와 노는 모습을 스케치한 것도 심심치 않게 실려 있다. 임진강 반구정에서 저 너머 황해도 고향 땅을 그리신 할아버지. 힘들다고 말씀하시면서도 그리는 동안 시간 가는 줄 몰랐다는 표현에서 할아버지는 이미 그림을 즐기고 계셨다는 것을 알 수 있다.

구십 노인은 북녘땅 그림을 그리다가 전쟁 때 헤어진 어머니와 돌쟁이였던 딸내미도 생각한다. 거제포로수용소 그림도 곁들인 것으로 보아 전쟁을 겪은 험한 세월의 상처를 가슴 가득 담고 살아왔음을 알 수 있다. 공작 깃털은 금방 공작새에서 빠져나온 듯 지극히 사실적이다. 어쩜 그렇게 깃털 하나를 실제처럼 잘 그렸는지 내 깃털 내놓으라고 공작새가 금방 되돌아올 것만 같다.

“아휴, 고단하다. 그림은 이제 그만! 좀 쉬어야겠다.”고 말씀하신 마지막 장면에는 그동안 그린 모든 그림이 등장한다. 그런데 그 솜씨를 보면 화가로서의 재능을 꽉꽉 숨겨 놓았다가 뒤늦게 발견하신 것 같다. 아흔 된 할아버지에게 그림을 그려 보라고 성가시게 한 셋째 딸 덕분이다.

노년이 죽음을 기다리는 시기가 아니라 하고 싶은 일을 하면서

생을 마무리하는 시기로서 재정의되어도 될 것 같다. 99세에 시집을 낸 일본의 시바타 도요도 생각이 나고 『나, 화가가 되고 싶어!: 화가 윤석남 이야기』의 주인공 윤석남 화가에게서도 도전을 받아야 할 것 같다. 윤석남 할머니는 지금 80세의 나이에도 왕성한 작품 활동을 하고 있다. 이젠 나이의 벽을 의식하지 말아야 할 시대가 되었다.

이 긴 노년을 어찌 살꼬?

물싸움

전미화 글 · 그림/사계절/2017

'쌀 한 톨의 무게를 하늘도 땅도 농부도 안다.'

그림책의 맨 끝 문장이다. 이 책의 분위기는 처음부터 심상치 않다. 많지 않은 글밥인데 구구절절이 가슴을 울리는 글로 꽉 차 있다. 농사를 지어 보지 않은 분들은 농부들의 심정을 이해하기 힘들다. 아마도 저자는 지독한 가뭄에 물싸움하느라 동네 주민들이 어려움을 겪던 모습이 오랫동안 가슴에 남아있지 않았을까? 경험해 보지 않으면 절대로 나올 수 없는 작품이다.

책 표지에 밀짚모자를 눌러 쓴 농부들이 모여 있다. 분위기가 심상찮다. 얼굴은 모두 하늘을 향해 있다. 이글거리는 태양을 바라보는 눈에 안타까움, 분노, 간절함, 화남, 애가 탐 등이 가득하다. 그 표정이 하도 단호해서 뭔가 일을 저지를 것만 같다.

겨우 모내기를 마쳤는데 지독한 가뭄으로 어린모가 타들어 간다. 드디어 동네 사람들의 물싸움이 시작됐다. 눈에 불을 켜고 자기 논에 물을 대기 위해 잠도 안 잔다. 결국 아랫마을 윗마을 편이 나뉘어 싸움이 시작됐다. 그 싸움은 생존을 위한 최종적인 선택이라 쉽게 끝날 것 같지 않았다.

그때, 늙은 농부가 단호히 외친다.

팻물!* 이라고.

그 한마디에 농부들이 멈칫멈칫 물러선다. 농부들의 마음을 사로잡은 그 한마디는 마을을 위기로부터 구했다. 당번을 정하여 보를 지킨다. 타는 목마름을 간신히 견디고 있던 벼들도 팻물만 기다린다. 쩍쩍 갈라진 논바닥에서 애처롭게 버티고 있는 어린 벼들의 강인함이 느껴진다. 가장 멀리 있는 맨 마지막 논부터 물을 대기로 한 약속이건만 그 약속을 기다린다는 것이 이렇게 애탈 수가 없다. 끝내 한 농부가 약속을 어기고 제 논에 물꼬를 튼다. 그 눈이 절박하다.

---

* 저자 설명: 팻물은 가뭄이 극심할 때 논에 물을 대는 수로인 '보'에서 가장 먼 아래 논부터 차례대로 물을 대는 것을 말한다. 농부들이 합의하여 정하는 약속으로 팻물을 행하면 적은 물을 고루 나누어 씀으로써 더 큰 물싸움을 막을 수 있다. 사람과 논을 살리는 지혜로운 방략이다.

그런데…….

하늘이 요란하다. 비가 쏟아진다. 벼들이 일어선다. 농부는 기어이 울고 만다.

그 순간에 비가 내리지 않았더라면 마을에 큰 사건이 날 뻔했다. 절박했던 그 농부는 아마도 생존하기 힘들었을 것이다.

마지막 장면이 감동적이다.

밥 한 공기와 벼 이삭을 상에 올리고 모두 감사제를 드린다.

엎드린 농부들 무릎과 어깨와 손과 표정에 진실된 감사가 가득하다.

우리가 먹는 밥 한 공기는 이토록 정성과 간절함으로 하나하나 모인 쌀알들이다. 그냥 밥이 아니라 보약이라 해야 한다. 옛 어른들이 왜 밥을 보약이라 했었는지 이 책 한 권만 읽으면 더 이상 말이 필요 없다.

이 책을 손자와 읽긴 했지만 손자보다 내가 더 감동을 받고 자꾸자꾸 읽어 본다. 그렇지. 손자야 농사를 모르니 이 심각하고 무거운 농부의 심정을 알 리가 만무하다. 몇몇 장면만이 그저 인상적으로 남아 있을 것이다. 하지만 나는 다르다. 농사를 짓지 않았지만 가까운 일가친척이 농사짓는 모습을 자주 보았었다. 직접 농사를 짓는 분들이 읽으면 더욱 실감 날 것이다.

지방 소도시에서 학창 시절을 보낸 나는 여학교 때 모내기하러 학년 전체가 봉사활동을 나갔던 때가 생각난다. 그땐 교실을 벗어난다는 것만으로도 무조건 좋았던 시절이다. 기대와 해방감으로 즐겁게 변두리로 나간다.

물이 가득한 넓은 논에 한 반이 모두 들어간다. 주인 농부의 설명을 들으면서도 눈은 논으로 가 있었고 마음은 빨리 논에 들어가고 싶어서 건성으로 들었더랬다. 드디어 논에 들어갔다. 우리 식대로 꾹꾹 모를 심는데 갑자기 저쪽에서 '으악!' 비명소리가 들린다. 모두들 깜짝 놀라 굽혔던 허릴 펴고 돌아다 본다. 바로 어떤 친구 다리에 꺼멓게 붙어 있는 거머리와 흐르는 피! 당사자는 자지러질 듯이 놀라 울고, 우린 거의 동시에 총알처럼 논둑으로 튀어나온다.

뛰어나올 때 밟힌 모들이 이리저리 어지러운데 담임선생님 눈치만 보며 제발 그만하게 해 달라고 엄살을 섞은 울상이다. 그게 통할 리가 없는 모내기 봉사활동! 교실을 나온다고 좋아했던 마음은 어디 가고 봉사활동이 원망스럽기만 했다.

모를 심던 열정보다 거머리 소동에 호들갑을 떨 수밖에 없던 민감한 시절의 추억이 새삼 되살아나기도 하는 책이다. 하지만 논바닥 환경은 정반대다. 책 속의 논바닥은 가뭄으로 쩍쩍, 내 추억 속의 모내기 논은 물이 그득이었다.

모심기는 물만 많으면 별로 어려운 것이 없었다. 왜냐하면 거머리 소동으로 뛰쳐나올 때 밟힌 모들이 얼마 후에 보면 모두 반듯하게 쑥쑥 잘 서서 자라고 있었으니까. 그러니까 여학생 초짜들에게도 모내기를 맡기는 것이지.

처음, 이 책을 만났을 때 싸움이라는 글자가 눈에 먼저 들어왔다.

'싸움?' 요즘 떼가 늘어 가는 둘째 손자와 양보하지 않는 큰손자가 서로 부딪혀 가끔 시끄러워져서 마침 잘됐구나 생각하며 펼쳤는데 전혀 예상 밖의 생존싸움인 것이다.

그런데 나름대로 의미가 있던 것은 늘 먹는 밥이 어떻게 만들어지는지를, 쌀이 만들어지기까지의 과정에 어떤 어려움들이 있는지를 어렴풋이나마 알게 된 것이다. 어린 손자들에겐 그것만도 다행이다.

작년에 저자의 다른 책 『미영이』를 읽었다. 책 전체에 외로움이 담겨 있는 특별한 분위기였는데 이 책도 독특한 분위기가 강렬하다. 그 독특한 분위기에서 쌀 한 톨의 소중함이 절절해진다.

이제부터 손자들이 밥을 안 먹으려 할 때 실감 나게 해 줄 생생한 이야기가 생긴 것만으로도 내겐 큰 소득이다.

책 읽기 좋아하는 할머니

존 윈치 글 · 그림, 조은수 옮김/파랑새어린이/2000

책 읽기 좋아하는 할머니가 계셨다.

원래 도시에 살았었는데 점점 소란스럽고 복잡해져서 이사하기로 결정을 하셨다. 짐을 챙겼는데 골프 가방도 보이고 테니스 채도 보인다. 운동도 열심히 하신 듯하다. 그런데 조용한 분위기 속에서 책을 실컷 읽고 싶어서 내려간 시골은 예상 밖으로 일이 많았다. 집 안은 물론 집 밖에도 할머니 손길을 잔뜩 기다리고 있는 일거리들…….

집 안 풍경이 어수선하다.

창문은 떨어져 나갔고 벽에 걸린 액자는 틀과 그림이 따로 놀고 있다. 벽의 나무 조각도 떨어져 나왔고 바닥엔 검불투성이인데 집 밖에 있어야 할 동물들이 집안에까지 들어와 진을 치고 있다. 심지어 둘둘 말린 카펫 안에선 뱀까지 기어 나온다. 떨어진 마루조각 사이로 쥐가 기어 올라오는데 오죽 한심하면 할머니의 표정은 머플러 속에 감추어져 있다. 도로 도시로 가야 할지 여기서 살아야 할지 심란하기 짝이 없을 것이다. 나 같으면 당장 뛰쳐나왔을 텐데 할머니의 의지와 결심은 보통이 아니었다.

집 밖에도 해야 할 일이 끝이 없다.

흉가 같던 집안에서 우글거리던 동물들은 모처럼 사람 냄새를 맡고 신이 났는지 바깥까지 다 따라 나와 일하는 할머니를 바라보고 있다. 할머니의 돌봄의 손길을 기다리고 있는 듯하다. 크낙새, 거위, 돼지, 염소, 거북, 쥐, 뱀, 참새 등 모두 도망가지 않고 할머니를 기다린다.

일하는 틈틈이라도 책을 읽고 싶은 할머니는 책을 죄다 밖으로 내놓았다. 잠시 쉴 때라도 조금씩 읽고 싶어 하는 할머니의 심정이 느껴진다. 할머니가 몰입해서 읽던 책의 내용이 궁금한지 거위는 책장을 슬쩍 들춰 보고 있다.

짐 속에 챙겨 온 골프채는 밭 가장자리에 경계를 표시하는 데 요

긴하게 쓰였다. 흰 종이를 리본처럼 매달아 경계도 확실히 했다.

'너희들 여긴 들어오면 안 돼!' 하는 표시를 모든 동물들이 잘 지키고 있다. 할머니의 권위에 순종하는 동물들이다. 일하는 틈틈이 조금이라도 책을 읽으려고 애쓰는 할머니! 정말 책 읽기 좋아하는 할머니다. 밖으로 내놓고 쌓아 놓은 책들과 찻잔을 보면 할머니의 간절함을 알 수 있다. 잠시 책을 읽던 의자 위엔 쥐들이 놀고 있다.

어서 모든 일을 마치고 편히 책을 읽고 싶건만 봄이 되자 생각지도 못한 손님이 또 찾아왔다. 집 안팎이 어느 정도 정리되어 이제 마음껏 책을 읽을 수 있을 줄 알았는데 어린 양 한 마리가 들어온 것이다. 우유를 먹이고 털을 깎아 주면서도 한 손에선 책을 놓지 않는다.

여름엔 과일을 따서 잼을 만들어 두는 일로 바쁘고 지독한 가뭄까지 견뎌야 하는 무더위에도 동물들 목을 축이게 하려고 펌프를 개조해 물을 담아 둘 장치까지 만들었다. 흐르는 땀을 연신 닦아 내는 할머니는 그 더위 속에서도 책을 놓지 않는다. 앞치마 주머니에 책이 꽂혀 있다. 불타는 가뭄더위 속에 혹시라도 동물들이 지칠까 모두 끌어안고 있다.

가을엔 책을 좀 읽을 수 있을까 했는데 긴 장마가 겨울까지 지속된다. 동물들을 모두 집 안으로 들여보내고 할머니는 집 밖에서 수리할 곳을 또 찾아다닌다. 빗속을 뚫고서.

이제 겨울이 깊어졌다.

비로소 할머니는 마음껏 책을 읽을 수 있게 되었다.

읽은 책은 점점 쌓여 가고 동물들도 온순하게 길들여졌고 집 안은 말끔하게 정리가 되었다.

이제야 소망이 이뤄진 할머니는 가장 행복한 표정을 짓고 잠깐 의자에 기대어 눈을 붙이고 있다.

뒤 면지엔 앞으로 읽어야 할 책의 목록이 메모되어 있다. 그중에 두 권은 이미 읽었음이 표시되어 있다.

그런데 그다음 뒤 면지에 그려진 그림들이 의미하는 바는 무엇일까? 여전히 또 바쁜 일상이 지속될 것을 예견하는 걸까?

다 읽고 나서 책을 좌악 펼쳐 놓고 보면 양쪽 겉표지에 이 책의 내용을 일부 짐작하게 하는 그림이 있다. 할머니는 혼자서 책을 읽는 것이 아니다. 온갖 동물들이 할머니 곁에서 같이 책을 읽고 있다. 책은 할머니의 놀이터이자 동물들의 놀이터가 된다. 할머니가 좋아하는 책은 동물들도 좋아한다. 할머니가 온 집 안을 말끔히 치우고 행복하게 책을 읽는 장면은 첫 장에 자세히 그려져 있다. 그 어수선하던 집안이 정갈하게 정돈된 것은 물론 철철이 거둔 농산물들이 벽에, 용기에 그득하다. 다람쥐 한 마리가 할머니 책 옆에 다소곳이 앉아 있고 개구리도 크낙새도 쥐들도 조용히 할머니에게 책 읽을 시간을 드린다.

이 책을 읽으며 올해 95세 되신 시어머니를 떠올렸다.

시어머니는 독립심이 강하셔서 혼자 세종시의 작은 아파트에 사신다.

얼마나 깔끔하게 사시는지 한번은 김장을 해서 갖고 갔는데 정갈한 거실 분위기와 물 한 방울 없이 깨끗한 싱크대를 보곤 며칠 집을 비우셨나 보다 생각할 정도였다.

어머니도 이 책의 주인공처럼 책 읽기를 좋아하셔서 요즘도 우리 집에 가끔 다니러 오시면 단편이나 수필집을 읽으신다. 눈이 점점 좋아지셔서 돋보기를 안 쓰고 신문도 보실 정도다. 참 부럽다. 가장 꾸준하고 깊이 있게 읽는 것은 성경이다. 내가 시집왔을 땐 '난 위가 약해서 조금씩 먹어야 된다. 여름에도 더운 물을 마셔야 속이 편하다. 이렇게 약하니 난 오래 못 살 것 같다.'는 말씀을 자주 하셨던 분이다.

그런데 규칙적인 생활과 긍정적인 생각, 그리고 소식(小食)과 근육 스트레칭으로 건강관리를 하신 결과 요즘도 새벽기도를 다니며 총기 있는 생각을 하시는 것이 자식들에겐 얼마나 다행이고 감사한 일인지 모른다. 많은 분들이 요양원에서 노년을 보내는 것을 생각하면 어머니의 건강관리 습관은 우리 모두가 본받아야 된다고 생각된다.

시어머니가 3월 말에 생신을 맞으셨다.

생신 축하 모임을 갖기 위해 아침 일찍 내려가는 길에 이 책 한 권을 챙겨 갔다. 책을 좋아하시긴 해도 며느리가 뜬금없이 그림책을 읽어 드린다 하면 어떻게 반응하실지 내심 신경은 쓰였다. 다행히 식사 전에 고복저수지 둘레 데크길을 먼저 걷게 되었다.

간간이 피기 시작한 진달래와 물가의 쑥, 그리고 멀리서 헤엄치는 오리 떼에 관심을 보이신다. 지난번 설 때 남편과 함께 이곳에 모시고 왔을 때는 호수 가장자리가 두껍게 얼어 있었는데 지금은 물이 그득 넘실대고 물가의 버드나무는 물이 올라 부드러운 연둣빛 줄기를 내려뜨린 채 고무줄처럼 하늘거린다.

오리들은 그때도 많았는데 어머니는 도대체 오리가 어디서 사는지 궁금하다는 말씀을 자주 하셨다. 한참 걷다가 잠시 쉬기 위해 의자에 앉았다. 난 가방에서 이 책을 꺼내 들고,

"어머니, 잠깐 쉬시는 동안 제가 그림책 한 권 읽어 드릴까요?"

탐탁지 않게 여기시면 그만두려 했는데 어머니의 관심을 끌 만한 제목이었는지 흔쾌히 좋다고 하셨다. 끝까지 함께 다 읽으시고는,

"참 부지런한 할머니구나. 아무려면 시골에 일이 많지. 그 일을 다하면서도 책을 읽네." 하신다. 나도 덧붙여 "어머니처럼요." 하곤 마침 바람이 불고 식사 예약시간이 가까워서 바로 일어났다. 그림책을 가까이하면서 어머니께도 책을 읽어 드리고 싶었는데 오늘 읽어 드리고 나니 마음이 홀가분해졌다.

내가 지금보다 더 노년이 되더라도 나도 이 할머니처럼 책을 좋아하면 좋겠다.

그림책에 빠진 할머니

앞으로도 난 그림책 몇 권이면 여유시간 보내기론 그만일 듯싶다. 글밥도 적고 그림을 보면 생각할 것도 많아지고 이야깃거리도 많아진다. 무엇보다 손자들이 크더라도 소통 거리가 계속 있을 것만 같아서 든든하다.

똥떡
이춘희 글, 박지훈 그림/언어세상/2003

한국인이라면 누구나 좋아하는 것이 떡이다. '떡'이란 말에는 왠지 정스러움이, 푸근함이, 뜨끈뜨끈함이, 구수함이 담겨 있다.

쑥떡, 바람떡, 백설기, 가래떡, 수수팥떡, 콩떡, 검은깨떡(시금자떡), 꿀떡, 무지개떡, 팥시루떡, 술떡……. 그 종류만도 끝없이 많은데 각각의 떡 맛이 또 다 달라서 골고루 먹으며 맛을 음미해 볼 수 있음은 우리네의 자랑이다. 요즘은 떡도 현대화되어서 떡케이크를 비롯하여 온갖 모양새가 얼마나 예쁜지 어떤 것은 먹기가 아까울 정도다.

그런데 하필 똥떡이라니?

제목만 봐서는 세상에 똥떡이 다 있어? 순간적으로 떡에 대해 좋았던 이미지가 확 달아나는 제목이다. 그런 나와는 달리 우리 손자들은 이 책을 좋아해서 읽을 때마다 앙코르를 반복하는 책이다. 손자들은 뒷간의 개념이 전혀 없기에 선입견이 없으니 그저 재미있고 즐겁단다.

주인공인 일곱 살짜리 윤호가 똥이 가득한 뒷간에 빠져서 겨우 구해지는 장면, 온몸에 똥이 묻어서 으앙으앙 우는 장면, 엄마가 코를 막고 옷을 벗겨 주는 장면, 온몸을 씻겨 주는 장면 옆의 찡그린 개, 할머니가 똥떡을 만드는 장면, 똥떡 똥떡 외치며 동네 사람들에게 떡을 나눠 주러 가는 장면 등이 다 재미있단다. 거기다 무서운 뒷간 귀신이 나오는 장면에선 긴장할 수도 있는데 그것까지도 재미를 느낀다.

이 책을 어진이 마을 어르신 책 읽기에서 읽어 드렸다.

나는 똥떡을 본 적도 경험한 적도 없어서 이런 일이 있었나 보다 정도로만 생각했었지만, 혹시나 그곳의 80세가 넘은 어르신들은 똥떡과 관련한 이야기가 있을까 해서 들고 간 것이다. 그런데 의외로 그분들의 어린 시절을 실감 나게 떠올리는 데 딱 안성맞춤인 책이었다. 그러면서 어린 시절의 이야기를 줄줄이 꺼내 놓는다. 그분들 주변에서도 가끔 뒷간에 빠지는 일이 있었고 그 후엔 꼭 떡을 해서 먹었다고 한다. 처음에 제목만 봤을 때는 똥떡이란 것도 있나? 하고 생각하셨다는데 그림책을 다 읽고 나선 '아아, 그 떡이 똥떡이란 거였구나!' 하며 이야기가 풍성해지셨다.

이어서 뒷간에 얽힌 이야기가 쏟아져 나왔다. 옛날 초등학교(소학교)에서 수업시간에 혼자 변소에 갔던 1학년 꼬마가 볼일 보다가 빠져서 그만 목숨을 잃었던 이야기, 아무리 소리쳐도 아무도 못 알아듣고 서서히 똥독으로 빠져들어 갔을 테니 얼마나 기막힌 일인지 생각만 해도 끔찍하다며 고개를 흔들었다. 없어진 아이를 도저히 찾을 수 없어 부모가 초주검이 되었는데 얼마 후, 똥 푸다가 시체를 건졌다는 이야기, 남자 아이가 아랫도리를 벗고 혼자 뒷간에 가 앉아 있는데 개가 뒤에서 덮쳐 남근이 상했다는 이야기, 볼일 보다가 잿구덩이에 빠져 재범벅이 되었다는 이야기 등 뒷간에 얽힌 이야기가 끝이 없었다.

잠시 옛 시절의 퀴퀴한 냄새나는 이야기에 빠져 있다가 오늘날로 넘어왔다.

오늘날도 집안에서 가장 다치기 쉬운 곳이 화장실이라는 의견에 모두 공감을 한다. 거실 바닥에서 화장실로 넘어갈 때 걸려 넘어지기도 하고, 물을 자주 사용하는 곳이라 바닥이 미끄러우며 슬리퍼가 딱딱해서 넘어지기 쉽다고. 넘어지면 엉덩이나 주변 뼈가 골절되기도 하고, 심하면 영영 일어나기도 힘든 경우가 더러 있으니 화장실은 예나 지금이나 위험한 곳이라고 입을 모았다.

아울러 하고 많은 떡 중에 왜 하필이면 냄새나는 똥떡이란 이름을 붙였을까 하고 생각하다가 이웃과 나눠 먹을 핑계를 찾느라 그랬지 않았을까 하며 나눔을 중시하던 우리 조상들의 넉넉한 마음을 헤아려 보았다. 뒷간에서 넘어진 이유가 뒷간 귀신이 심술을 부려서인데 그 심술을 잠재우려면 떡을 해서 바쳐야 한다는 신념을 갖고 있던 옛사람들. 또 뒷간에서 넘어지면 오래 못 산다는 속설 때문에 액막이 떡이란 명분을 붙여 한 번이라도 더 떡을 해 먹었던 우리네 조상들이다.

아이에게 떡을 맡겨 '똥떡 똥떡' 소리치며 돌리도록 했으니 얼핏 생각하면 창피한 일이겠으나 그 일을 잊고 더 높은 곳을 향하도록 하려는 옛 어른들의 지혜가 돋보인다. 이 일을 통해 아이에겐 걱정을 덜게 되는 기회도 되고 자신감과 용기도 생겼으리라.

책의 뒤쪽에 똥떡에 대한 해설이 덧붙여져 있다.

똥떡은 아이에게 닥친 나쁜 운명을 쫓아내기 위해 급하게 만들어야 하기에 재료도 쌀가루, 밀가루, 녹말가루 등 어떤 재료도 쓸 수 있었다고 한다. 얼른 만들어 뒷간 귀신에게 고사를 지낼 때도 그릇 채 뒷간 앞에 놓고 빈 후, 아이에겐 나이만큼 떡을 먹였다고 한다. 귀신이 먹은 똥떡은 여럿이 나눠 먹어야 복이 온다고 믿어서 아이를 시켜 이웃에 돌리게 하면서 아이의 마음도 달래 주고 기를 살려 주기도 했다는 것이다.

잊혀 가는 풍습을 되살려 후손들에게 전달해 준다는 점에서 옛이야기는 가치가 있다는 생각이 든다. 그리고 옛이야기 속에 드러난 우리 문화를 후손들에게 여실히 전달해 줄 수 있는 분들이 바로 이런 연로하신 분들이란 생각에 어르신들을 위한 책 선정에 더욱 신경이 쓰였다.

아울러 88올림픽 이후로 화장실이 세계 어느 나라보다도 깨끗하다는 평을 받고 있는 우리나라이지만 과거엔 뒷간, 측간, 통시, 북수간, 변소라는 이름을 거쳐 왔음도 더불어 확인하게 되었다.

문득, 우스갯소리 잘하는 둘째 아들이 우리 집에 올 때마다 화장실에 들어갔다 나오면 그 청결도에 따라 '엄마, 저건 뒷간이야.' '저건 변소야.' '오늘은 화장실이네.' 하며 은근슬쩍 비아냥거리던 일이 떠올라 미소가 지어진다.

요즘도 손자들은 나를 보면 "할머니, 책 읽어 줘!" 하면서 손을 잡아끈다. 2학년이 된 큰손자는 주로 아침 밥상에서, 네 살이 된 둘째 손자는 아침저녁 수시로 부탁한다.

어제도 며느리가 늦는다는 문자를 보는 순간 힘이 빠졌으나 손자를 생각해서 얼른 기분전환을 해야 했다. 둘째 손자가 마침 개구리 이야기를 읽어 달란다.

"그래, 책 읽자." 하고 책장에서 함께 책을 빼와 거실에 늘어놓았다.

"뭐부터 읽을까?"

손자는 늘어놓은 책 중에서 이춘희 작가의 『똥떡』을 먼저 집어 든다. 뒷간 이야기가 신기한지 네 번이나 읽어 달란다. 이어서 『999마리 개구리 형제의 이사』를 읽으며 신나게 노래를 부르다 보면 시간도 빨리 간다.

손주 육아에 그림책을 활용하면서 수지맞은 사람은 오히려 나다. 어디 나뿐이랴? 현재 만 3세인 손자도 수지맞은 건 확실하다. 얼마 전 대학병원에서 손자의 언어발달검사를 마친 며느리가 만 4세 이상의 언어수준이라는 판정을 받았다고 기뻐하는 문자를 내게 보냈다. 손주 육아는 힘들었지만 문자로 보낸 며느리의 글 내용이 내겐 큰 보상이다.

'그동안 어머니가 책도 많이 읽어 주시고 해서 그런 것 같아요. 감사합니다.'

그동안 그림책으로 다양한 사람들을 만났다. 어린이집이나 유치원의 어린이들, 도서관에 오는 아이들, 병상의 어른들, 산행 중의 친지들, 오랫동안 보지 못했던 친척들, 동네 사랑방의 어른들, 그리고 교회 유치부, 유년부, 다음 세대 등 나를 필요로 한다면 기뻐서 달려갔다.

그림책이 이렇게 매력 있는 것인지를 예전엔 미처 몰랐다. 알면 알수록 그림책의 세계에 빠져든다.

내게 있어 그림책은 노년의 행복에너지다.

이 기회를 빌어 감동적인 그림책을 만드는 작가(화가 포함)님들에게 고마움을 표하고 싶다.

'감사합니다. 특별한 감성과 재능을 지닌 여러분들! 오래오래 좋은 책을 만들어 주세요.'

내일도 나는 도서관에 갈 것이다. 큰 가방 훌쩍 둘러메고서.

참고자료

1장

언급된 책

곤지곤지 잼잼/최숙희 글·그림/푸른숲주니어/2013
언제까지나 너를 사랑해/로버트 먼치 글, 안토니 루이스 그림, 김숙 옮김/북뱅크/2000
하루 10분 책 육아: 대화력과 정서지능이 뛰어난 미래형 인재로 키우는 기적의 육아법/멤 폭스 지음, 신예용 옮김/로그인/2015

언급된 노래

누가누가 잠자나/목일신 작사, 박태현 작곡
담 밑의 봉숭아 /최봉춘 작사, 장수철 작곡
사랑은 언제나 오래 참고/정두영 작곡
섬집 아기/한인현 작사, 이흥렬 작곡
시편 23편/나운영 작곡

2장

언급된 책

개똥할멈과 고루고루 밥/김자연 글, 유영주 그림/살림어린이/2015
고릴라 할머니/윤진현 글·그림/웅진주니어/2012
나의 엄마/강경수 지음/그림책공작소/2016
달리는 기차 위에 중립은 없다: 하워드 진의 자전적 역사 에세이/하워드 진 지음, 유강은 옮김/이후/2016
달팽이 학교/이정록 시, 주리 그림, 안선재 옮김/바우솔/2017
소공녀/프랜시스 호지슨 버넷 지음
소공자/프랜시스 호지슨 버넷 지음
쉿/문영예 글·그림/재능교육/2017
스위치 대화의 힘: 상처받은 아이의 닫힌 마음을 열고 자존감을 높이는/한영진 지음/에듀니티/2014
언제까지나 너를 사랑해/로버트 먼치 글, 안토니 루이스 그림, 김숙 옮김/북뱅크/2000
엄마가 또 모르는 세 살의 심리: 18~36개월 우리 아이 속마음 읽기/제리 울프 지음, 서희정 옮김/푸른육아/2010
응가하자, 끙끙/최민오 글·그림/보림/2017
이토록 아름다운 세 살/아멜리 노통브 지음/ 전미연 옮김/문학세계사/2002

터널은 너무 무서워/김이경 글, 최민정 그림/삼성/2016
톰 아저씨의 오두막집/해리엣 비처 스토 지음
파내기 대장 푹푹!/세바스티앙 브라운 글·그림, 글맛 옮김/키즈엠/2012

언급된 노래

가을 밤/이태선 작사, 박태준 작곡
꽃밭에서/어효선 작사, 권길상 작곡
섬집 아기/한인현 작사, 이흥렬 작곡

3장

언급된 책

3세 아이에게 꼭 해 줘야 할 49가지/중앙M&B 저/중앙M&B/2010
걸어 보아요/안나 클라라 티돌름 글·그림, 편집부 옮김/사계절/2007
곤지곤지 잼잼/최숙희 글·그림/푸른숲/2013
금발머리와 곰 세 마리/작자 미상
두드려 보아요/안나 클라라 티돌름 글·그림, 편집부 옮김/사계절/2007
물어 보아요/안나 클라라 티돌름 글·그림, 편집부 옮김/사계절/2007
배고픈 애벌레/에릭 칼 글·그림, 이희재 옮김/더큰컴퍼니/2007
사과가 쿵!/다다 히로시 글·그림, 정근 옮김/보림/2008
숲 속으로/앤서니 브라운 글·그림, 허은미 옮김/베틀북/2004
아가는 방귀쟁이야: 냄새를 맡아 보아요/김세실 글, 한채홍 그림/한국삐아제/2008
아기 초점책/애플비 편집부 지음/애플비/2015
안녕? 쉬야, 똥아!/양승현 글, 김미선 그림/대교/2014
어린이와 그림책/마쓰이 다다시 지음, 이상금 엮음/샘터사/1990
잘잘잘 123/이억배 글·그림/ 사계절/2006
잭과 콩나무/작자 미상
파내기 대장 푹푹!/세바스티앙 브라운 글·그림, 글맛 옮김/키즈엠/2012
해와 달이 된 오누이/작자 미상
헨젤과 그레텔/그림형제 지음

4장

언급된 책

999마리 개구리 형제의 이사/키무라 켄 글, 무라카미 야스나리 그림, 안미연 옮김/더큰컴퍼니/2005
감기 걸린 물고기/박정섭 글·그림/사계절/2016
개똥할멈과 고루고루 밥/김자연 글, 유영주 그림/살림어린이/2015
고 녀석 맛있겠다/미야니시 타츠야 글·그림, 백승인 옮김/ 달리/2004
괴물들이 사는 나라/모리스 샌닥 글·그림, 강무홍 옮김/시공주니어/2017
구름빵/백희나 글·그림, 김향수 빛그림/한솔교육/2004
그림책이 좋아서: 보통엄마가 만든 행복한 그림책 로드맵/제님 지음/헤르츠나인/2013
나는 티라노사우루스다/미야니시 타츠야 글·그림, 허경실 옮김/달리/2011

나의 엄마/강경수 지음/그림책공작소/2016
낱말 공장 나라/아넨스 드 레스트라드 글, 발레리아 도감포 그림, 신윤경 옮김/세용/2009
내 거 (아니)야/강소연 글, 크리스토퍼 와이엔트 그림, 김연경 옮김/풀빛/2015
넌 (안) 작아/강소연 글, 크리스토퍼 와이엔트 그림, 김경연 옮김/풀빛/2015
누구 얼굴?/김정희 글, 김유대 그림 사계절/2016
누구게?/최정선 글, 이혜리 그림/보림/2016
달팽이 학교/이정록 시, 주리 그림, 안선재 옮김/바우솔/2017
라치와 사자/마레크 베로니카 글·그림, 이선아 옮김/비룡소/2001
망태 할아버지가 온다/박연철 글·그림/시공사/2007
무지개떡 괴물/강정연 글, 한상언 그림/단비어린이: 가치창조/2016
뭐하니?/유문조 글, 최민오 그림/길벗어린이/2013
미영이/전미화 글·그림/문학과지성사/2015
배고픈 애벌레/에릭 칼 글·그림, 이희재 옮김/더큰컴퍼니/2007
사과가 쿵!/다다 히로시 글·그림, 정근 옮김/보림/2008
아기가 아장아장/권사우 글·그림/길벗어린이/2013
알사탕/백희나 글·그림/책읽는곰/2017
엄마가 섬 그늘에 굴 따러 가면/이상교 글, 김재홍 그림/봄봄/2013
엄마가 정말 좋아요/미야니시 다쓰야 글·그림/이기웅 옮김/길벗어린이/2016
에드와르도 세상에서 가장 못된 아이/존 버닝햄 글·그림, 조세현 옮김/비룡소/2005
울지 말고 말하렴/이찬규 글, 김정애 그림/두산동아/2005
이상한 엄마/백희나 글·그림/책읽는곰/2016
잘잘잘 123/이억배 글·그림/사계절/2006
장수탕 선녀님/백희나 글·그림/책읽는곰/2012
지각대장 존/존 버닝햄 글·그림, 박상희 옮김/비룡소/1995
짖어봐 조지야/줄스 파이퍼 글·그림, 조숙은 옮김/보림/2000
포근하게 그림책처럼: 가뿐한 그림책 육아, 그 10년의 행복한 산책/제님 지음/헤르츠나인/2017
할머니를 기다립니다/세베린 비달 글, 세실 방구 그림, 박상은 옮김/푸른숲주니어/2014

언급된 노래

개구리/이동찬 작사, 홍난파 작곡
섬집 아기/한인현 작사, 이흥렬 작곡

5장

언급된 책

고릴라 할머니/윤진현 글·그림/웅진주니어/2012
나 화가가 되고 싶어!: 화가 윤석남 이야기/윤여림 글, 정현지 그림/웅진씽크빅/2008
나의 엄마/강경수 글·그림/그림책공작소/2016
내가 돌봐 드릴래요 우리 할머니/진 리간 글, 리 윌디시 그림, 뿌리와 날개 옮김/씨드북/2015
내가 돌봐 드릴래요 우리 할아버지/진 리간 글, 리 윌디시 그림, 뿌리와 날개 옮김/씨드북/ 2015
너는 기적이야/최숙희 글·그림/책읽는곰/2010
넉 점 반/윤석중 시, 이영경 그림/창비/2004
누구게?/최정선 글, 이혜리 그림/보림/2016

동강의 아이들/김재홍 글·그림/길벗어린이/2012
딸랑새/서정오 글, 홍영우 그림/보리/2008
뛰어라 메뚜기/다시마 세이조 글·그림, 정근 옮김/보림/2006
베어/존 쇤헤르 글·그림, 이상은 옮김/시공사/1998
세상에서 제일 힘센 수탉/이호백 글, 이억배 그림/재미마주/2005
아기가 아장아장/권사우 글·그림/길벗어린이/2013
엄마 까투리/권정생 글, 김세현 그림/낮은산/2008
엄마가 섬 그늘에 굴 따러 가면/이상교 글, 김재홍 그림/봄봄/2013
엄마의 품/박철 시, 김재홍 그림/바우솔/2015
오소리네 집 꽃 밭/권정생 글, 정승각 그림/길벗어린이/2012
우리 할머니가 이상해요/울프 닐손 글, 에바 에릭손 그림, 박민수 옮김/시공사/2008
우리 할머니는 나를 모릅니다/자크 드레이선 글, 안느 베스테르다인 그림, 이상희 옮김/웅진주니어/2006
윤석중 시집/윤석중 지음/학습문고간행회/1960
잠자는 할머니/로베르토 파르메지아니 글, 주앙 바즈 드 카르발류 그림, 이순영 옮김/북극곰/2016
책 읽기 좋아하는 할머니/존 윈치 글·그림, 조은수 옮김/파랑새어린이/2000
하지만 하지만 할머니/사노 요코 글·그림, 엄혜숙 옮김/상상스쿨/2017
할머니 엄마/이지은 글·그림/웅진주니어/2016
할머니의 주름살이 좋아요/시모나 치라올로 지음, 엄혜숙 옮김/미디어창비/2016

♪♫ 언급된 노래

기찻길 옆 오막살이/윤석중 작사, 윤극영 작곡
낮에 나온 반달/윤석중 작사, 홍난파 작곡
옹달샘/윤석중 작사, 외국 곡
퐁당퐁당/윤석중 작사, 홍난파 작곡

6장

언급된 책

999마리 개구리 형제의 이사/키무라 켄 글, 무라카미 야스나리 그림, 안미연 옮김/더큰컴퍼니/2005
고릴라 할머니/윤진현 글·그림/웅진주니어/2012
나 화가가 되고 싶어!: 화가 윤석남 이야기/윤여림 글, 정현지 그림/웅진씽크빅/2008
똥떡/이춘희 글, 박지훈 그림/언어세상/2003
물싸움/전미화 글·그림/사계절/2017
별이 되기 전 머무는 집/함영연 글, 김휘리 그림/나한기획/2017
쑥갓 꽃을 그렸어/유춘하·유현미 지음/낮은산/2016
책 읽기 좋아하는 할머니/존 윈치 글·그림, 조은수 옮김/파랑새어린이/2000

저자 소개

한영진(Han Young Jin)

40년 동안 초등교육현장에서 교육과 상담으로 많은 아이를 만나 왔다. 숙명여자대학교 대학원에서 아동복지학을 전공하였고(문학박사), 전공을 바탕으로 교육현장에 생기를 불어넣기 위한 저서를 여러 권 집필하였다. 은퇴 후, 손자들을 돌보며 그림책 육아를 하다가 그림책의 매력에 푹 빠졌다. 스스로 그림책은 노년의 행복에너지라 여기며 도서관, 어린이집(유치원), 교회학교 등에서 많은 아이와 어른을 만나 그림책으로 소통하고 있다.

이메일: edufare2000@hanmail.net

그동안 지은 책으로는

『교사를 당황하게 하는 아이들 1』(공저, 학지사, 2013)

『교사를 당황하게 하는 아이들 2』(공저, 학지사, 2013)

『매직워드77』(공저, 학지사, 2014)

『통통 튀는 학부모와 당황한 교사』(학지사, 2014)

『스위치 대화의 힘: 상처받은 아이의 닫힌 마음을 열고 자존감을 높이는』(에듀니티, 2014)

『별별 학부모 대응 레시피』(공저, 학지사, 2017)

『감사2중주』(미래엔, 비매품)

등이 있다.

그림책에 빠진 할머니

−즐거운 소통으로 손주 육아 가뿐!−

2018년 10월 10일 1판 1쇄 인쇄
2018년 10월 20일 1판 1쇄 발행

지은이 • 한영진
펴낸이 • 김진환
펴낸곳 • ㈜학지사
04031 서울특별시 마포구 양화로 15길 20 마인드월드빌딩
대표전화 • 02-330-5114 팩스 • 02-324-2345
등록번호 • 제313-2006-000265호

홈페이지 • http://www.hakjisa.co.kr
페이스북 • https://www.facebook.com/hakjisa

ISBN 978-89-997-1671-3 03370

정가 16,000원

이 도서의 국립중앙도서관 출판시도서목록(CIP)은 서지정보유통지원시스템 홈페이지(http://seoji.nl.go.kr)와 국가자료공동목록시스템(http://www.nl.go.kr/kolisnet)에서 이용하실 수 있습니다.
(CIP 제어번호: CIP2018031731)